KB190944

구약에서 듣는 하나님의 말씀 6

열왕기상하

박창환

2010

비블리카 아카데미아

머리말

  우리 개신교도들은 구약성경과 신약성경을 정경(正經)으로 가지고 있으며, 그것들을 유일한 권위로 삼고 신앙생활을 한다. 우리가 성경을 하나님의 말씀으로 알고 귀하게 여기면서도, 많은 경우 그 성경을 개인이나 가정이 한 개 이상 가지고 있을 뿐, 거기서 들려오는 하나님의 음성을 듣지 못하고 있다. 그 이유는 여러 가지일 것이다. 우선은 성경이 오랜 옛날에, 그리고 문화가 전혀 다른 곳에서 기록된 것이기 때문에 이해하기 어려운 점이 많다. 어떤 경우에는 우리가 읽는 성경 번역이 어려운 문구나 지난 시대의 언어로 되어 있기 때문에 이해하기 어렵다. 또는 우리가 성경을 열심을 가지고 공부하지 않기 때문에 이해되지 않는 경우도 있을 것이다. 그리고 성경을 알고 싶어도 참고서나 길잡이가 없어서, 마음은 있어도, 그리고 열심히 공부를 해도 이해하기 어려운 경우가 있을 것이다.

  하나님은 인간에게 꼭 필요한 말씀을 하셨고, 그것을 성경에 수록하셨는데, 우리가 성경을 가지고만 있던가, 읽어도 이해할 수 없다면 매우 슬픈 일이 아닐 수 없다. 1980년대 초에 대한예수교장로회 총회교육부가 그때까지 적당한 성경교재를 가지고 있지 않았기 때문에, 그것을 만들기로 작정하고 필자에게 그 작업을 위촉한 일이 있다. 여러 가지 사유로 그 일이 지연되어 오다가 1990년에 『신약성경해설』이라는 이름으로 신약성경 교재가 먼저 출판되었다. 그러나 그 후에 계속 바쁜 스케줄 때문에 구약성경 교재 만들기를 연기해 오다가, 이제야 비로소 그 작업에 착수한 것이다.

이 교재를 펴내면서 몇 가지 독자들에게 일러둘 것이 있다. 우리는 사물을 판단하고 이해할 때, 직관을 가지고 또는 표면만을 보고 판단하기 쉽다. 그러나 사실을 검토하고 살펴보면 매우 깊고 복잡하고 신비스러운 것이 숨어 있는 것을 알게 된다. 우리가 성경을 이해하는 데 있어서도, 직관적으로 그리고 표면만 보고 판단하는 경우가 많다. 과거에 어떤 사람들이 직관적으로 성경에 대해서 말한 것이 하나의 전통이 되어 대대로 내려오면서, 그것이 절대적 진리인 양 취급되었다. 이러한 전통적 견해를 절대화하고, 그것과 다른 말을 하는 사람들을 단죄하는 예들이 비일비재했다. 다시 말해서 성경에 대한 학문적인 연구를 무시 내지는 적대시해 온 경향이 있다. 소위 고등비평이라는 역사적 연구를 배척하고, 과거의 전통적 견해를 고집하면서, 성경의 겉만을 핥고 있었다는 말이다. 그래서 필자는 성경학자들의 말을 전통적 견해보다 앞에 두려는 방침을 가지고 이 교재를 썼다. 다시 말해서 역사비평적인 연구의 결과를 토대로 하였으며, 그것을 바탕으로 하고, 겸손히 하나님의 음성을 듣는, 그러한 방법을 택했다.

그리고 이것은 필자가 앞에서 말한 역사비평의 결과를 전제로 하고, 기도하면서 주관적으로 듣는 하나님의 말씀을 정리한 것뿐이고, 많은 사람들이 듣고 적은 글과 나란히 또 하나의 책에 지나지 않는다는 것을 밝힌다. 그러므로 독자들은 이 책을 또 하나의 참고 자료로 삼고, 각각 자기 나름으로 하나님의 음성을 듣는 노력을 해야 할 것이다.

2008년 1월
지은이 박창환

선생님의 구약해설서를 펴내면서

이 책은 한평생 성서번역자로, 또 신약학교수로 성경을 읽으신 박창환 선생님이 구약성경을 공부하고 싶어 하는 사람들을 위해 팔순의 연세도 아랑곳하지 않고 집필하고 계시는 구약성경해설의 다섯째 권입니다. 2008년에 율법서가 세 권으로 다 나왔고, 넷째 권인 여호수아·사사기와 다섯째 권인 사무엘상하가 2009년 봄에 나왔습니다. 2007년 5월에 『신약성경』(서울: 도서출판 코리아엠마오)사역을 내신 선생님은 그전보다 계획하신 대로 히브리어 성경의 순서를 따라 창세기에서 시작하여 구약해설서를 집필하고 계신다는 소식을 그 해 12월초에 잠시 집안 일로 국내에 다니러 오신 선생님으로부터 들었습니다. 그리하여 이미 써 놓으신 원고의 순서대로 출판하기로 한 것인데, 그 사이에 선생님은 집필에 박차를 가하여 2009년 11월에 역대기하를 마지막으로 집필을 끝내셨습니다. 그런데도 선생님의 초고를 정리하여 출판하는 일이 늦어져서 죄송한 마음 그지없습니다. 남은 원고도 될 수 있는 대로 빨리 출판할 수 있도록 힘쓰겠습니다.

반세기가 넘는 오랜 동안 선생님께 헬라어와 신약학을 배운 숱한 사람들 가운데 지극히 작은 자인 저로서는 무엇보다도 신약학자이신 선생님이 구약성서를 어떻게 읽고 이해하시는지 궁금했습니다. 선생님은 1950년대에 미국에서 공부하실 때부터 신약학자로서는 보기 드물게 구약성경에 깊은 관심을 두고 신약학과 아울러 기회 있는 대로 구약학도 공부하며 가르쳐 오신 것으로 알고 있습니다. 이리하여 선생님의 구약해설서는 우리 한국교회의 성서해석사의 한 부분을 차지합니다. 이 해설서를 통해서 후학들은 지난 120년 동안 한국교회에서 구약성서를 어떻게 읽고 이해하며 가르쳐 왔는지를 돌이켜볼 뿐만 아니라 앞으로는 구약성서를 어떤 식으로 읽어나가야 할지 그 길을 함께 찾는 데 도움 받을 수 있으리라 생각합니다.

이 책은 무엇보다도 선생님의 초고를 최대로 존중하여 만든 책입니다. 그리하여 초고는 한글 맞춤법의 문제가 있는 경우를 비롯하여 다음 경우에만 다듬었습니다.

1. 각 단락을 두 부분으로 나누어 그 앞부분과 뒷부분에 각각 '해설'과 '교훈'이라는 소제목을 붙였습니다. 이는 선생님이 구약해설서 첫째 권 창세기 서론의 마지막 부분(31-32쪽)에서 밝혀놓으셨고 지금은 이 책 8쪽에도 옮겨 적어둔 '일러두는 말'의 (2)와 (3)을 따른 것입니다.

2. 선생님은 1989년에 미국교회협의회 기독교교육부에서 번역해낸 새개정표준역 영어성경(New Revised Standard Version, 보통 NRSV로 줄여 씁니다)을 중심으로 히브리어 성경과 헬라어 구약성경 칠십인역을 참고하면서 각 단락의 내용을 풀어서 해설하십니다. 그 과정에서 내용이 우리나라의 일반 그리스도인들에게 익숙한 개역성경과 크게 다를 경우에는, 읽는 이들을 위해서 엮은이가 각주에서 이 부분이 개역성경의 어느 부분에 상응한다는 점을 밝혀 놓았습니다. 그런 각주에 나오는 '개역성경'은 개역한글판과 개역개정판을 한데 묶어 부르는 이름입니다.

3. 선생님은 히브리어 성경의 고유명사 표기도 될 수 있으면 원음에 가깝게 하려고 애쓰셨습니다. 따라서 선생님의 고유명사 표기가 개역성경과 다를 경우에는 그 고유명사 뒤에 *를 붙이고, 그에 상응하는 개역성경의 표기는 목차 뒤의 '고유명사 표기 대조표'에서 찾아보게 했습니다.

4. 히브리어나 헬라어나 다른 외국어의 한글 음역은 〈 〉 안에 적어 넣었습니다. 선생님이 손수 적어두신 음역은 될 수 있는 대로 그대로 두었습니다. 그렇지만 선생님이 히브리어만 적어두신 경우에는 이 책을 읽으시는 분들의 편의를 생각하여 졸고, "개역한글판의 히브리어 고유명사 한글 음역 방식과 히브리어 한글 음역 시안,"「성경원문연구」 8 (2001.2) 106-157쪽에서 제안한 방식을 따라 음역했습니다.

선생님의 구약해설서 첫 권인 창세기가 나온 뒤에 선생님이 제게 거듭 강조하여 부탁하신 일이 하나 있습니다. 다름 아니라 **이 해설서가 교역자들을 위한 책이라기보다는 평신도 성경공부에서 쓸 교재**라는 점을 널리 알려 달라는 것입니다. 그런 만큼 이 해설서를 읽으시는 분들도 이 점을 늘 염두에 두시면 좋겠습니다.

여러모로 어려운 가운데서도 이 책의 출판을 기꺼이 맡아주신「비블리카 아카데미아」원장 이영근 목사님에게 깊이 감사드립니다. 또한 선생님의 초고 파일을 정성스레 정리하는 일은 고맙게도 장로회신학대학교 대학원에서 구약학을 공부하시는 박성용 전도사님이 맡아 주셨습니다. 이 구약해설서를 통해서 우리나라의 그리스도인들이 구약성경을 통해 말씀하시는 하나님의 목소리를 이전보다 더 잘 들을 수 있기를 간절히 바라면서, 선생님의 구약해설서를 안내하는 글을 이만 맺겠습니다.

2010년 3월
장로회신학대학교 구약학교수
박동현 삼가 아룀

일러두는 말

　필자는 이 교재를 사용하시는 분들에게 사용법을 일러두려고 한다. 소그룹이 모여서 성경공부를 하는 것을 전제로 한다.

　매 책을 문단으로 나누어서 공부하려는 것이기 때문에,

　⑴ 개인이든지 그룹이든지 우선은 해당 성경 단원을 먼저 한두 번 읽어야 한다.

　⑵ 다음은 필자가 매 단원에 대하여 붙인 해설을 같이 읽기 바란다.

　⑶ 그리고 다음으로 필자가 그 단원에서 얻은 교훈, 혹은 거기서 들려오는 말씀을 몇 가지 정리해 놓았기 때문에, 그것을 음미하며 토론하기를 바란다.

　⑷ 끝으로 필자가 밝히지 않은 혹은 못한 교훈을 회원들이 각각 찾아보고 보충하기 바란다.

　　　―『구약에서 듣는 하나님의 말씀 첫째 권 창세기』, 31-32쪽에서―

목 차

169 열왕기하

고유명사 표기 대조표

박창환	개역	히브리어
갓	가드	גַּת
가자	가사	גַּזָּה
갈릴이	갈릴리	גָּלִיל
게젤	게셀	גֶּזֶר
게하지	게하시	גֵּחֲזִי
고잔	고산	גּוֹזָן
그달야	그달리야	גְּדַלְיָהוּ
기나트	기낫	גִּינַת
기숀	기손	קִישׁוֹן
깁브톤	깁브돈	גִּבְּתוֹן
나팟 돌	나밧 돌	נָפַת דֹּאר
나탄멜렉	나단멜렉	נְתַן־מֶלֶךְ
납탈리	납달리	נַפְתָּלִי
느부잘아단	느부사라단	נְבוּזַרְאֲדָן
느부카드넷찰	느브갓네살	נְבוּכַדְנֶאצַּר
느코	느고	נְכֹה
느후스탄	느후스단	נְחֻשְׁתָּן
니브하즈	닙하스	נִבְחַז
라못길르앗	길르앗 라못	גִּלְעָד רָאמוֹת
라키쉬	라기스	לָכִישׁ
랍샤케	랍사게	רַב־שָׁקֵה

레체프	레셉	רֶצֶף
레캅	레갑	רֶכֶב
르말야후	르말랴	רְמַלְיָהוּ
르보하맛	하맛어귀	לְבוֹא חֲמָת
르존	르손	רְזוֹן
르친	르신	רְצִין
르합암	르호보암	רְחַבְעָם
리브나	립나*	לִבְנָה
마다이	메대	מָדַי
마아카	마아가	מַעֲכָה
마카즈	마가스	מָקַץ
맛탄	맛단	מַתָּן
맛탄야	맛다니야	מַתַּנְיָה
메샤	메사	מֵישַׁע
몰렉	몰록	מֹלֶךְ
미츠파	미스바	מִצְפָּה
미카야	미가야	מִיכָיָה
미카여후	미가야	מִיכָיְהוּ
밀콤	밀곰	מִלְכֹּם
바르질라이	바르실래	בַּרְזִלַּי
바빌론	바벨론	בָּבֶל
바샨	바산	בָּשָׁן
밧셰바	밧세바	בַּת־שֶׁבַע
바알 샬리샤	바알 살리사	בַּעַל שָׁלִשָׁה
바알즈붑	바알세붑	בַּעַל זְבוּב
발아단	발라단	בַּלְאֲדָן

베트호론	벧호론	בֵּית חוֹרוֹן
벤데켈	벤데겔	בֶּן־דֶּקֶר
벤야민	베냐민	בִּנְיָמִין
벧셰메스/벳세메쉬	벧세메스	בֵּית־שֶׁמֶשׁ
벳샨	벧스안	בֵּית שְׁאָן
보아즈	보아스	בֹּעַז
불레셋	블레셋	פְּלִשְׁתִּי
브로닥 발아단	브로닥 발라단	בְּרֹאדַךְ־בַּלְאֲדָן
브나야후	브나야	בְּנָיָהוּ
브누엘	부느엘	פְּנוּאֵל
브알롯	아롯	בְּעָלוֹת
브엘세바	브엘세바	בְּאֵר שֶׁבַע
비드칼	빗갈	בִּדְקַר
사알빈	사알빔	שַׁעַלְבִים
샤판	사반	שָׁפָן
샤팟	사밧	שָׁפָט
샬룸	살룸	שַׁלֻּם
살만에셀	살만에셀	שַׁלְמַנְאֶסֶר
살에첼	사레셀	שַׂרְאֶצֶר
셰메르	세멜	שֶׁמֶר
셰브나	셉나	שֶׁבְנָא
소코	소고	שׂוֹכֹה
솜론	사마리아	שֹׁמְרוֹן
수콧브놋	숙곳브놋	סֻכּוֹת בְּנוֹת
슈넴	수넴	שׁוּנֵם
스파르와임	스발와임	סְפַרְוַיִם

아루봇	아룹봇	אֲרֻבּוֹת
아르예	아리에	אַרְיֵה
아르차	아르사	אַרְצָה
아르팟	아르밧	אַרְפָּד
아마츠야/아마시야	아마샤	אֲמַצְיָה
아마츠야후	아마샤	אֲמַצְיָהוּ
아벨 벳마아카	아벨벧 마아가	אָבֵל בֵּית־מַעֲכָה
아비샥	아비삭	אֲבִישַׁג
아셀	아셀	אָצֵל
아쉬마	아시마	אֲשִׁימָה
아스타롯	아스다롯	עַשְׁתֹּרֶת
아우아	아와	עַוָּה
아자르야	아사랴	עֲזַרְיָה
아자르야후	아사랴	עֲזַרְיָהוּ
아크보르	악볼	עַכְבּוֹר
아키스	아기스	אָכִישׁ
아탈야후	아달랴	עֲתַלְיָהוּ
아펙	아벡	אֲפֵק
아하즈	아하스	אָחָז
아하즈야후/아하즈야	아하시야	אֲחַזְיָהוּ
아히마아츠	아히마아스	אֲחִימַעַץ
아히샬	아히살	אֲחִישָׁר
아히캄	아히감	אֲחִיקָם
아흐압	아합	אַחְאָב
앗시리아	앗수르	אַשּׁוּר
앗자	가자	עַזָּה

야노아흐	야노아	יָנוֹחַ
야아잔야	야아사니야	יַאֲזַנְיָהוּ
야킨	야긴	יָכִין
에크론	에그론	עֶקְרוֹן
에타님	에다님	אֵתָנִים
에트바알	엣바알	אֶתְבַּעַל
에치온게벨	에시온게벨	עֶצְיוֹן־גֶּבֶר
엔로겔	에느로겔	עֵין־רֹגֵל
엘론벳하난	엘론벤하난	אֵילוֹן בֵּית־חָנָן
엘리샤	엘리사	אֱלִישָׁע
엘리야후	엘리야	אֵלִיָּהוּ
엘야킴	엘리야김	אֶלְיָקִים
여샤야후	이사야	יְשַׁעְיָהוּ
여콘야	여고냐	יְכָנְיָה
여호샤팟	여호사밧	יְהוֹשָׁפָט
여호세바	여호세바	יְהוֹשֶׁבַע
여호아하즈	여호아하스	יְהוֹאָחָז
여호야킨	여호야긴	יְהוֹיָכִין
여호야킴	여호야김	יְהוֹיָקִים
여호자밧	여호사바드	יְהוֹזָבָד
오밧야후	오바댜	עֹבַדְיָהוּ
오펠	오벨	עֹפֶל
오필	오빌	אוֹפִיר
야롭암	여로보암	יָרָבְעָם
요시야후	요시야	יֹאשִׁיָּהוּ
웃자	웃사	עֻזָּא

웃지야	웃시야	עֻזִּיָּהוּ
요아흐	요아	יוֹאָח
요호람	여호람	יְהוֹרָם
욕테엘	욕드엘	יָקְתְאֵל
이쉬마엘	이스마엘	יִשְׁמָעֵאל
이제벨	이세벨	אִיזֶבֶל
이즈르엘	이스르엘	יִזְרְעֵאל
임라	이믈라	יִמְלָא
입르암	이블르암	יִבְלְעָם
자레탄	사르단	צָרְתָן
자붓	사붓	זָבוּד
조헬렛	소헬렛	זֹחֶלֶת
스카르야	스가랴	זְכַרְיָה
스카르야후	스가랴	זְכַרְיָהוּ
지므리	시므리	זִמְרִי
지우	시브	זִו
차르파타	사르밧	צָרְפַתָה
차이르	사일	צָעִיר
체루야	스루야	צְרוּיָה
초바	소바	צוֹבָה
츠루아	스루아	צְרוּעָה
츠판야	스바냐	צְפַנְיָהוּ
치드키야	시드기야	צִדְקִיָּה
카르멜	갈멜	כַּרְמֶל
캅	갑	קַב
케데쉬	게데스	קָדֵשׁ

케레트 사람들	그렛 사람	כְּרֵתִי
코르	고르	כֹּר
콘야	고니야	כָּנְיָהוּ
쿠타	구다	כּוּתָה
쿳	굿	כּוּת
큐빗	규빗	אַמָּה
크리트	그릿	כְּרִית
크모스	그모스	כְּמוֹשׁ
크웨	구에	קְוֵה
키느롯	긴네렛	כִּנְרוֹת
키드론	기드론	קִדְרוֹן
키르	기르	קִיר
키르 하르셋	길하레셋	קִיר חֲרֶשֶׂת
타르시스	다시스*	תַּרְשִׁישׁ
타르탁	다르닥	תַּרְתָּק
타르탄	다르단	תַּרְתָּן
타아낙	다아낙	תַּעֲנָךְ
타흐페네스	다브네스	תַּחְפְּנֵיס
탈란트	달란트	כִּכָּר
토펫	도벳	תֹּפֶת
트라핌	드라빔	תְּרָפִים
트랏사르	들라살	תְּלַאשָּׂר
티글랏 필레셀	디글랏 빌레셋	תִּגְלַת פִּלְאֶסֶר
티르차	디르사	תִּרְצָה
티르하카	디르하가	תִּרְהָקָה
티브니	디브니	תִּבְנִי

티스베	디셉	תִּשְׁבִּי
티프사흐	딥사	תִּפְסַח
파르파르	바르발	פַּרְפַּר
페카흐	베가	פֶּקַח
풀	불	פּוּל
프카흐야	브가히야	פְּקַחְיָה
하닷에젤	하닷에셀	הֲדַדְעֶזֶר
하보르	하볼	חָבוֹר
하자엘	하사엘	חֲזָאֵל
하촐	하솔	חָצוֹר
학기트	학깃	חַגִּית
할라흐	할라	חֲלַח
헤펠	헤벨	חֵפֶר
헤프치바흐	헵시바	חֶפְצִי־בָהּ
호세아	호세아	הוֹשֵׁעַ
히즈키야	히스기야	חִזְקִיָּה
히즈키야후	히스기야	חִזְקִיָּהוּ
힐키야	힐기야	חִלְקִיָּהוּ

열왕기상하

해설

열왕기상과 열왕기하는 원래 히브리어 원문 성경에서 한 책을 이루고 있었다. 그것이 칠십인역(Septuagint=LXX) 번역자들에 의해서 두 책으로 갈라졌고, 이 구분이 라틴어 성경에 채택되었으며, 여타의 번역들이 이를 따르고 있다. 그리고 앞에 나온 여호수아, 사사기, 사무엘 상하와 함께 열왕기상하는 구약성경의 둘째 부분인 예언서(〈느비임〉נְבִיאִים)에 속하고, 그 중에도 전예언서(Former Prophets)에 속한다. 칠십인역 번역자들이 위에 언급한 책들을 다 역사서로 간주하고, 그렇게 이해하였지만, 히브리어 성경에서는 그 책들이 예언서에 속한다. 즉 그 책들에서 이스라엘의 역사를 다루기는 하지만 그냥 역사적인 사실을 소개하려는 것은 아니고, 하나님의 영을 받은 예언자들이 이스라엘 역사를 예언자의 정신으로 신학적으로 관찰하면서 이스라엘 백성에게 교훈을 주려고 구전과 성문 자료에 나타난 역사적인 사건들을 취사선택하고 나열하며 해석한 것들이 거기 적혀 있다. 그리하여 그 책들에서는 연대기적으로 모든 사건을 있는 대로 다 소개하려 하지 않았다. 물론 이렇게 예언자들이 해석한 이스라엘의 역사를 통해서 우리는 이스라엘의 연대기적 역사 사실을 대략 알 수 있다. 열왕기상하는 그 저자들이, 다윗이 죽기 전에 솔로몬이 왕좌에 오르는 때로부터 시작하여 주전 587년에 예루살렘이 바빌론* 군대에 의하여 파멸되기까지 약 400년간의 이스라엘 역사를 예언자의 입장에서 해석한 것이라고 보면 될 것이다.

주요 자료로는 솔로몬의 통치를 소개하는 솔로몬 행적(왕상 11:41), 열왕기상 14장 19절에 나오는 야롭암*에서 시작하여 18회나 언급되는 이스라엘 왕의 역대기, 15회나 언급되는 유다 왕 역대기를 들 수 있다. 그 밖에 이름을 밝히지 않은 자료로는 다윗 말기를 소개하는 왕실기록, 예언자 엘리야후*(왕상 17:1-왕하 1:15) 엘리샤*(왕하 2:1-13:21), 여사야*와 기타 예언자들을 소개하는 자료들이 사용되었다.

열왕기상하는 단번에 기록된 것이 아니라 여러 단계를 거쳐서 완성되었다. 첫 단계는 아마도 요시야 왕이 죽기 전, 바빌론* 포로 이전에 완성되었을 것이다. "이 날까지"라는 표현과 다윗이 예루살렘에 언제나 하나의 등불을 가지리라는 약속(왕상 11:36; 15:4; 왕하 8:19)은 저자들이 글을 쓰던 때를 암시한다. 이 첫 단계의 책은 열왕기하 23장 25절에서 말하는 요시야가 칭송을 받던 시대 곧 유대 나라가 평화와 자주를 누리던 때에 마쳐졌을 것이고, 둘째 단계의 책은 유대인들이 바빌론*에서 포로생활을 할 때, 여호야킨*이 풀려난 지 얼마 되지 않았을 때(왕하 25:27-30), 즉 주전 550년경 생겨났을 것으로 보인다. 셋째 단계로는 포로에서 귀환한 후에 오늘 우리가 보는 모양의 책으로 완성되었을 것이다.

구약 성경의 전예언서는 소위 신명기적 역사 이해의 입장에서 이스라엘과 유대의 역사를 아자르야* 왕 치세까지 신학적으로 해석한 책이다. 열왕기상하는 솔로몬 치하의 왕국과, 그 통일 군주국이 갈라지는(왕상 11:1-13) 종교적 이유들을 제시한다. 이스라엘과 유대의 왕 하나하나가 신명기 역사가의 이념적 종교적 견해에 입각하여 판단을 받는다. 이스라엘의 종교 생활에 있어서 혼합주의를 조장한 왕들은 비판을 받고 하나님께 거부당하였다. 북쪽 나라 이스라엘의 왕들은 하나같이 야롭암*의 종교 개변을 견지하였기 때문에 악을 행한 왕으로 판단을 받았다. 반면에 야훼께 충성하는 일을 조장하고, 예배를 개혁하고 예루살렘 단일 성전 예배를 도모한 왕들은 선한 왕으로 판단되고 신명기 역사가들에게 칭송을 받았다. 선한 왕의 모범은 요시야이었고, 그가 주전 622년에 행한 종교개혁을 표준으로 하여 다른 모든 왕이 판단을 받은 것이다.

열왕기상하는 ⑴ 솔로몬의 통치(왕상 1:1-11:43), ⑵ 분열된 군주 국(왕상 12:1-왕하 17:41), ⑶ 유대 왕국(왕하 18:1-25:30)의 세 부분 으로 크게 나눌 수 있다. 분열된 군주국 유다와 이스라엘의 왕들을 연 대에 따라 정리하면 아래와 같다.

유다 왕국		이스라엘 왕국	
르합암*	주전 922-915	야롭암*	주전 922-901
아비얌	915-913		
아사	913-873	나답	901-900
		바아샤*	900-877
		엘라	877-876
		짐리*	876
		옴리*	876-869
여호샤팟*	873-849	아흐압*	869-850
		아하시야	850-849
		여호람	849-843
여호람	849-843		
아하시야	843-842	예후	843-815
아탈야후*	842-837		
여호아스 *	837-800	여호아하스	815-802
		요아스	802-786
아마츠야*	800-783		
		야롭암* 2세	786-746

아자르야*/웃시야 783-742		즈카르야*	746-745	
		샬룸*	745	
		므나헴	745-737	
요담	742-735			
		프카흐야*	737-736	
		페카*	736-732	
아하스	735-715			
		호세아*	732-724	
		사마리아 함락	722	
히즈키야*	715-687			
므낫세	687-642			
아몬	642-640			
요시야	640-609			
여호아하스	609			
여호야킴*	609-598			
여호야킨*	598-597			
첫 번째 유배	597			
시드키야*	597-587			
두 번째 유배	587			

교훈

1. 인간 역사의 수레바퀴는 그냥 맹목적으로 돌고 도는 것처럼 보이지만, 그 배후에는 역사의 주인이신 하나님이 계셔서, 역사를 조정하고 운영하고 간섭하셔서, 역사는 그의 뜻대로 진행되고 있는 것이다.

우리가 그 하나님의 의중을 알지 못하기 때문에 역사의 의미를 모르고 있는 것뿐이다. 하나님은 특히 이스라엘 민족을 택하여 그들의 역사에 특별한 간섭을 하시며 운영하시는 것이기 때문에, 그 역사는 역시 특별한 의미가 있다고 보아야 할 것이다. 하나님은 예언자들에게 영감을 주셔서 예언자들이 그 역사의 의미를 신학적으로 판단하고 예언서에 적게 하신 것이다. 열왕기상하는 그 작업의 한 부분이다. 우리는 예언서에서 특히 이 단계에서는 열왕기상하에서 예언자들의 역사 해석을 들어야 한다. 하나님만 섬기고 그의 뜻을 따라 살아야 한다는 신명기 역사의 정신을 발견해야 할 것이다.

2. 유다나 이스라엘에 많은 왕이 나타났었지만 그들이 대부분 하나님의 책망을 받았고, 하나님의 징계를 받았다. 여기서 우리는 하나님만 섬기고 그의 법도대로 산다는 것이 얼마나 어렵다는 것을 알 수 있다. 우리도 요시야 왕 같은 사람이 되려고 노력해야 할 것이다. 하나님은 역사 속에 표본을 세워주시고 그를 닮으라고 하신다. 우리는 하나님의 아들을 우리의 표본으로 삼아야 하는데, 과거 구약시대에도 표본은 있었다. 모세가 그렇고 그의 법이 표본이었다. 따라서 인간은 핑계할 수 없다. 하나님께서 우리에게 성경을 주신 것도 성경이 인간에게 길을 보여주시는 또 하나의 방도이기 때문이다. 그리고 그 성경이 오늘 우리에게 가까이 있고 가장 우리를 하나님께 이끄는 가장 효과적인 방도이기에 우리는 성경을 통하여 하나님의 뜻을 찾아야 할 것이다.

왕권 계승을 위한 암투 (왕상 1:1-27)

해설

군주국가의 특징 중의 하나는 왕위를 세습하는 습관이다. 왕의 후손이 없어도 문제요, 왕의 자녀가 많아도 문제가 된다. 다윗의 경우는 아들이 많았고, 그의 남은 아들 중 장자인 아도니야가 스스로 왕위를 이양 받아야 한다고 생각하고 행동을 취한 것이 문제였다. 30세에 왕위에 올라 지금 70세가 된 다윗은 기력이 쇠잔한 상태에 있었다.

그러자 신하들이 왕께 간하였다. 젊은 처녀를 택하여 임금을 수발하게 하며, 임금의 잠자리에 같이 누어 임금의 몸을 따뜻하게 하면 좋겠다는 것이었다. 전국에 수소문하여 선발한 여자가 잇사갈 지파의 땅인 이스르엘 계곡에 있는 동네 슈넴*의 처녀였다. 그녀는 아비삭*이라는 이름의 미인 처녀였다. 결국 그녀는 후궁의 하나로 다윗을 섬겼다. 그러나 다윗은 한 자리에서 살을 맞대고 자면서도 그녀를 건드리지 않았다는 것이다.

다윗이 헤브론에서 통치할 때 학기트*의 몸에서 나온 아들 아도니야가, 그의 형 압살롬이 죽었기 때문에 아마도 가장 나이가 많으므로, 스스로 왕이 되어야 한다고 생각했던 모양이다. 아버지 다윗이 쇠약하여 누어있으니, 의례 자기가 왕이 되리라 생각하여 병거와 마부들을 준비하고 50명의 군인을 자기 앞에 세우고 행차한 것이었다. 다윗은 그에게 "왜 그런 짓을 하느냐?"라고 따지거나 불쾌하게 생각하지 않고 있었다. 아도니야는 외모도 잘 생긴 사람이었다. 그는 다윗의 군대장관인 요압 곧 자기의 4촌 형뿐만 아니라 제사장 아비아달과도 의논하였으며, 그들은 그를 후원하였다. 그러나 다른 제사장 사독과 다윗의 용병 특수부대장인 브나야후*와 예언자 나단, 또 다윗의 두 장수인 므이와 레이는 아도니야를 편들지 않았다.

아도니야는 자기의 왕위 계승을 공식화하기 위해서 유다 땅과 벤야민* 땅 중간에 있는 곳으로 예루살렘 남동쪽에 있는 엔로겔*에 있는 조헬렛* 바위 옆에서 양과 황소와 살찌운 소를 잡아서 제사를 드렸다 조헬헷*은 뱀 바위라는 뜻이고 사람들이 거기서 제사를 드렸다. 그 자리에 자기의 친 형제들과 임금의 다른 아들들과 조정의 모든 신하들을 초청했다. 그러나 예언자 나단이나 특수부대장 브나야후*나 다른 두 장수들과 솔로몬은 초대하지 않았다.

이런 소식을 아는 나단이 솔로몬의 어머니 밧세바*에게 말했다. 아도니야가 왕이 되었는데도 다윗은 알지 못하고 있다고 하면서, 당장에 다윗에게 가서, 임금이 솔로몬에게 왕위를 주겠다고 맹세하셨는데 어째서 아도니야가 왕이 된단 말입니까 하고 따지라고 조언했다. 그냥 내버려두면 밧세바*도 솔로몬도 죽게 될 거라고 하면서 부추겼다. 밧세바*가 임금과 대화하고 있는 동안에, 나단 자신도 나타나서 뒷받침을 하겠다고 하였다.

밧세바*가 다윗의 방으로 들어가니. 후궁 아비삭*이 늙은 다윗을 시중들고 있었다. 밧세바*가 다윗 앞에 부복하고 절을 했다. 다윗은 밧세바*에게 무슨 소원이 있는가 물었다. 밧세바*는 나단이 시킨 대로 말했다. 즉 임금은 솔로몬을 후계자로 삼기로 맹세까지 했는데, 갑자기 아도니야가 왕이 되었는데, 임금은 그것을 알지도 못하고 계시다는 것, 아도니야가 제사를 드리고 누구누구를 초청하였고 솔로몬은 초청하지 않았다는 것, 백성들이 주목하고 있으니까 임금께서 누구를 후계자로 삼으실 것인지를 말씀하셔야 한다는 것, 그렇지 않을 경우 임금이 돌아가시면 자기와 솔로몬은 반역자로 몰리리라는 것을 말했다.

밧세바*가 그런 말을 하고 있을 때, 예언자 나단이 입궐했다. 나단도 다윗 앞에 나타나 땅에 얼굴을 대고 인사를 했다. 그리고는 다윗더러 임금께서 아도니야를 후계자로 삼으셨는가 물으며, 아도니야가 그

날 한 일을 보고하였다. 초청된 자들이 지금 아도니야 앞에서 먹고 마시며 잔치를 하고 있으며, 그들이 "아도니야 만세!" 하고 소리지르고 있다고 했다. 이것을 임금께서 허락하셨는지, 임금의 뒤를 이을 사람이 누구인지 예언자인 자기 나단에게 말씀하셨는가 하고 따졌다.

교훈

1. 다윗이 아무리 부귀와 영화와 권세를 누렸지만, 나이가 먹고 늙어가는 것을 막지는 못했다. 결국 그의 왕좌를 자식에게 넘겨주어야 하는 처지에 이르렀다. 기력이 쇠진하여 체온이 떨어지고 몸이 차서 잠을 이루지 못할 지경에 이르렀을 때 아비삭*이라는 처녀를 품고 자도록 했다는 것인데, 다윗이 자기 품에 있는 그녀를 건드리지 않은 것은 다윗이 밧세바*를 범한 죄를 뉘우치고 다시는 그런 범죄를 하지 않으려는 결심을 했기 때문이었을까? 사실 다윗은 많은 후궁을 거느리고 있지 않았는가? 아마도 기력이 없어서 남자 구실을 할 수 없었기 때문이었을 것으로 보인다. 권세가 있어서 미인 처녀를 품에 안을 수 있었지만, 몸이 늙어가고 죽어가는 것은 권력으로도 막을 수 없는 것이다.

2. 아도니야가 그 당시 다윗의 장자이기 때문에 왕위를 물려받을 수 있다고 생각함은 당연하고 자연스러웠다. 그러나 이스라엘은 특이한 나라로 야훼 하나님의 간섭 속에서 운영되는 나라였다. 보통 인간의 전례와 풍속을 따르는 나라가 아니라 제 3의 요소가 좌우하는 나라이므로, 아도니야의 계획과 거사는 수포로 돌아갈 수밖에 없었다. 다윗은 이미 솔로몬에게 왕위를 이양하기로 밧세바*와 하나님 앞에서 맹세한 바가 있다. 에서가 야곱의 형이지만 장자의 축복을 받지 못했다. 구원은 야훼의 선택에 달린 것이어서 은혜로 주어짐을 여기서 알 수 있다.

3. 예언자 나단은 다윗이 늙어서 과거를 잊고 하나님과 맺은 약속을 이행하지 못하게 되었을 때 그것을 바로잡기 위해서 나섰다. 예언자의 책임이 그런 것이다. 예언자는 하나님의 뜻이 바로 실현되도록 하나님과 인간 사이에서 조정하고, 잘못된 것을 바로잡는 역할을 해야 한다. 오늘의 예언자들 즉 교회의 목사와 지도자들이 얼마나 예언자 역할을 바제대로 감당하고 있는지 의심스럽다. 예언자 나단은 죽어가는 다윗, 기억이 가물가물 하는 다윗을 깨우쳐서 하나님과 맺은 약속을 지키게 하였다. 밧세바*를 독촉하여 임금을 만나보게 하였다. 이런 적극적인 노력을 통해서 일을 바로잡았다. 예언자의 책임이 중하고 어렵다. 나단이 아니었더라면, 이스라엘의 운명이 달라졌을 것이다.

4. 사람은 자기의 이익을 위해서 편을 가르고 자기에게 유리한 사람들끼리 뜻을 모아 거사를 하고 일을 처리한다. 아도니야는 하나님을 먼저 찾고, 하나님의 뜻을 물었어야 했다. 편을 가르려 하지 말고, 이기적인 생각을 버리고, 화합하여 나라의 평화를 도모했어야 했다. 편을 가른다는 것은 이미 분열을 의미하고 백성의 불화를 초래하는 일이다.

솔로몬의 등극(왕상 1:28-53)

해설

아도니야가 왕이 됐다는 소식을 들은 다윗은 밧세바*를 불러오라고 했다. 그녀가 임금 앞에 와 서자, 다윗은 다시 맹세하며 솔로몬이 자기 뒤를 이어 왕이 될 것을 다짐하고 오늘 당장에 그렇게 하겠노라고 그녀에게 약속했다. 밧세바*는 황송하여 엎드려 절을 하고, "임금님 다윗이여, 장수 무강(無疆)하소서!"라고 빌었다.

그리고 다윗은 제사장 사독과 예언자 나단과 특수부대장 브나야후*를 불러오게 했다. 그들이 대령하자 그들에게 지시를 내렸다. 임금의 신하들을 데리고 가서 솔로몬을 다윗이 타던 노새에 태우고, 기혼 샘으로 내려가라고 했다. 거기서 사독과 나단이 솔로몬에게 기름을 부어 그를 이스라엘의 왕으로 삼고, 나팔을 불고 "솔로몬 왕 만세!"를 부르라고 했다. 그리고 솔로몬을 따라서 올라와 왕궁으로 들어와 그를 왕좌에 앉게 하라고 했다. 그를 이스라엘과 유다의 통치자로 지명했으니, 그가 다윗 대신에 왕이 될 것이라고 언명했다. 브나야후*가 "아멘, 임금님의 하나님 야훼께서 정하신 대로 될지어다. 야훼께서 임금님과 함께 하신 것처럼 솔로몬과도 같이 하시고, 그의 왕좌는 임금님 다윗의 왕좌보다도 더 위대하게 될지어다!"라고 기원하였다.

그래서 사독과 나단과 브나야후*와 특수부대원들이 내려가서 솔로몬을 다윗의 노새에 태우고 기혼 샘가로 인도했다. 거기서 사독은 성막에서 뿔에다 담아가지고 온 기름을 솔로몬에게 부었다. 그리고는 나팔을 불고 "솔로몬 왕 만세!"하고 소리를 질렀다. 그리고는 온 백성이 그를 따라 올라오면서 퉁소를 불고 크게 기뻐하였고, 그들의 소리로 땅이 진동했다.

엔로겔*에서 축하연을 베풀고 있던 아도니야와 축하객들이 그 고함 소리를 들었다. 나팔 소리를 들은 요압은 어째서 예루살렘 성안에 소란이 있는가 하고 중얼댔다. 그의 말이 끝나기도 전에 제사장 아비아달의 아들 요나단이 달려 들어왔다. 아도니야는 무슨 좋은 소식이라도 있는가 해서 어찌된 영문인가 묻자, "아닙니다. 다윗 왕께서 솔로몬을 왕으로 삼으셨습니다."라고 하면서 그 자초지종을 말하고, 그 고함 소리는 솔로몬의 등극을 축하하는 소리이고, 다윗의 신하들이 다윗에게 와서 축하하며, "하나님께서 다윗 임금님의 이름을 유명하게 하신 것보다 솔로몬의 이름을 더 유명하게 하시고, 그의 왕좌는 임금님의 왕좌보다 더 위대하게 하소서!"한다고 보고했다. 그리고 다윗은 침상에서 엎드려 하나님께 경배하며 기도하기를, "이스라엘의 하나님 야훼는 찬미받으소서! 오늘 당신께서 내 자손으로 하여금 내 왕좌에 앉게 하셨고, 나로 하여금 그것을 목격하게 하셨나이다."고 했다는 말했다.

이 말을 들은 아도니야의 하객들은 떨면서 일어나 뿔뿔이 흩어졌다. 아도니야는 솔로몬이 무서워서, 일어나 제단 뿔을 붙들려고 갔다. 제단 뿔을 붙들고 하나님께 하소연을 하려는 것이었다. 솔로몬은 아도니야의 일을 보고받았다. 아도니야는 솔로몬 왕이 무서워서 제단 뿔을 쥐고 말했다. "제발 솔로몬이 검으로 나를 죽이지 않겠노라고 나에게 맹세하도록 해 주십시오." 그 말에 대한 솔로몬의 응답은 다음과 같았다. "그가 가치 있는 사람이라는 증거를 보이면, 그의 머리털 한 오라기도 떨어지지 않을 것이고, 만일 그에게서 악의가 발견되는 날에는 죽는다." 솔로몬은 제단에 있는 아도니야를 불러오게 했다. 그가 솔로몬에게 엎드려 절하였고, 솔로몬은 아도니야더러 "집으로 가시오!" 라고 말했다.

교훈

1. 아도니야의 등극(登極)은 불발로 끝났다. 사람의 생각으로는 꼭 될 것 같았지만, 사람의 뜻대로 되는 것이 아니었다. 세상만사가 그렇다. 계획은 사람이 하지만, 성사는 하나님의 손에 달려 있다.

2. 다윗은 정신을 차리고 신속히 사태를 수습했다. 우선 밧세바*에게 한 약속을 다짐하였고, 자기 부하들을 시켜서 솔로몬을 왕좌에 앉히는 일을 세밀히 지시하였다. 솔로몬은 형들을 물리치고 왕위에 올랐다. 그것은 솔로몬의 공로가 아니다. 하나님의 섭리와 은총으로 이루어진

사건이다. 인간적으로 본다면, 이는 밧세바*를 사랑하는 다윗의 편파적이고 독재적인 조치라고 볼 수 있다. 그러나 영적으로는 이미 하나님 앞에서 맹세한 일로서, 세상의 상식이나 전통을 초월한 파격적인 처사이며, 하나님의 간섭으로 된 사건이어서, 아무도 항거할 수 없는 일이었다. 우리의 이성이 그것을 이해할 수 없지만, 우리는 "하나님의 뜻이 이루어지이다!"라고 하면서 승복할 수밖에 없다.

3. 아도니야는 우선 하나님의 뜻을 여쭙고 응답받은 뒤에 행동했어야 하는데, 그의 안중에 하나님은 없었던 모양이다. 다윗을 늙어서 아무 것도 판단하지 못하는 아버지로 여기고, 경솔하게 일을 꾀하다가 실패한 것이다. 아도니야는 형편이 역전되어 자기에게 절대로 불리하게 된 것을 알고, 솔로몬에게 투항하여 우선 목숨을 건질 수 있었다. 그런 상황에서 아도니야는 이성을 잃지 않고 현명하게 행동한 셈이다. 아도니야는 한 순간 왕이 되었지만, 하루도 못 되어 그 꿈이 사라졌다. 인간 세상에 사는 우리에게도 좋을 뻔 했다가 뜻을 이루지 못하는 일이 얼마든지 있다. 그러나 그 실패의 순간을 침착하게 넘기고 현명하게 대처해야 한다. 욕심내는 것이 잘못일까? 우리는 사리에 맞는 생각을 하고, 욕심도 분수에 맞는 욕심을 가져야 한다. 욕심을 부리다가 자기 목숨을 잃을 수도 있으니 말이다.

4. 솔로몬도 이성을 잃지 않고, 사태를 수습한 셈이다. 조급한 마음으로 형 아도니야를 당장에 처치할 수 있었지만, 침착하게 경고만 하고 아도니야를 집으로 돌려보내는 아량을 베풀었다. 집권 벽두부터 피를 흘린다든가 모질게 구는 것은 장래 그의 통치에 방해가 될 수 있었을 것이다. 비록 정치적인 배려이기는 했지만 형을 형으로 대우한 것은 아들을 사랑하는 아버지 다윗의 마음과 다른 형제들에게나 만조백관들

에게 좋은 인상을 남겼을 것이다. 국가의 원수(元首)인 임금은 국민 모두를 최대한 애호할 책임이 있는 것이다.

솔로몬에 대한 다윗의 지시(왕상 2:1-9)

해설

다윗은 죽기 전에 아들 솔로몬에게 훈계와 격려의 말을 남겼다. 첫째는 강하고 담대하라 했다. 둘째는 야훼 하나님의 명령을 지키라고 했는데, 이 경우에는 다시 두 가지로 나누어 일러주었다. 곧 하나님이 지시하시는 길을 가고 그의 법도(〈훅콧〉חֻקּוֹת, statutes)[1]와 계명(〈미츠옷〉מִצְוֹת, commandments)과 율례(〈미쉬팟〉מִשְׁפָּט, ordinances)와 증언(〈에둣〉עֵדוֹת, testimonies)[2]을 지키라는 것이었다. 모세 율법서에 기록된 대로 하라는 것이다. 그리하면 솔로몬은 하는 것마다, 또 어디를 가든지 번영할 것이다. 야훼가 다윗에게 하신 말씀 곧 "네 후예가 행동거지를 삼가서, 그들의 마음을 다하고 영혼을 다해서 충성스럽게 내 앞에서 행한다면, 이스라엘 왕권을 영구히 차지하게 될 것이다."고 하신 것이 그대로 이루어질 것이라고 했다. 신명기 역사가들의 정신이 여기에 명확하게 요약되어 있다.

다윗은 이렇게 정신적인 교훈을 준 후에, 정치적인 조치 세 가지를 지시했다. 첫째, 우선 요압을 처치하라고 명령했다. 요압이 사적으로는 다윗의 누이 체루야*의 아들로서 자기의 친 조카이지만 공적으로는 벌을 받아야 할 사람이고 솔로몬 집권에 방해가 될 사람이기 때문에 그를 처단하라고 한 것이다. 요압은, 사울 왕의 사촌이요 사울의 군대사령관

1) 개역성경에서는 '법률'로 옮겼다.
2) 개역성경에서는 '증거'로 옮겼다.

이었던 아브넬을 죽였고(삼하 3:27), 다윗이 임명한 군대사령관 아마사를 죽인 것(삼하 20:10) 때문에 처단을 받아야 한다는 것이다. 출애굽기 21장 24절에 있는 법에 입각하여 피는 피로 갚아야 하는 것이어서, 요압은 전장에서 흘린 피를 평화로운 때에 보복하였고, 사사로운 욕심을 품고 장수를 죽였으므로 거기에 상응하는 벌을 받아야 한다는 것이다. 현명하게 판단하여 행하되, 그를 그냥 평안히 죽게 해서는 안 된다는 것이다. 둘째로는 다윗이 압살롬을 피해 다닐 때 다윗을 크게 도운 길르앗 사람 바르질라이*를 후하게 대우하여 국록을 먹고 살게 하라고 명령했다. 셋째로는 다윗이 마하나임으로 달아날 때 무서운 저주를 퍼부은 벤야민* 사람 시므이에 관한 것인데, 그는 다윗이 환도할 때 요단강에 나타났고, 다윗은 그를 검으로 베어 죽이지는 않겠다고 하나님의 이름으로 맹세하였지만, 그에게 죄가 없다고 할 수 없으니, 알아서 현명하게 처리하되, 그를 피 흘림 없이 죽게 해서는 안 된다고 명령했다.

교훈

1. 야훼 하나님만을 섬기고 그의 법도에 따르는 삶을 살려고 노력해 온 다윗은 이제 그의 왕권을 그의 아들 솔로몬에게 이양하는 마당에, 자기의 행동 철학과 원칙을 아들에게 물려주려고 한 것이다. 그것이 가장 현명한 것이고, 아들과 그의 나라가 번영할 수 있는 첩경이기 때문이었다. 이스라엘 나라를 다스리는 임금으로서 강하고 담대해야 하는 것은 물론이다. 하나님을 믿는 믿음 안에서 강하고 담대하라는 말이지, 인간의 힘을 믿고 만용을 부리라는 말이 아니다.

2. 하나님이 모세를 통하여 이스라엘 민족에게 주신 법과 질서는 일시적인 것이 아니고, 언제 어디서나 유효하고 필요한 것이다. 그것은

야훼 하나님의 말씀이요 법이기 때문이다. 다윗이 그랬던 것처럼 솔로몬도 율법에 기록되어 있는 대로 하나님의 명령을 따라 살면 만사형통할 것은 확실했다. 문제는 사람이 확실한 진리를 그대로 받아들이지 않고, 그것을 행하지 않는 데 있다. 다윗은 아들 솔로몬에게, 그 명확한 진리를 가르치고 행하라고 지시한 것이다. 아버지로서 그 번영의 길을 자식에게 이르고 당부하는 것을 잊지 않았다. 이제 책임은 솔로몬에게 넘어갔다.

3. 국사를 운영할 때는 법이 실시되고 공의가 이루어지는 사회를 만들어야 한다. 상선벌악(尙膳罰惡), 사필귀정(事必歸正)의 원리가 잘 실현해야 한다. 악인이 판을 치는 사회가 되게 해서는 안 된다. 선인이 선한만큼 보상을 받고 대우를 받는 세상이 되어야 한다. 젊은 솔로몬이 이스라엘의 과거 역사를 소상히 알 수 없었을 것이다. 그래서 다윗이 꼭 필요한 것을 아들에게 알려 준 것이다. 솔로몬 왕정에 손해가 될 인물을 제거하고, 반드시 보상해야 할 사람을 제대로 대우함으로 국정이 순조롭게 돌아가게 하려는 다윗의 노파심이 여기에 나타난 것이다.

4. 다윗은 아들 솔로몬의 인격과 판단을 무시하고 일방적으로 강요하지 않았다. 어디까지나 솔로몬의 주관을 존중하며 그의 지혜에 맡기는 다윗의 슬기를 여기서 볼 수 있다. 그러나 원칙을 말해 주어 그 범위 안에서 처리하기를 바랐다. 어른들은 젊은이들의 주관을 무시하기 쉽다. 원칙을 알지 못하는 젊은이들에게 원칙을 제시하고 가르치는 것은 늙은이들의 책임이지만, 강요하거나 명령하는 것은 현명한 방법이 아니다.

다윗의 죽음(왕상 2:10-12)

해설

다윗은 수명이 다하여 죽었고, 다윗의 도성에 매장되었다. 그는 헤
브론에서 7년 6개월 동안(삼하 5:5) 예루살렘에서 33년 동안 통치하
였다. 그는 아들 솔로몬이 대를 이어 왕위에 오르는 것을 보고 죽었다.
솔로몬 왕국은 확고하게 세워졌다. 즉 북쪽의 열 지파도 그의 통치 아
래 있는 완벽한 왕국이 세워진 것이다.

교훈

장수하며 부귀와 영화를 누리다가 평안히 죽는 것은 하나님이 주시
는 축복이다. 다윗은 축복받은 왕이었다. 우여곡절이 있기는 했지만
40년이라는 긴 세월 왕좌에서 한 나라를 다스렸다는 것은, 그만큼 그
가 유능했다는 말이 될 뿐만 아니라 하나님의 축복을 남달리 많이 받았
다는 증거가 된다. 그리고 자기가 아끼고 사랑하는 아들이 왕위를 계승
하는 것까지 보고 죽은 그는 마음에 여한이나 모자람이 없었을 것이다.
고종명(考終命)의 축복을 받은 것이다. 하나님은 당신에게 충성한 사
람에게 그에 상응하는 축복을 내리신 것이다.

솔로몬이 그의 통치를 확고히 하다(왕상 2:13-46)

해설

다윗은 자기가 죽기 전에, 솔로몬이 다스릴 때 문제가 될 만한 것들
을 정리하여 지적해 주었다. 우선 아도니야의 문제였다. 그의 문제가
자연스럽게 해결되는 사건이 벌어졌다. 솔로몬의 적수라고도 할 수 있
는 아도니야를 솔로몬이 당장에 처단하지 않고 말미를 주었었는데, 아

도니야가 스스로 무덤을 판 것이다. 아도니야가 국모인 밧세바*를 찾아갔다. 서로 인사를 나눈 후에 아도니야는 어리석게도 자기의 억울함을 내세우면서 청탁한 것이다. 즉 이스라엘의 왕권은 의당 자기의 것이고, 모든 백성이 자기의 통치를 기대했는데 그것이 야훼의 간섭으로 동생인 솔로몬에게 돌아갔다는 등, 먼저 권리를 내세우고 나서, 곧 교환조건으로 의당 받을 수 있는 것을 청한다는 식으로 말하면서, 솔로몬 왕에게 부탁하여 다윗의 후궁이었던 처녀 아비삭*을 자기에게 달라고 요청한 것이다. 밧세바*는 그러마고 약속하고 솔로몬을 만나러 궁으로 들어갔다. 솔로몬은 정중히 국모인 어머니를 영접하고 좌석을 마련하여 자기 오른 편에 앉게 하였다. 밧세바*는 적은 청탁 하나를 들어달라고 하면서 아도니야의 요청을 설명했다. 거기에 대해서 솔로몬은 자기 주견을 가지고 대답했다. "어째서 아도니야를 위하여 아비삭*을 요청하십니까? 그를 위해서 이 나라를 달라고 요청하십시오. 그는 내 형님이십니다. 그를 위해서 뿐 아니라 제사장 아비아달과 사촌 형 요압을 위해서도 요청할 것이 있으면 하십시오!"라고 하면서 볼멘 대답을 했다. 한마디로 그럴 수는 없다는 것이었다. 선왕의 후궁들은 그대로 다음 왕의 차지인데, 그 후궁 하나를 아도니야가 달라고 하는 것은, 솔로몬을 제치고 자기가 그 권리를 누리겠다는 반역적인 생각에 나온 것이므로, 솔로몬은 노할 수밖에 없었고, 아도니야를 처치할 수 있는 빌미가 여기서 생긴 것이다. 솔로몬은 야훼의 살아 계심을 두고 맹세한 다음에 자기의 군대장관 브나야후*를 보내 아도니야를 죽였다. 이렇게 해서 다윗이 지적한 문젯거리 하나를 제거했다.

다음은 제사장 아비아달이다. 아비아달은 하나님의 법궤를 책임지고 있던 사람이고, 부왕 다윗과 동고동락한 공로가 있기 때문에 그 정상을 참작하여, 그의 제사장직을 박탈하고 그의 고향인 아나돗으로 유배 보내기로 했다. 그리하여 결국 야훼께서 엘리 집안을 두고 전하셨던 예언이 이루어지게 됐다(삼상 2:27-36; 3:10-14).

　다음은 요압의 문제이다. 요압은 자신이 과거에 압살롬을 편들지 않았지만 이번에 솔로몬 편에 서지 않고 아도니야를 지지하였으므로, 처단되리라는 소식을 들었다. 그는 성소에 들어가 제단 뿔을 붙들기로 했다. 솔로몬이 제단 옆에서 사람을 죽이는 모독적 행위는 하지 않으리라고 생각했기 때문인 듯하다. 요압이 성소에서 제단 뿔을 잡고 있다는 소식이 솔로몬에게 보고되었다. 솔로몬은 군대장관 브나야후*를 보내며 그를 죽이라는 명령을 내렸다. 브나야후*가 요압에게 가서 "밖으로 나오라!"고 명령했다. 그러나 요압은 "아니요. 나는 여기서 죽겠소."라고 하는 것이었다. 그 소식을 솔로몬에게 전하자, 솔로몬은 요압이 원하는 대로 하라고 하며, 성소 안에서 그를 죽이는 것을 허락했다. 요압이 무고한 피를 흘린 죄를 말끔히 씻어내야 하고, 그의 피 값이 그와 그의 집안과 후손에게 영영 돌아갈 것이고, 솔로몬의 왕국에는 야훼의 평화가 영원히 임할 것이라고 하면서, 사형 집행을 허락했다. 브나야후*는 성소로 들어가 그를 죽였고, 그의 시신은 광야 근처에 있는 요압의 집에 매장되었다. 솔로몬은 브나야후*를 군대장관에, 그리고 사독을 아비아달 대신 제사장으로 임명했다.

　이제 남은 것은 시므이인데, 솔로몬이 시므이를 불러오게 했다. 시므이에게 예루살렘에서 집을 짓고 살 것을 허락했다. 그러나 거기를 떠나서 어디든지 가는 날에는 죽는다고 조건을 붙였다. 그러자 시므이는 그 조치가 공평하다고 하면서 명령대로 하겠다고 약속하고, 오래 동안 예루살렘에서 살았다.

　그런데 3년이 지난 후에 사건이 발생했다. 시므이의 종들이 갓* 지방에 있는 아키스* 왕에게로 도주한 것이다. 그 소식을 안 시므이가 나귀를 타고 갓*으로 가서 종들을 찾아가지고 돌아왔다. 솔로몬은 그 소식을 듣고 시므이를 불렀다. 그리고 약속을 어겼으니, 하나님께 맹세한 대로 죽어야 한다고 하고, 그가 다윗에게 저지른 죄 값을 받으라고 하였다. 솔로몬은 브나야후*를 보내어 시므이를 죽였다. 이렇게 해서 솔로몬의 걸림돌이었던 자들이 다 제거되었고, 이제 솔로몬 왕국은 확고하게 자리가 잡혔다.

교훈

1. 어느 누가 자기 아들을 사랑하지 않으랴. 다윗은 죽기 전에 아들 솔로몬에게 왕좌를 물려주면서, 그 나라가 안정되기 위하여 해결해야 할 문제를 정리해서 구체적으로 말해주었다. 이는 아들을 사랑하는 마음과 나라의 장래를 염려하는 마음에서 나온 행동이다. 솔로몬은 부왕의 지시대로 했다. 진실된 충고를 제대로 받아들여 순종함으로 그 나라의 틀을 튼튼하게 할 수 있었다. 부왕의 명령을 따르는 데는 용기와 재치와 신속성과 결단력이 필요했을 것이다. 다윗도 훌륭했고, 솔로몬 역시 부왕의 충고를 달게 받아 따르는 슬기와 용기를 발휘한 점에서 칭송받을 만하다.

2. 솔로몬 정부의 문제는 인간들의 문제였다. 악한 것은 물건이 아니라 사람의 마음이다. 아도니야, 요압, 아비아달, 시므이는 지성을 가진 인간들로서 나라의 이익이 되기보다 손해가 될 사람들이어서 처단당했다. 사람으로 태어나서 민족과 국가와 이웃에게 보탬이 되고 이익을 주는 삶을 살다 죽어야 할 것이 아닌가? 이 네 사람은 결국 스스로 무덤을 파서 인과응보(因果應報)의 법칙을 따라 심은 대로 거둔 셈이다. 결국 인간 세상은 하나님의 공의의 법칙대로 공정하게 굴러간다.

3. 아도니야는 주책 바가지였던 것 같다. 솔로몬이 목숨을 살려주었으면, 근신하고 있어야 할 텐데, 주책없이 고개를 쳐들고 나서서 다윗

의 후궁 아비삭*을 달라는 둥 자기가 왕이 되어야 했는데 솔로몬이 됐다는 둥 가시 돋친 말을 하여, 솔로몬의 마음을 자극하였고, 긁어 부스럼을 일으켰다. 목숨이 아깝다면 주책없는 사람이 되어서는 안 된다.

4. 솔로몬은 아비아달에게서 제사장 직책을 박탈하고 아나돗으로 보내어 칩거하게 했다. 솔로몬은 무분별한 사람이 아니었다. 부왕 다윗 시대에 행한 아비아달의 업적을 참작하여 그를 살려주고 낙향 시키는 정도에서 일을 마무리했다는 것은 역시 공정성을 잃지 않은 처사였다. 사람 하나하나의 사정을 검토하여 공정하게 심판하는 것이 하나님의 뜻이다. 사람을 마구잡이로 무더기로 처단한다면 억울한 경우가 생기고, 공의를 잃을 수 있다. 사람 하나하나의 가치를 십분 인정해야 한다.

5. 시므이는 솔로몬 앞에서 한 약속을 어기고 정해준 법을 어겼다. 하나님과 임금 앞에서 맹세한 것을 어기면 죽어 마땅하다. 시므이는 자기 종들을 임금과 그의 법보다 더 존중한 셈이다. 어찌 그런 행동을 한 사람이 평안할 수 있겠는가? 약속을 어긴다는 것은 약속 상대자를 무시하는 행동이다. 약속 다반사로 어기는 사람들은 이 대목에서 자성해하고, 약속은 반드시 지키도록 노력해야 할 것이다.

지혜를 달라는 솔로몬의 기도 (왕상 3:1-15)

해설

솔로몬은 약관 20세에 왕이 되었다. 그는 애굽 바로(왕)의 딸과 결혼하고 그녀를 다윗 성으로 데려왔다. 그는 자기의 왕궁과 야훼의 전과 예루살렘 성곽 건조가 완성되기까지, 다윗의 도시 곧 오펠*(Opel) 구릉 아래쪽에 있는 옛 왕궁에서 살았다. 야훼를 위한 일정한 성전이 아직 없었기 때문에, 백성들은 가나안 본토인들이 하는 식으로 높은 곳들 곧 〈바못〉(בָּמוֹת)[3]에서 제사하고 있었다.

솔로몬은 야훼를 사랑하고 아버지 다윗이 전해준 율례를 따라 살며 높은 곳들에서 제사하고 분향하였다. 특히 기브온이 가장 대표적인 높은 곳이어서 솔로몬은 거기에 가서 일천 번의 번제를 드렸다. 한 번은 솔로몬이 기브온에 갔을 때, 밤 꿈에 야훼께서 그에게 나타나셔서 "무엇을 주면 좋겠느냐?"라고 물으셨다. 솔로몬은 우선 하나님께서 부왕 다윗에게 하신 일을 상기하였다. 자기 아버지가 하나님 앞에서 성실과 의와 정직한 마음으로 살았으므로 하나님이 그에게 꾸준한 사랑을 보이고 오늘은 어린 아이에 불과한 자기를 왕위에 오르게 하셨다는 사실을 아뢰면서, 철부지 어린 아이에 불과한 자기가 무수히 많은 백성을 다스려야 하는 책임을 가지게 됐으므로 하나님의 백성을 다스릴 수 있는 총명과 선과 악을 분간할 수 있는 능력을 달라고 간청하였다.

야훼는 솔로몬의 그런 간구를 어여삐 보시고 그에게 말씀하셨다. "네가 장수나 부나 원수들의 목숨을 달라고 하지 않고 옳음을 분별할 총명을 달라고 했으니, 네 말대로 하겠다. 내가 너에게 전무후무하게 지혜롭고 통찰력 있는 마음을 주겠다. 게다가 네가 바라지 않았지만 유례없는 부와 영예도 주겠다. 네가 네 아비 다윗처럼 나의 법도와 계명을 지켜서, 나의 길을 가면 장수의 축복도 주겠다."

솔로몬이 잠을 깨니 꿈에 하나님을 뵌 것이었다. 솔로몬은 기브온에서 돌아와 야훼의 언약궤 앞에 섰다. 그리고 여러 번의 번제와 화목제를 드리고, 그의 신하들에게 잔치를 베풀었다.

---

3) 〈바못〉은 개역성경에서 '산당'으로 옮긴 명사 〈바마〉(בָּמָה)의 복수형이다. 개역개정판 열왕기상 3장 3절 난하주에서는 이 '산당'을 '제단이 있는 높은 곳'이라고 풀이해 놓았다.

교훈

1. 솔로몬은 겨우 20세에, 그것도 타의에 의해 왕이 되었으므로, 처음에는 주관이 없었을 것이다. 자문하는 어른들의 의견을 따랐을 것이다. 우선 애굽 바로의 딸과 정책결혼을 한 것은 잘한 일이 아닌 듯하다. 이스라엘의 순수성을 보존하려면 국민 중에서 규수를 찾았어야 했다. 참모들이 인간적인 생각으로 젊은 왕을 그릇된 길로 인도한 것이다. 이방 여자는 이방의 종교와 풍속을 가지고 들어와 이스라엘의 순수성을 흐리게 할 가능성이 십분 있기 때문이다.

2. 솔로몬은 그런대로 아버지 다윗이 걸은 길을 가려고 노력한 사람이다. 우선 야훼를 사랑하고 그에게 예배하는 일을 소홀히 하지 않았다. 그리고 다윗의 행동을 따랐다. 우선 높은 곳에서 야훼께 번제를 드리고 분향했다. 하나님은 그런 모습을 어여삐 보시고 솔로몬의 소원을 들어주시려고 하셨다. 하나님은 언제나 누구에게나 그 원리를 적용하신다. 즉 당신을 사랑하고 그만을 섬기며 그의 법도대로 사는 사람을 사랑하고 축복하신다.

3. 솔로몬은 기브온에 제사하러 가서 꿈에 하나님을 만났다. 하나님은 어디나 계시지만 사람이 정성스레 마련한 곳에서 그를 만나려고 가까이 오고 열심히 찾는 자에게 자신을 나타내고 만나주신다.

4. 우여곡절이 없지는 않았지만, 솔로몬은 부귀영화를 누리면서 자랐을 것이다. 젊은 나이에 일국의 왕이 되었을 때, 무엇보다도 그 막중한 책임을 수행하는 데는 지혜와 판단력이 필요함을 느꼈을 것이다. 그래서 그는 하나님께 부귀나 영화가 아니라, 지혜와 총명을 달라고 청했다. 가장 필요한 것을 달라고 했다. 하나님은 솔로몬에게 당신의 선민

을 맡기고 왕권을 허락하셨으므로, 그 책임을 수행하는 데 필요한 지혜와 판단력을 그에게 마땅히 주셔야 했다. 게다가 장수의 축복도 덤으로 주시겠다고 하셨다. 하나님의 사랑은 흘러넘친다.

5. 그러나 한 가지 조건은 언제나 따른다. 신명기 역사가들이 강조하고 정리한 대로, 솔로몬은 하나님의 법을 따라야 했다. 다윗을 닮아서 야훼 하나님께만 충성하고 그의 법과 계명을 지킨다면, 복 내리기로 하신 약속을 하나님은 길이길이 지키실 것이다.

솔로몬에게 재판의 지혜가 있었다(왕상 3:16-28)

해설

젊은 솔로몬 앞에 창녀 두 사람이 왕의 판가름을 받으려고 나타났다. 우선 첫 여자가 사건의 전말을 늘어놓았다. 그 두 여자가 한 집에 사는 데, 둘이 같은 날 다 아기를 낳았다. 첫 여자가 밤에 자기 아기를 품고 자고 있는데, 다른 여자가 역시 자다가 부지중에 아기를 깔고 눕는 바람에 그 아기가 깔려서 죽고 말았다. 그러자 그녀는 그 죽은 아기를 가져다가 첫 여자의 품에 안기고, 그 여자의 아들을 자기 방으로 가져갔다. 그 첫 여자가 아침에 깨어서 아기에게 젖을 먹이려고 보니 아기가 죽어 있었고, 자세히 보니 그 아기는 자기의 아기가 아니고 다른 여자의 아이였다. 여기까지 설명하자 그 다른 여자는 그 살아 있는 아기가 자기의 아이고 죽은 아이가 상대의 아이라고 하였다. 그러자 첫 여자가, "죽은 아이가 당신의 아이이고, 살아 있는 아이는 내 아이다." 라고 하면서, 임금 앞에서 말씨름을 하는 것이었다.

재판에 나선 솔로몬은 칼을 가져오라고 명령했다. 누군가가 칼을 가져오자, 임금은 "이 살아 있는 아이를 두 쪽으로 갈라서 반쪽은 이 여자에게 다른 반쪽을 저 여자에게 주어라!" 라고 말했다. 그러자 살아 있는 아이의 엄마인 여자는 자기 아기에 대한 연민 때문에 속이 타서, "임금님, 제발 그 아이를 죽이지 말고, 저 여자에게 주십시오!"라고 애원했다. 그런데 다른 여자는 "그 아이는 내 것도 네 것도 아니니, 두 쪽으로 갈라라!"라고 했다. 그러자 임금은 "그 아이를 죽이지 말고, 그 첫 여자에게 주어라. 그 아이의 어머니는 바로 저 여자다."라고 판결했다. 이런 명 재판 소식을 들은 이스라엘 백성은, 하나님의 지혜가 솔로몬에게 있으므로, 솔로몬이 공평한 정사(政事)를 하는 줄 알고서 왕을 두려워하게 되었다.

교훈

1. 피조물인 인간은 할 수 있는 것보다 할 수 없는 것이 더 많다. 지능지수(IQ)는 사람 스스로 만드는 것이 아니라 타고 나는 것이다. 하나님이 주셔야만 얻을 수 있는 것들이 있다. 지혜는 인간의 훈련을 통해서 얼마큼 얻을 수도 있지만, 아무나에게 지혜가 있는 것이 아니다. 하나님이 복을 내리셔서 솔로몬에게는 남다른 지혜가 있었다. 그리하여 남이 할 수 없는 슬기로운 재판을 할 수 있었다. 백성이 그를 두려워할 수밖에 없었던 것은 솔로몬 자신의 지혜 때문이 아니라 하나님이 주신 놀라운 지혜 때문이었다. 우리 스스로 자랑할 것은 별로 없다. 우리가 뽐낼 수 있는 것은 다 하나님이 주셨으므로, 우리는 하나님께 감사하고 겸손히 그 받은 것을 바르게 사용할 뿐이다.

2. 그 악한 여자처럼 우리는 자기 이익을 위하여 억지를 부리고, 악을 선이라고 우겨대기도 한다. 세상에서는 그런 악이 통하기도 한다. 그래

서 억울함을 당하는 사람도 많이 있다. 세상에서는 절대적인 공정을 찾기가 어렵다. 저마다 욕심을 가지고 자기 이익을 위해서 불공정한 판단을 하기 때문이다. 우리 스스로 선과 악을 분간할 수 있는 지혜를 지닐 뿐 아니라, 사회에서 억울함을 당하는 일이 없도록, 언제나 하나님의 지혜를 구하여 바르게 판단하면서 살아야 할 것이다.

솔로몬의 행정 관원들(왕상 4:1-19)

해설

솔로몬은 국가 행정을 위하여 관리를 두 무리로 나누었다. 하나는 중앙에서 집무하는 대신들이고, 또 다른 하나는 열두 구역으로 나누어 놓은 각 지방을 다스리는 관리들이다. 우선 중앙에는 (1) 사독의 아들인 아잘야후*를 대제사장으로 삼아 종교 업무 곧 제사를 관장하게 하고, (2) 엘리호렙과 아히야를 서기관으로 삼아 정부 공문서과 통신을 관장하게 하고, (3) 여호샤팟*을 기록 담당원으로 삼았다. 또 (4) 브나야후*는 군대사령관으로, (5) 여호야다의 아들 아잘야후*는 지방 장관들을 통솔하는 자로 삼았다. (6) 자붓*에게는 제사장 자격을 주어 그를 임금의 자문관으로 삼았다. 그뿐만 아니라 (7) 아히샬*는 궁내대신으로, (8) 아도니람은 부역(賦役) 부서의 책임자로 삼았다. 이렇게 여덟 부서를 중앙에 두었다.

그리고 솔로몬은 나라를 열두 구역으로 나누고, 한 구역이 한 달씩 왕과 그의 가족이 먹을 양식을 대게 했다. 그리고 각 지역장을 임명했다. (1) 벤훌은 에브라임 지사로, (2) 벤데켈*은 마카즈*와 사알빈*과 벳세메쉬*와 엘론벳하난*의 지사로, (3) 벤헤셋은 아루봇*(소코*와 헤펠* 지방 전체)의 지사로, (4) 솔로몬의 사위 벤아비나답은 나팟 돌*의 지사로, ⑸ 바아나는 타아낙*과 므깃도와 벳산*의 지사로, ⑹ 벤게벨은 라못길르앗*의 지사로, ⑺ 아히나답은 마하나임의 지사로, ⑻ 솔로몬의 또 다른 사위 아히마아츠*는 납달리 지사로, ⑼ 바아나는 아셀*과 브알롯*의 지사로, ⑽ 바루아의 아들 여호샤팟*은 잇사갈의 지사로, ⑾ 엘라의 아들 시므이는 벤야민*의 지사로, ⑿ 게벨은 길르앗과 아모리의 시혼 왕의 땅과 바샨*국의 옥 왕의 땅의 지사로 삼았다. 이렇게 열두 명을 지사로 임명하고, 유다 땅은 나누지 않고 한 사람에게 책임을 맡겼다.

교훈

1. 여기서 두드러지는 것은 솔로몬 정부에서는 언제나 군대장관을 앞세웠던 다윗 정부와는 달리 제사장을 맨 앞에 내세웠다는 점이다. 이런 식으로 솔로몬은 신정(神政)국가의 참된 모습을 드러낸다. 이는 우선 하나님의 마음에 들었을 것이다.

2. 솔로몬은 정사를 아무렇게나 주먹구구로 하거나 짜임새 없이 비효율적으로 하지 않고, 일을 분담하여 책임 있게 하도록 함으로 효율성을 높이려고 했다. 그리고 지방을 고르게 나누어 부담을 공평하게 하고 책임을 가급적 줄이는 정책을 썼다. 할 수 있는 대로 불평을 줄이고, 부담을 적게 하는 것이 올바른 정사의 요령이다. 질서정연하여 모두가 기쁨으로 서로 도우면서 사는 나라가 행복한 나라가 아니겠는가?

솔로몬 통치의 위용(偉容)(왕상 4:20-28)

해설

솔로몬 왕국에는 국민이 바닷가의 모래알들처럼 많았고, 그들 모두에게 먹을 것이 풍성하여 그들은 행복하게 살았다. 유브라데 강에서 시작하여 불레셋* 땅까지, 아니 애굽 나라 경계선까지 그 나라의 영토였다. 그리고 그 안에 있는 모든 영주국들이 솔로몬 생전에 모두 그에게 조공을 바치고 그를 섬겼다.

솔로몬 왕실이 하루에 소비하는 것이 고운 밀가루가 30코르*(한 코르*는 6.5 말〔斗〕임), 굵은 밀가루 60코르*, 살찌운 황소 10마리, 방목한 소 20마리, 양 100마리, 그밖에 사슴, 영양, 수노루, 살진 조류가 들어 있었다. 그는 유브라데 서쪽 티프사흐*에서 지중해안의 가자*까지 모든 지방을 장악하였고, 사방이 평화로웠으며, 왕궁에는 사람들이 차고 넘쳤던 것이다. 솔로몬 치세에는 유다와 이스라엘이 단에서 브엘세바*까지 다 안전하였고, 모두가 포도나무와 무화과나무 밑에서 이상적인 삶을 살았다. 솔로몬에게는 그의 병거를 모는 4만 필의 말이 있었고, 1만 2천 명의 기병이 있었다. 열두 지방의 지사들은 솔로몬 왕과 왕궁에서 먹는 사람들을 위하여 부족함 없이 한 달씩 식량을 공급하였다. 그리고 그들은 솔로몬의 명령에 따라서 말과 준마들을 위한 보리와 마초를 공급했다.

교훈

1. 솔로몬은 하나님께 복을 받아 최고의 번영과 영광을 누렸다. 인구가 많고 땅도 넓고, 태평을 구가하는 이상적인 나라를 이루었다. 이스라엘 사람들의 이상이 포도밭을 가꾸고 무화과나무 그늘에서 그 열매를 따먹으며 사는 것이었는데, 그 이상이 이루어졌다. 하나님이 복을 내리시면 그런 일이 일어날 수 있다.

2. 나라에 질서가 있고 공명정대한 통치가 이루어지면, 국민이 만족을 느끼고 국왕을 존중하며 나라에 충성하고, 따라서 나라는 점점 더 번영한다. 하나님의 법도를 따라서 통치한다면 어찌 국민이 행복하게 살지 못하겠는가? 반대로 왕이나 국민이 하나님을 떠나고 그의 법을 떠나며, 그때부터 어려움이 스며드는 법이다.

솔로몬의 지혜에 대한 소문(왕상 4:29-34)

해설

하나님께서 솔로몬에게 전무후무한 놀라운 지혜와 총명을 주셨고, 그의 학식의 양과 깊이와 폭은 바닷가의 모래알처럼 헤아릴 수가 없을 정도였다. 이처럼 솔로몬은 지혜에 있어서 동서고금의 누구보다도 더 출중했다. 그래서 그의 명성이 주변 모든 나라에 퍼졌다. 솔로몬은 잠언을 3천 수, 노래를 1천 5개를 지었으며, 식물과 동물에 대해서도 모르는 것이 없었다. 그래서 사방 여러 나라에서 그의 지혜를 들으려고 모여들었다.

교훈

하나님께서 솔로몬에게 천재적인 두뇌를 주셨다. 그의 백과사전적인 지혜와 지식은, 하나를 보면 열을 아는 그의 신비한 능력에서 비롯되었을 것이다. 전능하신 하나님이 그에게 그런 재능을 주신 것이다(4:29). 하나님이 하려고 하시면 무엇인들 못하시랴? 솔로몬에게 그런 전무후무한 지식과 지혜를 주기로 약속하셨고, 그 약속대로 솔로몬은 그렇게 지혜로워졌다. 이는 당연한 귀결이 아니겠는가? 하나님은 당신의 은혜로 얻은 지혜와 지식이 당신을 영화롭게 하고 당신의 뜻을 이루는 데 사용되기를 바라서 주셨을 것이다. 과연 솔로몬이 그 지혜로써 하나님의 뜻을 바르게 이루어드렸는가 하는 것이 남은 문제였다. 하나님이 은혜로 주신 지혜로써 자기 이름만 날리고, 그 지혜를 자신과 자기 가문의 부귀영화만을 위하여 사용했다면, 이는 하나님께 실망을 안겨드리는 행동이 아닐 수 없다.

성전 건축을 위한 준비와 자료(왕상 5:1-18)

해설

이스라엘 서북쪽에 있는 두로 왕국은 산이 많고 땅이 많지 않아서 식량이 모자라는 나라다. 다윗 왕 치세 때부터 그 나라와 이스라엘은 우호관계를 맺고 있었고, 상호 협력하며 물자를 주고받아야 했다. 산이 많고 재목이 많은 나라와 식량이 풍성한 나라가 서로 교역하는 가운데 각각 이익을 얻을 수 있었다. 이스라엘에 솔로몬이 새 왕으로 등극했을 때도 두로의 히람 왕은 이스라엘과 해오던 교역이 계속하고 싶었다. 그리하여 히람 왕이 먼저 솔로몬에게 우호 사절을 보냈고, 솔로몬은 그 기회에 선대부터 계획한 성전 건축의 뜻을 밝히면서 도움을 요청했다. 즉 다윗 때부터 성전을 지으려고 했지만, 많은 원수들과 싸워야 하는 바람에 뜻을 이루지 못했고, 하나님께서 원수들을 물리쳐주시기까지는 성전 착공을 할 수 없었는데, 이제는 하나님께서 사방에 안정을 주시고, 원수도 재난도 없는 상태가 되었으므로, 야훼 하나님이 다윗에게 약속했던 그 전을 지으련다고 하면서, 두로의 특 백향목을 보내달라는 요청을 한 것이다. 이를 위해 솔로몬이 노무자들을 보내려 하나, 이스라엘 사람들에게는 벌목의 경험이 없으니 두로 나라의 노동자들 동원해 주면, 그들의 임금은 자기가 지불하겠다고 했다.

　　이런 제안을 가지고 돌아온 사절의 말을 들은 히람은 크게 기뻐하며, 다윗에게 그런 현명한 아들을 주신 야훼를 찬양하면서, 솔로몬에게 답신을 보냈다. 솔로몬의 청구대로 백향목과 사이프러스(בְּרוֹשׁ 〈브로쉬〉, cypress)[4]를 필요한 만큼 보내겠다고 한 것이다. 백향목 등은 그 향기가 매우 좋아서 그것으로 내장을 하면 온 집이 향기로 가득해진다. 두로의 노무자들이 레바논 산에서 원목을 찍어가지고 지중해까지 내려다가 뗏목을 만들어 바다를 통하여 정해 놓은 지점까지 운반하여, 거기서 뗏목을 풀어 줄 터이니, 이스라엘 노무자들은 그것을 운반해 가라고 했다. 그 대신 솔로몬은 자기를 위하여 양식을 공급해 달라고 했다. 이렇게 해서 히람은 솔로몬이 요구하는 목재를 주고, 솔로몬은 그 대가로 밀가루 2만 코르*와 올리브 기름 20코르*를 해마다 주기로 했다. 야훼께서 약속하신 대로 솔로몬에게 지혜를 주셔서, 솔로몬은 히람과 우호조약을 맺고 평화를 유지했다.

　　솔로몬은 이 사업을 위해서 이스라엘 전국에서 노무자 3만 명을 징집하였고, 그들을 레바논으로 보내어 일을 시키는데, 그들을 3교대로 나누어 한 그룹 1만 명이 한 달 일하는 동안 다른 두 그룹은 두 달 집에 있게 하였다. 그 노무자 전부를 통솔하는 사람은 아도니람이었다(왕상 4:6). 이들은 목재 노동을 하였는데, 솔로몬은 7만 명의 노동자와 8만 명의 석공을 징집하고, 3천 3백명의 감독을 두어 노무자들을 감시 감독하게 했다. 열왕기상 9장 23절과 역대하 3장 1절과 8장 10절에 의하면 550명의 감독이 따로 있었던 것을 알 수 있다. 솔로몬의 명령에 따라 그들은 돌을 크게 떠내고, 돌을 다듬어 성전 기초 감을 만들었다. 이렇게 솔로몬과 히람 왕의 건축사들과 그발 사람들이 돌을 캐내고 나무를 다듬어, 성전 건축을 준비했다. 그발 사람이란 그발이라는 베니게 항구 도시 주민들인데, 그들은 건축 기술자였던 것으로 보인다.

---

4) 개역성경 열왕기상 5장 8절에서는 '잣나무'로 옮겼다.

교훈

1. 솔로몬이 엄청난 부귀영화를 누리고 천하에 그 명성을 떨칠 때, 거기에 맞먹는 훌륭한 성전을 지으려고 했을 것이 아니겠는가? 하나님이 이미 약속하신 사업이기에, 하나님은 성전을 짓기 위한 자료를 얻는 문제도 국제 협력을 통해서 잘 이루어지게 하셨다. 이스라엘에 있는 재료만으로는 성사될 수 없으므로, 하나님은 히람 왕을 동원하셨고, 베니게의 그발 사람들도 동참하게 하셨다. 외국의 기술과 노동력까지 동원하여 거대한 아름다운 성전을 지을 수 있게 하셨다. 하나님의 전을 짓는데, 하나님의 피조물인 인간들의 국적이나 민족이 다른 것이 문제될 수 없다. 하나님의 전을 만드는 데 있어서, 하나님의 간섭으로 말미암아 모든 것이 풍족하고도 순조롭게 진행되었다.

2. 히람 왕은 자기와 자기 나라의 이익을 위해서 솔로몬과 협력했다. 교환 조건으로 솔로몬을 도운 것이다. 그가 야훼 하나님을 믿어서가 아니고, 이기적인 목적을 가지고 했겠지만, 하나님은 모든 것이 합력하여 선을 이루게 하시는 분으로서, 당신의 뜻을 이루시려고 모든 사람과 자료를 동원하셨다. 그 외국인들의 마음을 감동하여 솔로몬을 돕게 하지 아니하셨더라면, 그 큰 과업이 성취될 수 없을 것 아닌가?

3. 일을 이루기 위해서는 계획부터 바로 세워야 하고, 그것이 성취되도록 사람들을 바로 부리는 능력과 기술이 있어야 한다. 훌륭한 인선과 동원, 잘된 조직과 짜임새 있는 지휘 체제가 필요하다. 거기에 지혜가 필요하다. 솔로몬의 건설 사업에는 이런 훌륭하고 지혜 있는 조직과 동원과 작동이 필요했다. 그 결과로 예루살렘 성전은 아름답게 지어질 수 있는 것이다. 생각이 훌륭해야 하지만, 그것을 이루기 위한 노력과 실천에도 큰 지혜가 있어야 한다.

솔로몬이 성전을 짓다 (왕상 6:1-22)

해설

솔로몬이 예루살렘 성전을 짓기 시작한 때가 출애굽 후 480년 째 되는 해요, 솔로몬 즉위 4년 째 되는 해, 지우*월 곧 2월 (양력으로는 4-5월) 이었다. 주전 966년에 시작하여 958년에 완성된 셈이다. 여기서 문제는 480년 전에 출애굽했다는 계산인데, 그렇게 되면 주전 1446년에 출애굽한 것으로 계산된다. 그러나 고고학적인 관찰과 계산에 의하면 애굽의 라메세스 2세 시대, 즉 주전 13세기에 출애굽이 이루어졌다고 하니 여기에 서로 상치되는 점이 있다.

솔로몬이 지은 성전의 구조와 크기는 다음과 같다. 우선 성전의 길이는 60큐빗* (약 90척), 너비가 20큐빗* (약 30척), 높이가 30큐빗* (약 45척) 이고, 성전은 세 방으로 나뉜다. 맨 앞에 있는 첫째 방 곧 현관을 〈울람〉 (אוּלָם)5)이라고 하는데, 그 너비는 20큐빗* (약 30척) 이고 길이는 10큐빗* (약 15척) 이다. 현관을 지나면 성소(〈헤칼〉 הֵיכָל) 가 있는데, 그 길이는 40큐빗* (약 60척), 그 다음 맨 안쪽이 지성소 (〈드빌〉 דְּבִיר, the holy of holies) 인데, 그 길이는 20큐빗* (약 30척) 이고 너비와 높이가 다 같은 정사각 입방형이다. 성소와 지성소가 어둡지 않게 하려고 창문을 내었고, 성소와 지성소 밖을 에워싸는 건조물을 붙여서 만들어 다용도 방으로 사용하게 했다. 거기를 역시 3층으로 만들었는데 아래층의 너비는 5큐빗*, 중간층의 너비는 6큐빗*, 3층의 너비는 7큐빗*이었다. 그것은 본 건물의 벽을 뚫지 않고 각 층에 마루를 깔고 지붕을 씌우기 위해서 턱을 만들어야 하기 때문이었다. 그리고 각

---

5) 이를 열왕기상 6장 3절 개역한글판과 개역개정판에서 각각 '낭실'과 '주랑' 으로 옮겼다.

층의 높이는 5큐빗*이었다. 그 건조물로 들어가는 문은 남쪽에 하나를 두고 구름다리를 통해서 3층까지 올라가게 했다. 성전 입구는 동쪽을 향하도록 되어 있다.

성 안에서 돌 다듬는 쇳소리가 나지 않게 하려고, 채석장에서 용도에 맞추어 정확하게 돌을 완전히 다듬은 다음에 들어다가 제자리에 놓는 방식을 취했다. 그것이 얼마나 정교하고 어려운 작업인가를 짐작해 볼 수 있다.

이렇게 집을 다 지은 다음에 솔로몬은 그 내부 벽과 천정을 전부 백향목 널빤지로, 마루는 사이프러스6) 널빤지로 덮었다. 그리고 지성소는 바닥까지도 백향목으로 씌웠다. 성소 안에는 어디도 돌이 하나도 보이지 않도록 백향목 널빤지로 덮었는데, 그 널빤지에는 박나무와 활짝 핀 꽃들이 조각되어 있었다. 그리고 지성소에는 야훼의 언약궤가 안치되는데, 그 방은 전부 순금으로 입혔다. 백향목으로 만든 제단도 금으로 씌웠고, 마침내 성소 안도 금으로 씌우고, 지성소 앞에는 금으로 만든 사슬을 걸어 놓았다. 솔로몬은 성전을 완전하게 하려고 마지막에는 그 집을 전부 금으로 씌웠다.

11-13절에는 야훼께서 그 성전을 짓는 솔로몬에게 나타나셔서 하신 말씀이 나온다. "네가 만일 내 법령(〈훅콧〉חֻקֹּה)7)대로 행하고, 내 율례(〈미쉬팟〉מִשְׁפָּט)에 복종하고, 나의 계명(〈미츠옷〉מִצְוֹה)을 지키고 행하면, 네 아비 다윗과 세운 약속을 너에게서 확실히 실현할 것이다. 즉 나는 이스라엘 자손들 가운데 거할 것이며 내 백성 이스라엘을 버리지 않을 것이다."

교훈

---
6) 개역성경 열왕기상 6장 15절에서는 '잣나무'로 옮겼다.
7) 개역성경 열왕기상 6장 12절에서는 '법도'로 옮겼다.

1. 별로 크지 않은 솔로몬 성전을 짓는데 7년이나 결렸으니, 그 작업이 얼마나 정교하고, 그 작업에 얼마나 많은 기술과 노력이 들었고, 또 얼마나 많은 비용이 들었는지를 짐작할 수 있다. 하나님의 집을 짓는 것이기에 솔로몬과 온 국민이 정성을 다 쏟은 것이다. 결국 그것은 하나님께 대한 그들의 경외심의 발로이고, 그의 영광을 드러내기 위한 노력이었다. 우리가 하나님의 집이나 그의 뜻을 위해서 그만큼 지성을 쏟는다면 하나님이 얼마나 기뻐하시며, 또 우리들에게 내리실 축복이 얼마나 클 것인가!

2. 성전을 지을 때 쇠망치나 정으로 돌 다듬는 쇳소리가 성 안의 사람들에게 들려서는 안 된다는 전통적인 관념을 존중하여, 채석장과 성 밖 지정된 곳에서 돌을 다듬었다. 할 수만 있으면 민심과 여론을 존중하는 태도와 처사는 본받을 만하다. 돌을 멀리서 다듬어다가 정한 위치에 맞춘다는 것은 매우 과학적인 작업이다. 오차가 생기면 몇 번이고 다시 날라다가 다듬어야 했을 것이니, 시간이 오래 걸리고 노력 소모도 매우 컸을 것이다. 그러기에 정교한 기하학적 계산이 필요했을 것이니, 그 시대에 그런 과학이 있었다는 것도 놀라운 일이 아닐 수 없다. 어쨌든 그런 불편과 노력을 거쳐서 만든 성전이기에 매우 값진 것이었다.

3. 성전 본관을 아름답게 짓는 것이 중요했지만, 그 건물의 실용성을 도모했다는 점도 우리가 본받을 만하다. 성소와 지성소 둘레에 보조 건물을 붙여서 지어 많은 필요한 용도에 사용하게 한 것은, 실용성 있는 건물을 지었다는 말이 된다. 성전은 아름다울 뿐만 아니라 실용성도 있어야 하는 것이다.

4. 성전은 하나님이 임재하심을 상징한다. 솔로몬 성전을 지으라고 하신 분이 하나님이시지만, 조건부라는 것을 기억해야 한다. 아무리 잘

지은 성전이라고 해도 하나님을 무조건 거기에 가둘 수는 없다. 아무리 잘 지어도 그것은 사람의 손으로 만든 것이고, 하나님을 영구히 모실만큼 절대적으로 아름다울 수는 없다. 이스라엘의 임금이 하나님을 진정으로 섬기고 그의 법도대로 살지 않는다면, 하나님은 언제든지 그 성전을 버리고 떠날 수 있다. 그리고 그 성전에 모여 가식적으로 예배하는 임금과 백성은 버리고 떠나실 수 있다. 하나님의 그 경고는 조만간 솔로몬과 이스라엘 백성의 반역으로 인해서 현실이 된다. 하나님은 그 성전을 이스라엘의 원수의 손을 빌어 헐어버리실 수 있다. 하나님이 주신 이 경고의 말씀을 명심하는 것이, 하나님을 성전에 모시려고 하는 사람들의 급선무이다.

성전을 꾸미고 장식하다(왕상 6:23-38)

해설

솔로몬은 지성소 맨 끝 벽 가까이에 올리브나무를 깎아서 만든 그룹(〈크루빔〉כְּרוּבִים)[8] 둘을 앞을 향하여 세워놓았다. 그것들은 날개를 폈는데 날개 하나가 5큐빗*이고, 두 날개를 폈으니 한 그룹의 날개가 10큐빗*에 달하였다. 다른 그룹도 그렇게 날개를 펴고, 그 둘이 옆으로 나란히 섰다. 그 그룹 둘의 한 쪽 날개 끝이 각각 벽에 닿았고, 다른 날개 끝은 다른 그룹의 날개 끝과 닿았다. 그룹들의 키는 10큐빗*이었다. 그러니 그 두 그룹이 편 날개의 길이가 20큐빗*이고 지성소 너비에 맞먹는 것이었다. 그 거대한 그룹들을 금으로 입혔다.

성소와 지성소 전체의 나무 벽에는 그룹과 종려나무와 꽃 모양을 조각하였다. 방바닥은 금으로 입혔다. 지성소로 들어가는 문은 올리브나

---

8) 〈크루빔〉은 〈크룹〉('그룹')의 복수형이다.

무로 만들고, 문지방과 문설주는 오각형으로 깎았다. 올리브 나무로 만든 입구의 두 짝 문도 그룹과 종려나무와 활짝 핀 꽃 모양의 조각을 하고 그것들을 금으로 입혔다. 그리고 성소로 들어가는 입구 문설주도 사각형 올리브 나무로 만들고, 문은 사이프러스 나무[9]로 만들었는데, 양쪽에 있는 문이 각각 가운데가 접히도록 하였다. 거기에도 그룹과 종려나무와 만개한 꽃 모양을 조각하고, 그 위에 금을 씌웠다. 그리고 성전 안 뜰을 만들었는데, 그 둘레 벽은 잘 다듬은 돌로 세 켜로 쌓고, 그 위에 백향목으로 한 도리를 놓았다.

성전이 완성된 것은 솔로몬 치세 제11년 불 월 곧 양력으로 10-11월이었다. 그러니까 성전 건축에 7년 반이 걸렸다.

교훈

1. 그룹은 창세기 3장 24절에 언급된 대로 하나님의 천사로서 막강한 힘을 가진 존재로 여겨진다. 그런 그룹 둘이 날개를 펴고 지성소를 지키고 있다. 만반의 준비를 하고 한시라도 행동할 수 있는 태세를 갖추고 그곳을 지키고 있다. 그룹은 하나님의 엄위하심을 보여준다. 지성소 안에서 사람이 하나님을 직접 뵈올 수는 없어도, 그 그룹들을 통해서 하나님의 위엄을 느낄 수 있으며, 그곳이 문자 그대로 지극히 거룩한 곳을 암시하고 있다. 우리는 그런 조각과 모양을 통해서도 하나님을 느끼고, 그의 능력과 존재와 위엄을 느낄 수 있어야 할 것이다.

2. 지성소만 아니라 성소 전체가 어디나 같은 조각으로 장식되어 있다. 지성소까지 들어가는 것은 대제사장만이 가진 권한이지만, 일반 제사장이 날마다 드나드는 성소도 거의 같은 모양으로 장식하여 하나님의 임재와 그의 위엄을 거기서도 느낄 수 있게 한 것이다. 중요한 것은

---

9) 개역성경 열왕기상 6장 34절에서는 '잣나무'로 옮겼다.

하나님께서 인간을 만나시기를 원하신다는 사실이다. 지극히 거룩하
시고 존귀하신 하나님을 나타내기 위해서 지극히 아름답게, 또 매우 값
진 것으로 그 전을 만들었다. 우리는 어디서나 그 거룩하신 하나님을
만나고, 그를 예배할 수 있어야 한다. 그러나 하나님이 지극히 높으시
며 지극히 거룩하심을 알고, 우리 자신도 거룩함으로 하나님을 만나뵙
도록 해야 할 것이다. 솔로몬 성전은 사람들에게 지극히 숭고한 하나님
을 연상시키며, 최고의 아름다움과 가치의 존재를 생각하게 한다. 그러
나 하나님이 떠난다면 그 전은 무용지물이 되고 말 것이다. 내 마음을
정결케 하고 하나님을 내 마음에 모셔야 한다. 물질적인 성전은 제아무
리 화려해도 변하고 깨지고 없어질 수 있다.

솔로몬 왕궁과 기타 건물들(왕상 7:1-12)

해설

솔로몬은 7년 반에 걸쳐 성전을 건축한 뒤에 13년 동안 다른 건물들
을 짓는 일에 역시 몰두했다. 우선 레바논 삼림의 집(〈벳 야알 할르바
논〉בֵּית יַעַר הַלְּבָנוֹן)을 지었는데[10] 레바논의 백향목만으로 지은 집
이다. 길이가 100 큐빗*, 너비가 50 큐빗*, 높이가 30 큐빗*으로, 네 줄
의 백향목 기둥에 백향목 들보와 서까래를 얹고 백향목으로 지붕을 씌
웠다. 그 집은 왕궁 창고이면서 무기고로 사용되었다(왕상 10:16-17;
이사야 22:8). 두 번째 건물은 기둥의 전당(〈울람 하암무딤〉הָעַמּוּדִים
אוּלָם)[11]인데, 길이가 50 큐빗*, 너비가 30 큐빗이다. 셋째 건물은 집

---

10) 개역성경 열왕기상 7장 2절에서는 '레바논 나무로 왕궁을 지었으니'로 옮
　　겼다.

정전(執政殿,〈울람 학키세〉 אוּלָם הַכִּסֵּא)12) 혹은 재판의 집(〈울람 함미쉬팟〉 אֻלָם הַמִּשְׁפָּט)으로13) 바닥을 백향목으로 깔았다. 넷째는 솔로몬의 저택을 지었고, 또 같은 모양으로 황후를 위한 집을 지었다.

이 집들은 주추에서 지붕까지 안팎을 다 값진 돌로 지었다. 주추는 크기가 8 큐빗*에서 10 큐빗*이나 되는 귀한 돌, 큰 돌을 가지고 놓았다. 백향목으로 내장(內粧)을 했다. 왕궁 대전(大殿)과 성전과 그 현관 마당의 담은 잘 다듬은 돌로써 세 켜로 쌓고 그 위에 한 켜는 백향목으로 놓았다.

교훈

1. 솔로몬이 우선 하나님의 집을 먼저 지었다는 점에서 하나님의 총애를 받을 만했고, 그렇게 한 것이 백성의 신망을 얻는 데도 도움이 되었을 것이다. 그에게 하나님을 사랑하고 두려워하는 마음이 없었다면 그렇게 하지 않았을 것이다.

2. 솔로몬은 성전을 지은 후에 자기 집과 왕후의 집과 기타 필요한 집을 건축하는 데 정력을 쏟았다. 그러나 솔로몬이 그렇게 귀한 돌과 백향목을 외국에서 수입해 가지고, 그 많은 화려한 집을 지을 13년 동안 백성은 얼마나 큰 고통을 당했을까? 왕도 일반 백성과 다름이 없는

---

11) 열왕기상 7장 6절 개역한글판에서는 '기둥을 세워 낭실을 지었으니'로, 개역개정판에서는 '기둥을 세워 주랑을 지었으니'로 옮겼다.

12) 열왕기상 7장 7절 개역한글판에서는 '보좌의 낭실'로, 개역개정판에서는 '보좌의 주랑'으로 옮겼다.

13) 열왕기상 7장 7절 개역한글판에서는 '재판하는 낭실'로, 개역개정판에서는 '재판하는 주랑'으로 옮겼다.

인간인데 백성의 땀과 피를 빨아서 자기의 궁전을 화려하게 지었다는 것은 오늘 우리들의 견지에서는 납득이 되지 않는 행동이다. 그리스도의 탄생과 그의 가르침을 통하여 오늘 우리는 민주 사회를 이루고 평등을 구가하면서 살게 된 것은 매우 다행한 일이며 감사해야 할 일이다. 군주 독재주의를 찬양할 수는 없다. 모든 것과 백성이 다 임금의 소유로 여겨지던 시대는 이미 사라졌다. 우리가 솔로몬의 지혜와 야훼 신앙을 높이 보지만, 그의 여타의 행동과 생각을 전적으로 수긍하거나 찬양할 수는 없다.

놋쇠 장색(匠色) 히람의 제품들(왕상 7:13-51)

해설

솔로몬은 이제 성전 앞을 장식할 기둥과 성전에서 사용할 기물들을 만들어야 하기 때문에 수소문하여 그 기술자를 찾아냈다. 히람이란 사람으로 그의 아버지는 두로 사람이고 어머니가 납달리 여자인데, 아버지가 돌아가셔서 히람은 홀어머니를 모시고 두로에서 살고 있었다. 히람은 놋쇠 전문 장색이면서 많은 기술과 지식을 가진 사람이었다.

그는 우선 성전 앞 양쪽에 세울 18 큐빗* 높이의 놋쇠 기둥 둘과 그것들을 두를 12 큐빗* 길이의 놋 사슬과, 그 두 기둥 위에 놓을 5 큐빗* 높이의 백합꽃 모양의 기둥머리를 만들었다. 그 기둥머리는 여러 가지 모양을 가지고 장식되었다. 동쪽을 향하여 난 성전 정문의 왼 쪽에 세운 기둥을 야킨*(יָכִין, "그가 세우셨다.")이라 하고 오른 쪽에 있는 기둥을 보아즈*(בֹּעַז, "그 안에 힘이 있다.")라고 했다.

다음으로 히람은 놋쇠를 부어 물두멍14)을 만들었다. 그 직경이 10 큐빗*이고 높이가 5큐빗*이었다. 그것을 부어 만들 때 가장자리 밑 둘레에 두 줄의 턱을 붙였다. 물두멍을 견고하게 하기 위함이었을 것이다. 그리고 열두 마리 황소 모양의 받침을 만들어 그 물두멍의 대로 삼았다. 사면에 세 마리씩 엉덩이를 안으로 모으고 서 있는 모양의 대다. 물두멍의 두께는 손 너비만 하였고, 그 가장자리는 백합꽃 무늬로 장식했다. 거기에 담기는 물은 약 4만 5천 리터였다. 다음으로는 열 개의 놋쇠 운반대를 만들었다.15) 그 길이가 4큐빗*, 너비가 4큐빗*, 높이가 3큐빗*이며, 아름다운 조각으로 장식하였다. 그리고 각각 그 아래 모퉁이에 바퀴를 달았다. 그것은 물도 긷고 제사에 필요한 물건도 나르기 위한 것으로 생각된다. 다음으로는 그 열 운반대를 위한 그릇(통)16)을 하나씩 만들었는데, 그 그릇 하나에 40 밧* 곧 약 450리터의 가루나 액체를 담을 수 있었다. 그 그릇 높이는 4 큐빗*이었다. 물두멍은 성전 남동쪽 모퉁이에 두고, 그 운반대 다섯은 성전 남쪽에, 다른 다섯은 북쪽에 두었다. 히람은 그밖에도 성전에서 사용하는 도구들을 만들었다. 단지, 삽, 대야 등을 만들었다.

그 작업을 요단 계곡에 있는 숙곳과 자레탄* 사이에 있는 진흙 땅에서 했고, 너무도 많은 놋쇠를 사용하였기 때문에 그 무게를 이루 다 달아낼 수가 없었다.

솔로몬은 이제 성전 안에서 쓰는 도구들을 만들었는데, 황금 제단, 하나님 앞에 빵을 진열하는 황금 식탁, 내전 양 가에 다섯 개씩 놓을 등받침들, 꽃, 등, 화저, 잔, 등불 끄는 기구, 대야, 분향 접시, 부삽, 지성소와 성소 문 소켓 등을 금으로 만들었다.

---

14) 개역성경 열왕기상 7장 23-26절과 39절에서는 '바다'로 옮겼다. 아래 317쪽의 각주 104도 참고하라.

15) 열왕기상 7장 27절 개역한글판에서는 '놋으로 받침 열을 만들었으니'로 옮겼고, 개역개정판에서는 '놋으로 받침 수레 열을 만들었으니'로 옮겼다.

16) 개역성경 열왕기상 7장 38절에서는 '물두멍'으로 옮겼다.

이렇게 성전 기물 제조가 끝나자, 솔로몬은 부왕 다윗이 바쳤던 모든 기물을 들여놓았고, 야훼의 전 창고에 보장(保藏)하였다.

교훈

1. 솔로몬은 청동기 시대를 살고 있는지라, 그 당시로서는 가장 훌륭한 자료, 곧 잘 산화되지 않는 놋쇠를 풍성하게 사용하여 하나님의 전을 장식하고 필요한 기물들을 만들게 한 것이다. 특히 당대에 가장 이름난 공장(工匠)을 찾아내어 그 일을 맡겼던 것이다. 가장 훌륭하게 만들려고 아무에게나 일을 맡기지 않았다. 특히 성전 정문 앞에 세운 야킨*과 보아즈*라는 이름의 기둥은 매우 정교하고 정성을 쏟은 건조물로서 지극한 정성과 기술이 든 것이었다. 가나안 본토인들이 세우고 경배하는 아세라 목상이나 바알 신상과는 비교가 되지 않는 거대하고도 웅장한 것들이어서, 그 이름대로 "야훼가 세우셨다.", "야훼에게 능력이 있다."는 뜻의 기둥이 성전 앞에 우뚝 서 있는 것을 볼 때, 사람들은 야훼의 위력 앞에 자연히 머리를 숙이게 되었을 것이다.

2. 말이 쉽지 그 두 기둥과 그 위에 놓은 기둥 머리들을 주물로 부어서 만든다는 것이 그 얼마나 많은 돈이 들고, 기술이 드는 작업인가! 이는 솔로몬이 아니고는 할 수 없는 거대한 작업이었다. 국력이 그만큼 짱짱하고, 그의 권력이 그만큼 크기 때문에 이룰 수 있는 일이었다. 결국 그것은 야훼 하나님이 그를 뒷받침하시고, 복을 내리시고 간섭하심으로써 이루어진 것이다. 이스라엘 백성은 임금의 계획과 작업에 순종하고 순응하는 미덕을 보였던 것이다. 이렇게 삼합이 맞았기 때문에 그 거대한 작업을 성취했던 것이다.

3. 솔로몬은 성전에서 사용할 기명을 금으로 만들게 하였다. 그야말로 변하지 않는 최고의 물질을 가지고 만들게 한 것이다. 그만큼 하나님을 높이고 존경하는 마음에서 우러나온 처사이다. 보물이 있는 곳에 마음이 있는 법이다. 그는 야훼 하나님을 최고로 생각하면서 최고의 물질로 제사와 예배의 도구들을 만들게 한 것이다.

4. 솔로몬은 부왕 다윗의 유품과 유지를 존중하였다. 다윗이 하나님께 바쳤던 것들을 솔로몬은 소홀히 하지 않았다. 젊은 세대가 늙은 세대를 낡았다고 무시할 수 있으나 솔로몬은 전통을 무시하지 않고, 특히 아버지를 존경하는 마음으로 그가 남긴 뜻을 이어가려고 노력했다.

예루살렘 성전 봉헌(왕상 8:1-13)

해설

성전을 다 짓고 거기에 속한 기물들도 다 만들었으므로 솔로몬은 이제 날을 정하여 성전 봉헌식을 치르기로 했다. 우선 이스라엘의 원로들과 각 지파의 수령들과 가문의 어른들을 예루살렘 솔로몬 왕 앞으로 소집했다. 그 때가 바로 제 7월 곧 에타님* 월이었다. 양력으로는 9-10월이다. 원래의 다윗 성 성막에 안치되어 있는 법궤와 회막과 그 안에서 사용되는 기물들을 운반해 와야 하는데 그 책임을 제사장들과 레위인들이 맡았다. 솔로몬과 모든 회중이 법궤를 앞에 놓고 그 수를 셀 수 없을 정도로 많은 양과 황소를 잡아서 제사를 드렸다. 그리고는 제사장들이 야훼의 언약궤를 지성소에 모셨다. 즉 날개를 펴고 있는 두 그룹 밑에 안치했다. 그 궤 안에는 모세가 넣은 돌 판 둘이 들어 있을 뿐인데, 거기에는 이스라엘 백성이 애굽 땅에서 나올 때, 호렙 산에서 야훼와 그들이 맺은 언약을 새겨놓았다. 제사장들이 그 법궤를 지성소에 안치하고 나오자, 구름이 성전 안을 가득 채웠기 때문에 제사장이 집례할 수 없을 정도였다. 그것은 야훼의 영광이 그의 집에 가득하였다는 것을 말한다. 거기서 솔로몬은 이런 말을 했다. "야훼는 짙은 암흑 속에 거하시겠다고 말씀하셨습니다(성전의 지성소는 창문도 없고 등도 없는 곳이다. 하나님의 법궤를 모신 곳이 바로 그 캄캄한 곳이다. 그리하여 하나님의 현존을 암흑으로 비유한 것이다.) 제가 당신을 위해 높은 집(〈벳 즈불〉 *בֵּית זְבֻל*)[17], 당신이 영원히 거하실 장소를 지었습니다."

교훈

1. 다윗 성은 오펠* 구릉 아래 쪽에 있었는데, 그 규모가 적었다. 따라서 성막도 거기 낮은 곳에 있었는데, 솔로몬은 그 구릉 위쪽보다 높고 평평한 곳으로 위치를 옮겨 성전을 지었다. 아마도 지금의 예루살렘 성전 자리일 것이다. 솔로몬이 보다 높은 곳에 화려하고 큰 새 성전을 짓고 거국적으로 큰 잔치를 하면서 봉헌식을 거행하고 "내가 당신을 위하여 높은 집을 지었습니다."라고 한 말은, 성전의 지리적 위치와 크기와 높이를 말하는 동시에 그의 마음에 하나님을 그만큼 높이고 있다는 뜻도 될 것이다. 이스라엘이 솔로몬을 칭송하는 이유 중의 하나는 그가 하나님을 높였다는 데 있다고 볼 수 있다.

2. 법궤를 안치하고 난 솔로몬 성전에는 구름이 꽉 차서 제사장들이 집례할 수 없을 정도가 되었다고 하니, 이는 하나님께서 그 성전을 기쁘게 여기시고 그의 영광으로 그 전을 채워주셨다는 뜻일 것이다. 이렇게 하나님이 기뻐 받으시는 전을 이루는 것은 쉬운 일이 아니다. 하나님

---

17) 이는 히브리어 본문을 따라 직역한 것이다. 개역성경 열왕기상 8장 13절에서는 그저 '성전'으로 옮겼다.

은 당신의 백성과 정상적인 관계 속에 같이 계시기를 원하신다. 이런 상태가 계속되기를 원하시는 하나님이셔서, 순간이나마 솔로몬 성전이 그 이상을 이루었던 것이다. 그 상태가 오래오래 계속됐어야 하는 것인데!

솔로몬의 연설 (왕상 8:14-21)

해설

솔로몬은 새 성전 봉헌 행사에 참여한 모든 회중 앞에서 연설했다. 우선 그의 부왕 다윗에게 하신 약속을 이루신 야훼 하나님을 찬양하였다. 하나님은 이스라엘 백성을 애굽에서 데려 내오신 날부터 당신의 집을 짓고 거기에 계시기 위한 도성을 그 어느 지파에서도 택하지 않으시고, 다윗을 택하여 이스라엘 백성을 다스리게 하셨다고 했다. 그래서 부왕 다윗은 이스라엘의 하나님 아훼를 위하여 성전을 짓기로 마음 먹었다. 그러나 야훼께서는 부왕 다윗에게 말씀하시기를, "네가 나를 위하여 집을 짓겠다는 생각을 한 것은 잘한 일이지만, 네가 낳을 아들이 그 집을 지을 것이다."라고 말씀하셨다. 이제 하나님의 약속대로 솔로몬 다윗을 이어 왕위에 오른 자기가 하나님을 위하여 성전을 지었으니, 야훼께서 그 약속을 이루신 것이다. 야훼가 애굽 땅에서 이스라엘 조상들을 데리고 나오셨을 때 그들과 맺은 언약이 들어 있는 그 법궤를 위하여 장소를 마련한 것이다.

교훈

1. 솔로몬은 여기서 마치 제사장과 같은 역할을 하며 백성을 축복하였다. 모든 권력을 한 손에 거머쥔 상태에서는 제사장도 그의 밑에 두

게 되는 모양이다. 솔로몬은 자기가 한 연설에서 유다 지파와 그 지파에서 나온 다윗과 솔로몬 자신에게 야훼 하나님의 선택이 쏠린 사실을 밝혔는데, 이로써 그것을 기정사실로 알고 순종하기를 바라는 언동을 한 셈이다. 다른 지파 사람들은 솔로몬의 말을 들으면서 어느 정도 소외감을 느꼈을 것이다. 그러나 하나님의 섭리는 선택된 자를 들어 쓰시는 방도를 사용하시는 데 있으므로, 하나님의 계획과 뜻에 승복하는 수밖에 없었다.

2. 솔로몬의 결론은 하나님의 하수인이 누구든지 간에 하나님을 상징하는 법궤를 하나님의 전 지성소에 곧 있어야 할 곳에 안치하였다는 것이다. 하나님을 이스라엘의 삶의 중심에 두고 그를 지존자로 모시는 구조가 중요한 것이다. 하나님의 현존을 상징하는 법궤 안에 그의 법과 뜻을 상징하고 요약한 언약의 말씀을 간직하고 존중하는 그런 삶의 구조가 가장 바람직하다. 다윗과 솔로몬이 아니었더라면 그 누가 야훼의 성전을 그렇게 훌륭하게 지을 수 있었을까? 법궤를 제 자리에 모실 수 있었을까?

솔로몬의 성전봉헌 기도(왕상 8:22-53)

해설

솔로몬은 예루살렘 성전 봉헌식에서 이스라엘을 대표하여 야훼의 제단 앞에 서서 손을 하늘을 향해 펴들고 기도했다. 우선 천상천하에 야훼와 같으신 분이 안 계신다고 하면서 찬양했다. 그 분은 진심을 가지고 그 앞에서 행하는 그의 종들과 맺은 언약을 지키시고 불변하는 사랑을 베푸시는 분이라고 찬양했다. 구체적으로는 부왕 다윗과 맺은 언약을 성취하셨다는 것이다. 부왕 다윗에게 약속하신 대로 그의 대를 이은 자기 솔로몬에게도 복을 내리셔서 그 탄원들을 들어 달라고 하면서 아홉 가지를 아뢰었다. (1) 성전에서 드리는 기도들을 들어주시기로 다윗에게 약속한 그 약속을 충실히 지켜달라는 것(왕상 8:25-39), (2) 이웃끼리 맹세 문제로 범죄하는 경우 그 불화를 의롭게 판가름 해 달라는 것(왕상 8:31-32), (3) 전쟁에서 패배한 군인들이 그들의 죄를 고백할 때 용서해달라는 것(왕상 8:33-34), (4) 한발로 인하여 재난이 생겼을 때 백성이 죄를 고백하면 용서해 달라는 것(왕상 8:35-36), (5) 백성들의 죄로 인해서 하나님이 진노하시고 자연적 재난을 내리셨을 때, 그들의 회개의 기도를 들으시고 용서하시고 도와주실 것(왕상 8:37-40), (6) 이스라엘 사람이 아니라도 성전에서 기도할 때 그들의 요청을 들어 달라는 것(왕상 8:41-43), (7) 전쟁이 일어났을 때 이스라엘 백성을 도우셔서 승리하게 해 달라는 것(왕상 8:44-45), (8) 백성이 외국에 포로가 되어 가서 고국과 예루살렘과 성전을 향하여 기도하며 부르짖을 때 그 기도를 들어 그들을 도와달라는 것(왕상 8:46-51), (9) 솔로몬과 백성의 기도를 응답해 달라는 것(왕상 8:52-53)의 아홉 가지다.

교훈

1. 성전을 지어놓았으니 그것이 실용되어야 할 것이다. 하나님이 다윗과 솔로몬을 통해서 성전을 짓게 하신 것은 하나님이 그 성전에 임재하시고 거기서 이스라엘 백성을 만나고 교통하기 위함이다. 왕과 백성과 심지어 외국인조차 그 전에 찾아 나오고 진심으로 하나님과 교통하는 것이 성전이 존재하는 목적이다. 솔로몬은 성전을 봉헌하면서 그 원칙을 세웠다. 그리하여 백성이 성전에 나와서 하나님을 만나고 하나님으로부터 응분의 응답을 받도록 해 달라고 기도했다.

2. 성전은 하나님이 계시는 곳이기에 백성은 진심으로 모든 문제를 가지고 그에게 나올 수 있다. 죄 문제와 민사 문제뿐만 아니라 천재지변을 당하거나 전쟁 등 국가적 위기가 닥쳤거나 국가적으로 민족적으로 하나님께 범죄했거나 심지어 외국의 침략으로 나라가 망하고 사로잡혀가서 성전에 나오지 못 하는 경우라도 성전은 사람들이 그 곳을 향하여 마음으로 하나님 어전에 나와 기도하고 하나님과 대화하고 그의 응답을 받는 장소가 되어야 한다. 다니엘이 그랬고 바빌론*에 가 있던 성도들이 다 그랬을 것이다. 성전은 만민의 기도의 집이 되어야 한다(사 56:7; 막 11:17).

3. 오늘 우리는 우리 자신이 하나님의 전이고 성령의 전이어야 한다. 보이는 건물 성전에 있지 않더라도 하나님을 모시고 하나님 안에 사는 우리들이 언제나 하나님과 교통하며 하나님께 우리의 사정을 아뢰고 죄를 고백하며 모든 문제를 내어놓고 상의하여 하나님께로부터 해답을 받아야 할 것이다.

4. 솔로몬은 성전에서 기도하는 모범을 스스로 보여주었다. 일국의 임금이 만조백관과 운집한 회중 앞에서 기도하는 모습은 백성들에게 깊은 인상을 주었을 것이다. 임금으로부터 시작하여 백성이 다 성전에서 기도하는 그러한 나라가 된다면, 그 얼마나 다행한 일이고, 하나님이 얼마나 기뻐하실까!

솔로몬이 회중을 축복하다(왕상 8:54-61)

해설

성전 봉헌식에서 야훼 앞에 무릎을 꿇고 하늘을 향해 양 손을 치켜들고 기도한 솔로몬이 이제는 일어서서 큰 소리로 회중을 위해 기원한다. 먼저 야훼께서 모세를 통하여 약속하신 대로 이스라엘 백성에게 안식을 주시고 그 좋은 내용의 약속을 한 마디도 어기지 않으신 것에 대해서 하나님을 찬양하고는 백성을 위해 네 가지를 기원한다. (1) 야훼께서 이스라엘 백성의 조상들과 함께 하셨던 것처럼, 우리와 같이 하여주소서! (2) 우리를 떠나거나 버리지 마옵소서! (3) 우리로 하여금 야훼의 말씀에 귀 기울이게 하시고 야훼께서 지시하는 길로 가게 하시고 조상들에게 야훼께서 명령하신 계명과 율례와 법도를 지키게 하소서! (4) 솔로몬이 지금 야훼 앞에서 호소하는 모든 말이 밤낮 야훼의 귀에 들려 야훼께서 솔로몬과 이스라엘 백성을 잘 돌보아주소서! 그리하여 지상의 모든 나라가 야훼야말로 하나님이시고 다른 신은 없음을 알게 하소서!

이런 호소의 기원을 드리고 나서 솔로몬은 끝으로 백성에게 야훼 우리의 하나님께 헌신하고 오늘처럼 그의 법도와 계명을 지키라고 권면한다.

교훈

1. 솔로몬이 아무리 훌륭한 임금이라고 해도 자기 힘으로 백성을 평안하게 해 주거나 만족하게 해 줄 수 있다고는 생각하지 않았다. 소로몬은 하나님의 은덕으로 지금까지도 이만큼 잘 살게 된 것을 감사하게 생각하는 동시에, 앞으로도 하나님이 복 내리시지 않으면 평화나 행복이 있을 수 없음을 깨달은 임금이었다. 이렇게 야훼를 절대적으로 신뢰하는 솔로몬의 신앙은 참으로 아름답고 귀한 것이었다.

2. 하나님이 이스라엘을 떠나거나 버리시지 않는 것이 중요하다. 하나님이 계속 이스라엘과 같이 하실 수 있느냐 하는 것은 이스라엘의 태도 여하에 달려 있다. 이스라엘이 하나님을 두려워하며 그의 법도를 행하는 삶을 살아야 하는 것이다. 그러나 과거의 역사를 보면 이스라엘은 번번이 하나님을 버리고 그의 법을 행하지 않고 범하였다. 그것을 솔로몬이 알기에 하나님께서 이스라엘로 하여금 마음을 당신께 기울이게 해 달라고 하나님께 부탁드렸다. 하나님의 성령이 사람의 마음을 사로잡아 죄의 길로 가지 않게 하시면 문제는 없을 것이다. 그러나 사람에게는 성령의 인도까지도 마다하고 뿌리칠 자유를 있으니 이를 어찌하랴? 하나님은 이스라엘에 많은 예언자들을 보내어 경고하고 가르치고 인도하셨지만, 이스라엘은 그들의 말을 듣지 않았다. 결국 책임은 인간에게 있는 것이다.

3. 이스라엘은 하나님의 선민으로서 하나님을 바로 섬기고 법을 바로 지킴으로 복 받는 백성이 되어 지구상의 다른 이방인들 앞에서 하나님의 이름을 높이고 하나님의 존재와 위엄을 증언할 책임이 있었다. 그런 책임을 수행하는 백성이 되기를 솔로몬이 기원한 것이다. 우리 그리스도인들의 사명이 바로 그런 것인데, 교회와 우리 신도들은 과연 그 사명을 제대로 수행하고 있는가?

4. 아무리 반복해도 아깝지 않은 말은, 하나님의 백성이 완전히 야훼께 헌신해야 한다는 것과 하나님의 법도를 따라서 살며 그의 계명을 지켜야 한다는 것이다. 솔로몬이 아무리 간절하게 기원해도 이스라엘 백성이 그 원칙을 지키지 않으면, 그것은 허공을 치는 기원이 되고 말 것이다.

솔로몬이 하나님께 드린 제사(왕상 8:62-66)

해설

솔로몬과 그의 백성이 의식(儀式)적인 봉헌식을 거행하였지만, 성전 봉헌 사건은 하나의 국가적 민족적 축제이고 온 백성이 다 같이 즐겨야 하는 행사이기도 했다. 이 행사에서 솔로몬이 야훼께 화목제로 드린 황소가 2만 2천 마리이고, 양이 12만 마리였다. 상상을 초월한 푸짐한 제사였다. 그 때 성전 앞에 만들어 놓은 놋제단은 너무 작아 그 많은 제사를 드릴 수 없어서, 성전 앞뜰에 제단을 별도로 쌓고 거기서 번제와 곡물제와 화목제의 일부인 기름기를 바쳤다.

그 거대한 축제에 참석한 국민은 북쪽으로는 르보하맛*18)에서 시작하여 남쪽으로는 애굽 건천(乾川, 〈나할〉נַחַל, Wadi)19)이라는 곳에 이르기까지 전국에서 모인 사람들이었다. 그 축제를 역대하 7장 8-10절에 따르면, 7일간의 성전 봉헌 의식과 그에 뒤이은 7일간의 잔치로 치렀다고 한다. 이렇게 잔치에서 마음대로 먹고 마시고 즐기고 나서 제8일에 기쁜 마음으로 해산하여 집으로 돌아갔다는 것이다. 즉 야훼께서 그의 종 다윗과 이스라엘 백성에게 베푸신 선하심이 너무도 놀라와 감격을 안고 돌아갔다는 것이다.

교훈

1. 하나님께 드리는 제사는 번제를 제외하면 그 제물의 한 부분이

---

18) 개역성경 열왕기상 8장 65절에서는 '하맛 어귀'로 옮겼다.

19) 개역성경 열왕기상 8장 65절에서는 그냥 '강'으로 옮겼다. 아래 110쪽의 각주 39와 124쪽의 각주 40과 183쪽의 각주 61과 303쪽의 각주 98도 참고하라.

제사장의 몫이 되고, 남은 것은 예배자의 몫이 된다. 성전 봉헌식에서 잡아서 바친 그 무수한 황소와 양들을 온 국민이 다 같이 나누어 먹으면서 한 주간의 잔치를 한 것이다. 하나님은 제사 행위를 통해서 하나님과 백성의 관계가 회복되고 정상적인 것이 된 기쁨을 같이 나누기를 원하신다. 과거 인류 사회가 먹을 것이 별로 없는 상황에서 사람들은 하나님 앞에 나와 치르는 축제를 간절히 기다렸다. 하나님 앞에서 예배하는 자들이 정당한 예배를 통하여 기쁨과 평안을 얻는 것이 하나님의 뜻이다. 우리는 그리스도를 대속의 제물로 드림으로써(우리 편에서 드린 것이 아니고 하나님 편에서 제물을 준비하여 주신 것이지만) 하나님과 우리의 관계가 회복되었기에, 기쁨과 감격을 가지고 같이 찬미하며 교제하며 즐겨야 하는 것이다.

2. 이스라엘 백성은 전에 볼 수 없던 큰 잔치에 참여하고 실컷 먹고 마시면서 만족한 마음으로 집으로 돌아갔다. 그 행사는 솔로몬의 통치에 지대한 영향을 주었을 것이다. 남과 북이 화합하는 효과도 거두었을 것이다. 백성들이 솔로몬을 중심하여 마음을 통일하는 데 도움이 되었을 것이다. 하나님 앞에 나와 예배하는 행동은 여러모로 유익하다. 아니 효과가 있어야 한다. 하나님을 예배하면서 예배자들은 하나님을 중심하여 모두가 한 가족이 된 것을 같이 기뻐하며 마음을 합해야 한다.

하나님이 솔로몬에게 다시 나타나심(왕상 9:1-9)

해설

열왕기상 3장 5절에 기록된 대로 하나님이 기브온에서 솔로몬에게 꿈 속에 나타나셨는데, 이제 두 번째 그에게 나타나셨다. 그때는 솔로몬이 성전과 왕궁과 또 그가 원하는 건물들을 다 지은 다음이었다. 즉 솔로몬의 건설의 욕망이 다 채워진 후의 일이다. 그것은 야훼 하나님이 내리신 복으로 된 일이기에 하나님은 노파심을 발휘하셔서 그 시점에 다시 솔로몬의 각성과 주의를 환기시키려는 것이다.

하나님은 솔로몬의 기도와 호소를 들으셔서 응답하셨고, 솔로몬이 그 성전을 하나님께 봉헌하였기에 그것을 달게 받으셨다. 그리고 하나님께서 거기에 당신의 이름을 두시고(즉 거기에 임재하시겠다는 것이고) 언제나 하나님의 눈과 마음이 거기에 와 있을 것이라고 말씀하셨다. 그러나 조건이 있다. 다윗이 한 것처럼 솔로몬이 온전한 마음(〈톰 레밥〉תָּם־לֵבָב)과 올바름(〈요셀〉יֹשֶׁר)으로[20] 하나님의 명령을 다 행하고 법과 율례를 지키면, "이스라엘 왕조의 대가 끊이지 않을 것이라." 고 다윗에게 한 약속대로 이스라엘을 다스리는 솔로몬의 왕권을 영원히 확립해 주시겠다고 한 것이다. 반대로 솔로몬과 그의 자식들이 하나님을 따르지 않아 하나님이 솔로몬 앞에 제시하신 계명들과 율례를 지키지 않고 다른 신들을 섬기고 예배한다면, 하나님이 주신 땅에서 이스라엘을 잘라버리시고, 하나님의 이름을 위하여 봉헌한 성전을 거들떠보시지 않고, 이스라엘은 만민의 수수께끼와 조롱거리가 될 것이다. 예루살렘 성전은 폐허가 되고[21], 과객들이 보고 놀라 쑥덕거릴 것이며, "야훼가 이 땅과 이 집을 어째서 이 모양이 되게 하셨는고?", "그들이 자기 조상들을 애굽에서 건져주신 그들의 하나님 야훼를 버리고 다른

---

20) 개역성경 열왕기상 9장 4절에서는 '마음을 온전히 하고 바르게 하여'로 옮겼다.

21) 이는 시리아어 구약성경과 옛 라틴어 구약성경을 따른 것이다. 이를 받아들인 NRSV에서는 열왕기상 9장 8절 첫머리를 "이 집은 폐허 더미가 될 것이다(This house will become a heap of ruins)."로 번역했다. 개역한글판에서는 히브리어 성경을 따라 '이 전이 높을지라도'로, 개역개정판에서는 '이 성전이 높을지라도'로 옮겼다.

신들을 용납하여 예배하고 섬겼기 때문에, 야훼께서 이런 재난을 그들에게 주신 것이로구나!"라고 말하리라 예언하셨다.

교훈

1. 인간의 건망증과 핑계대기 좋아하는 경향을 아시는 하나님은 솔로몬이 건축을 마쳤을 때 다시 나타나셔서 전에 하신 말씀을 되풀이하시며 솔로몬의 각오를 재촉하셨다. 이 얼마나 고마운 일인가! 우리는 하나님 앞에서 핑계를 댈 수 없다. 우리에게는 언제나 하나님의 말씀이 있다. 성경책이 있고, 교회가 있고, 목사들이 있다. 계속해서 들려오는 하나님의 말씀을 들으면서도 모르는 체 하거나 무시하며 살려고 하는 것이 우리들의 경향이다. 하나님 앞에 설 때 우리는 핑계할 수 없다.

2. 하나님이 가장 중요하다고 강조하시는 것은 야훼 하나님만 섬기고 그의 법도대로 사는 것이다. 이는 우리의 귀가 닳도록 하나님이 우리에게 들려주시는 말씀이다. 그 법을 지키면 개인도 나라도 다 잘 될 수 있다. 그런데도 인간은 그 법을 무시하고 멸망의 길을 가고 있으니 답답한 노릇이다.

3. 특별히 하나님께서 이스라엘을 택하셔서 여타의 사람들에게 모범을 삼으시려고 하시기에 그토록 열심히 솔로몬에게 말씀하셨는데, 과연 그가 하나님의 뜻을 받들어 이루어드렸는가? 하나님이 그리스도인들을 세상에 두시는 것은 그들을(우리를) 새 이스라엘로 삼아 세상에서 당신의 증언자가 되게 하시기 위함이다. 우리는 과연 하나님의 명령을 얼마나 준수하고, 그의 뜻을 얼마나 이루어드리고 있는가?

두로의 히람 왕과 솔로몬의 마찰 (왕상 9:10-14)

해설

솔로몬은 그 치세 20년 말에 성전과 자기 왕궁의 건축을 완료했다. 그 사업을 위하여 목재와 금을 공급해 준 사람은 두로의 왕 히람이었다. 그는 솔로몬이 요구하는 대로 레바논 산에서 나는 백향목과 사이프러스[22] 원목과 금을 제공하였다.

그 대가로 솔로몬은 히람에게 이스라엘 산 곡물을 보냈지만 그것으로는 충분한 상환이 되지 않기 때문에 솔로몬은 레바논과 맞닿아 있는 갈릴이*의 20개 마을들(성읍들)을 히람에게 넘겨주었다.

그러나 히람이 그 성읍들을 둘러보고는 만족하지 못하고, "형제여! 주신다는 것이 그따위 성들입니까?"하고 볼멘소리를 했다. 그러면서도 히람은 금 120 탈란트*를 솔로몬에게 보냈다.

교훈

두로 왕 히람은 참으로 점잖고 너그러운 사람이었던 것 같다. 한 나라를 다스리는 왕으로서 국익을 위하여 국경을 맞대고 있는 이스라엘의 농산물을 수입하는 것이 자기 나라에 가장 유리하기에 정치적인 목적을 가지고 선심을 썼다. 솔로몬이 상환하는 대가가 시원치 않아서 불평을 토로하면서도 서로 형제의 의를 맺고 상호 협조하는 관계를 유지했다. 그것은 또한 야훼 하나님을 믿고 그에게 충성하는 솔로몬의 번영을 목격한 사람으로서 하나님의 위력을 느꼈기 때문이었을 것이다. 하나님을 믿는 신도들이 세상에서 어떻게 살고 어떻게 행하느냐에 따라 이웃이 감동받아 하나님을 믿을 수도 있고 찬미할 수도 있다.

---

22) 개역성경 열왕기상 9장 16절에서는 '잣나무'로 옮겼다.

솔로몬의 여타 업적들(왕상 9:15-25)

해설

솔로몬은 큰 야망을 가진 임금으로서 현재에 만족하지 않는 사람이었다. 그가 건설한 주요 건조물이 숱하다. 예루살렘 성전과 왕궁과 아마도 솔로몬 궁전을 안전하게 받혀주는 대지와 부속시설이었을 밀로와 예루살렘 성벽과 북쪽 요새 하촐*과 이스르엘 평야를 지키는 요새인 므깃도와 게젤*과 이스라엘 서부 유다지방을 지키는 요새인 게젤*과 해안을 지키는 요새 남쪽 베트호론*과 내륙 광야에 있는 요새 바알랏과 타말23), 또 병거와 기병대를 위한 창고 도시들 등등, 예루살렘과 레바논과 그의 통치 영역 도처에 무엇이든지 원하는 것을 다 건조했다. 이스라엘 백성이 가나안을 평정할 때 쫓아내지 못하여 남아 있는 아모리 족과 헷 족과 브리스 족과 히위 족과 여부스 족 즉 이스라엘 사람이 아닌 사람들을 솔로몬이 노무자로 징용하여 그 건조 사업을 달성한 것이다. 그래도 솔로몬이 이스라엘 사람들은 종으로 삼지 않고, 군인이나 관리나 장교나 병거와 기병대 지휘관으로 부리었다.

솔로몬의 이 건조 사업을 감독한 사람이 550명이었다. 바로의 딸로서 솔로몬의 왕후가 된 여자는 별궁이 짓기까지는 다윗 성에 있다가 솔로몬이 밀로에다 지은 황후 별궁이 완공되자 그리로 들어갔다.

솔로몬은 일 년에 세 차례, 야훼를 위하여 지은 제단에 분향을 하면서 번제와 화목제를 드렸다.

---

23) 이는 열왕기상 9장 18절 히브리어 자음본문을 따른 것이다. 개역성경에서는 히브리어 자음본문에 모음부호를 만든 마소라 학자들의 제안과 많은 히브리어 사본과 몇 가지 고대 번역본을 따라 '다드몰'로 고쳐 읽었다.

교훈

1. 솔로몬은 나라의 안강(安康)을 위해서 각처 요소에 요새를 만들어 주변 나라들의 침략을 예방하였다. 그리고 많은 병거와 기병대를 두고 병참 창고들을 지어 전쟁에 대비하였다. 국왕으로서 마땅히 할 일을 한 것이다. 이는 주색잡기로 허송세월하는 어리석은 왕들과는 판이한 모습이다. 솔로몬이 나라의 책임자로서 자기의 소임을 알고 그 책임을 성실하게 수행하려는 정신을 우리는 본받아야 할 것이다.

2. 그러나 재고할 만한 것도 있다. 솔로몬은 여한이 전혀 없을 정도로 원하는 것을 다 건조하였고, 모든 영광을 다 누렸다. 그는 아마도 민족과 하나님의 영광을 위해서 그런 일을 했다고 자부했을 것이다. 그리고 권좌에 있는 사람들은 백성이 다 자기를 위한 존재로 알고, 그들을 부려먹어도 된다고 생각한다. 그러나 부림을 받은 사람들의 마음에는 불평이 차 있었을 것이다. 인권은 유린되고 사람이 하나의 도구로 전락되었을 터이니 때문이다. 특히 가나안의 잔류 본토인들은 이스라엘 사람들과 차별대우를 받았다는 것인데, 이것이 하나님 보시기에는 아름다운 일이 아니었을 것이다. 솔로몬의 나타난 업적을 표준으로 한다면 굉장하고 박수갈채를 받을 만큼 훌륭하지만, 그 때문에 얼마나 많은 인간이 고통을 당하고 희생되었을까를 생각한다면 그들에게 동정이 간다. 솔로몬의 업적이 영구적인 가치의 것이었다면 그것이 지금도 남아 있어야 할 것이 아닐까? 일시적으로 있다 없어질 것, 특히 하나님의 진노의 대상이 되어 마침내 파멸될 운명의 것으로 인해서, 솔로몬과 귀족 몇이 만족했을지 몰라도 여타의 많은 사람들에게 고통을 주었다면, 솔로몬이 이루어 놓은 일을 찬양할 수만은 없다. 이는 독재와 전체주의가 통하던 시대의 작태이다. 소수의 특권 계급이 다수를 노예로 삼아 부귀와 영광을 누리는 것을 찬성할 수는 없는 일이다.

솔로몬의 무역(貿易)(왕상 9:26-28)

해설

솔로몬은 건설 사업을 통해서 국가의 위신을 높이고 국방을 공고히 했을 뿐 아니라 해양 산업도 경영하였다. 지중해 연안에는 불레셋* 사람들의 텃세가 심하고 좋은 항구를 만드는 일이 어려우므로, 홍해 동북쪽에 있는 엘롯의 에치온게벨*이라는 항구에다 선단(船團)을 건조하여 먼 외국과 무역하는 길을 열었다.

조선 항해 기술은 역시 지중해 연안의 히람 왕국 사람들이 월등하였으므로, 그들의 도움을 얻었다. 히람은 솔로몬의 일꾼들을 불러다가 자기 나라 뱃사람들과 함께 선단을 이끌고 오필*(아마도 아라비아 반도 남단의 어떤 곳인 것 같다)로 보내어 금 420 탈란트*(약 12톤)를 운반하여 솔로몬에게 바쳤다. 그 당시에는 수에즈 운하가 생기기 전이어서 아프리카 대륙 남단을 돌지 않고는 홍해로 나올 수 없었으므로, 히람과 이스라엘의 선단이 홍해까지 진출하려면 상당히 긴 시간과 노력이 필요했다.

교훈

솔로몬과 히람의 우의가 무척 두터웠던 것 같다. 동시에 각각 자기의 국익을 도모하고 자기에게 유익하기 때문에 상호주의의 입장에서 서로 도운 것이라고 볼 수 있다. 좋은 친구를 둔다는 것은 그만큼 유리한 일이다. 어쨌든 그들은 외교술에 능했던 것으로 보인다. 그렇게 먼 거리의 항해는 계획하기조차 어려운 일인데 그 시대에 그런 용단을 내리고 성사시켰다는 것은 놀라운 일이 아닐 수 없다. 역시 모험심이 있는 자들이 가질 수 있는 이점이었다. 그 많은 금이 있었기에 솔로몬이 예루살렘 성전을 금으로 장식할 수 있었다.

스바 여왕이 솔로몬을 내방하다 (왕상 10:1-29)

해설

솔로몬의 지혜와 번영은 야훼 하나님으로 말미암은 것이었다. 그러나 하나님의 존재를 모르는 사람들은 솔로몬이라는 인간의 지혜와 권세만을 보았을 것이다. 어쨌든 솔로몬의 명성은 중동 지방 전체에 널리 알려졌고, 마침내 지금의 예멘에 해당된다고 보이는 스바 나라의 여왕이 솔로몬의 명성을 듣고 그를 내방하였다. 그 당시에 스바는 그 남방 지방의 무역로를 장악하고 지배하는 나라로서, 북쪽에 자리잡은 이스라엘이라는 나라가 그들의 무역로의 한계였을 것이고 그들의 행동의 걸림돌이었을지 모른다. 그러기에 스바 여왕의 내방은 이스라엘을 시찰하는 동시에 통상협약을 맺기 위해서였을 것이다. 그 여왕은 솔로몬에게 꿀리지 않고 자기 위신을 세우려고 굉장한 예물을 가지고 왔다. 여러 가지 향료와 다량의 금과 보석을 낙타에 실고 왔다. 그리고 여왕은 온갖 질문으로 솔로몬을 시험하였다. 솔로몬은 막힘없이 술술 대답했다. 여왕은 솔로몬의 지혜를 확인하고 솔로몬이 지은 건물과 그가 내놓은 음식, 만조백관의 배열, 종들의 시중, 그들의 의상, 솔로몬의 시종(侍從)들, 그가 드리는 번제를 보고는 정신이 나갈 지경이었다.

드디어 스바 여왕은 솔로몬에게 자백했다. 자기가 자기 나라에서 솔로몬이 이루어놓았다는 일들과 지혜에 대해서 소문을 들었지만, 자기가 친히 와서 보기까지는 믿지 않았는데 그 소문에 들은 지혜와 번영은 자기가 본 것에 절반도 안 된다는 것이었다. 그러니 솔로몬의 황후들[24]은 얼마나 행복할까! 계속해서 솔로몬을 섬기고 그 지혜를 듣는 신하들은 얼마나 행복할까! 솔로몬을 보고 즐거워하시는 야훼, 솔로몬

---

24) 이는 열왕기상 10장 8절 헬라어 구약성경 칠십인역과 시리아어 구약 성경을 따른 것이다. 히브리어 성경을 따른 개역성경에서는 '사람들'로 옮겼다.

을 이스라엘의 왕좌에 앉게 하신 그 하나님은 찬양 받으실 만하다. 야훼가 이스라엘을 사랑하시기 때문에 솔로몬을 왕으로 삼아 공평과 정의를 베풀게 하신다고 하면서, 칭찬을 늘어놓았다. 그리고는 120 탈란트*의 금과 다량의 향료와 보석들을 솔로몬에게 선물로 드렸다. 아마도 그것은 통상조약이 체결된 답례였던 것으로 보인다. 솔로몬은 그 답례로 그녀가 바라는 것을 다 주어서 돌려보냈다.

솔로몬에게는 무역을 통해서, 또 아라비아의 여러 왕들과 지방 장관들에게서 들어오는 금 외에도 666 탈란트*의 금 수입이 있었다. 그것은 무려 25톤이나 되는 것이다. 솔로몬은 금을 두드려서 큰 방패 200개와 작은 방패 300개를 만들어 레바논 산장25)에 두었다. 아마도 그것들은 의식을 행할 때만 사용하는 것이었을 것이다. 그리고 상아로 용상(龍床)을 만들고, 최고의 금으로 그것을 쌌다. 용상으로 오르는 계단이 여섯 단이고, 용상 양쪽에 팔을 놓는 받침이 있으며, 그 두 받침 옆에는 사자 상이 서 있다. 그리고 계단의 매 단에 사자상이 하나씩 달려 있다. 솔로몬의 잔들과 레바논 산장의 그릇들은 다 순금으로 만들었다. 바다에는 히람의 선단과 타르시스*의 선단이 있었고, 3년에 한 번 그 선단들이 금과 은과 상아와 원숭이와 공작새들을 운반해 오곤 했다.

이렇게 해서 솔로몬은 지상의 어떤 왕보다도 부자였고, 지혜에 있어서도 앞섰다. 모두가 솔로몬의 지혜를 듣고 싶어 했고, 금, 은, 의복, 무기, 향료, 말, 노새 등을 선물로 가져다 바쳤다. 솔로몬은 병거가 1천 400대요, 말26)이 1만 2천 마리였고, 병거를 두는 여러 도시에 그것들을 배치하고, 자기는 예루살렘에 머물렀다. 예루살렘에서는 은(銀)이 돌 같이 흔하였고, 백향목은 해안 고원 지대에 있는 뽕나무 정도로 흔하였다. 솔로몬은 말을 애굽에서, 또 소아시아에 있는 도시인 크웨*에

---

25) 개역 성경 열왕기상 10장 17절에서는 '레바논 나무 궁'으로 옮겼다.

26) 개역 성경 열왕기상 10장 17절에서는 '마병'으로 옮겼다.

서[27] 수입하였다. 왕이 직속 무역상원들을 시켜서 사들인 것이다. 병거는 애굽에서 한 대당 은 600세겔 씩 주고 수입하였고, 말은 한 마리에 150세겔을 주었다. 그리고는 무역상원들을 통하여 헷 족속과 아람 족속의 모든 왕들에게 수출하였다. 이렇게 해서 돈을 벌었다. 자신을 위하여 애굽에서 말을 많이 사들인 것은 신명기 17장 16절에서 금한 일이었는데도 그리한 것이다.

해설

솔로몬은 건설과 무역과 군비 확장을 통해서 이스라엘을 전무후무한 강국으로 만들고, 스스로 중동 지방의 모든 사람들에게 흠모와 동경의 대상이 되어 스바 여왕이 예물을 바리바리 싣고서 예방할 정도에 이르렀으며, 그 여왕이 감탄하고 혀를 차면서 돌아갈 정도였으니, 가히 그 부와 영달의 진상을 짐작할 수 있다. 그러나 그것은 어디까지나 야훼 하나님이 주신 지혜로 말미암은 것으로 이스라엘에 내리시려는 복 때문이었다.

그런데 솔로몬이 하나님이 내리신 복을 얼마나 감지하고 있었을까? 얼마나 진심으로 하나님께 감사하면서 살았을까? 그 번영과 영광은 솔로몬 자신으로 말미암은 것이 아니라 하나님이 주신 지혜로 말미암고, 백성의 피땀어린 노고를 통해서 이루어진 것이었다.

그런데 솔로몬은 백성의 노고는 생각한 것 같지 않다. 그 영광과 부를 백성과 함께 나누려는 생각은 없었던 것으로 보인다. 그것이 군주국가와 전체주의 결점이 아닐까? 하나님도 잊어버리고 백성도 등한시하고 자기 의 영달과 사치와 풍요에 도취되었던 솔로몬은 결국 타락의 길을 가지 않았는가? 솔로몬은 이방 여자와 결혼하고, 이방 문물을 별로

---

27) 개역성경 열왕기상 10장 28절에서는 '또 크웨에서'가 빠져 있다. 그러나 개역성경 역대하 1장 16절에는 그에 해당하는 '구에에서'가 들어 있다.

여과(濾過) 없이 받아들였다. 그런 일은 조상들이 싫어했고 하나님께
서도 말리는 일이었는데도 그리했다. 외형과 형식으로 보면 신명기 정
신에 입각한 정치를 한 듯하고 시작은 그렇게 했지만, 결국 물질주의와
세속적 부귀와 영화에 종이 되어버리는 상황으로 기울어진 것이요 용
두사미 격이 되었다. 끝이 중요하지 않은가? 솔로몬이 아무리 지혜와
부와 영광의 극치를 누렸어도, 그가 과연 하나님의 사랑과 은총을 끝까
지 받을 수 있었겠는가?

솔로몬이 잘못한 일들(왕상 11:1-13)

해설

야훼 하나님의 은혜와 사랑 덕택으로 지혜와 권세와 부와 영화의 극
치에 도달한 솔로몬은 어리석게도 그 하나님을 멀리하고 그의 법도와
명령을 어기는 행동을 하여 결국 하나님의 벌을 받아야 하는 지경에 이
르렀다. 지혜의 극치에 도달했다는 사람이 어떻게 그렇게도 어리석을
수 있었을까!

솔로몬에게는 이미 바로의 딸을 위시하여 아내가 여럿 있었는데, 많
은 외국인 여자들을 황후로 맞아들였다. 물론 정책결혼이었을 것이다.
그것은 인간적인 수단으로 나라를 다스리려는 생각에 기인한 것이었
다. 애굽 왕의 딸, 모압 여자, 암몬, 에돔, 시돈, 헷 여자 등, 야훼께서 통
혼하지 말라고 금한 나라들의 여자들과 결혼한 것이다. 그들과 결혼하
면 결국 이스라엘 사람들의 마음을 그들의 신들에게로 기울게 할 위험
이 있다고 경고까지 해 주셨는데도 그리했다.

솔로몬은 말년에 그 이방 여자들에게 마음을 빼앗기고 그녀들은 솔
로몬의 마음을 자기들 나라의 신들에게로 돌렸다. 그래서 드디어 솔로

몬은 시돈 사람들의 여신인 아스타롯*과 암몬 사람들의 신 밀콤*을 따랐고 모압 사람들의 크모스* 신과 암몬 사람들의 몰렉* 신을 위해 예루살렘 동쪽 산에다 산당(〈바마〉בָּמָה)[28])을 세웠다. 그 밖에도 각각 자기 나라 신을 섬기는 이방인 황후들을 위하여 사당들을 지었다.

　　솔로몬의 이런 행동을 보신 하나님이 어찌 진노하시지 않겠는가? 하나님께서 이미 두 번이나(왕상 3:5; 9:1-9) 일부러 솔로몬에게 나타나서 직접 지시하고 타이르셨는데, 솔로몬의 마음은 그 하나님에게서 떠났다. 특히 이방신들을 섬기지 말라고 타일렀는데, 그 명령을 거역한 것이다. 하나님께서 이에 대한 벌을 내릴 수밖에 없었다. 그 벌의 내용은 우선 이스라엘 국권을 솔로몬에게서 빼앗아 그의 종에게 주시겠다는 것이다. 그러나 솔로몬의 아버지 다윗의 공로를 참작하여, 솔로몬 생전에는 그 일을 결행하시지 않겠고, 솔로몬이 죽을 때 그의 아들이 그 나라를 계승하겠지만, 유다 지파만 남기고 다른 지파들은 떼어서 남에게 주시겠다고 한다. 하나님은 당신이 사랑하신 다윗과 당신이 성별하신 예루살렘을 위해 유다 지파만은 솔로몬의 아들에게 남겨주시겠다는 것이다.

교훈

　　1. 솔로몬은 다윗이 유부녀인 밧세바*와 불륜 관계를 맺어 얻는 자식이었지만, 하나님은 그가 세상에 태어난 이상 차별하지 않고 그에게 은총을 베풀어 그가 국왕의 자리에까지 오르게 하셨다. 그리고 그가 하나님의 은총을 크게 입은 사람이었지만, 하나님을 배반하고 그의 법도를 어기는 이상, 그를 심판하시지 않을 수 없었다. 하나님은 공의로 심판하시는 분이시다. 낮은 자나 높은 자나 누구를 막론하고 공의의 하나님은 공의로써 심판하신다.

---

28) 위 45쪽의 각주3을 보라.

2. 부귀영화가 사람의 눈을 가리고 하나님의 은혜를 잊게 하고 하나님을 향한 믿음과 충성심을 소멸시킨다면, 독약이 아니겠는가? 특히 솔로몬은 여색에 빠져 정신을 잃고 하나님을 떠나고 그의 법도를 어겼으니, 이 얼마나 어리석고 망신스러운 일인가? 세상에서 갖은 영화와 낙을 누렸지만 하나님의 사랑을 놓치고 만 솔로몬은 참으로 불쌍하다. 우리도 솔로몬의 지혜와 부와 영화를 동경하기만 할 것이 아니라, 그의 어리석음과 그가 받은 징계에서도 경고를 받아야 할 것이다.

3. 하나님은 솔로몬을 징계하셨지만, 그래도 다윗의 공로를 보아서 완전 파멸의 벌은 면케 하셨다. 거기에도 하나님의 공의가 나타났다. 하나님은 당신을 진심으로 섬긴 자에 대한 보상을 잊지 않고 길이 기억하시며 그에게 응분의 상을 주시는 분이시다. 인간은 언제나 범죄하므로 완전히 멸망해야 마땅하지만, 그런 중에서도 하나님은 당신의 구원 계획을 접거나 포기하지 않고 남은 백성을 두셔서 당신의 뜻을 이루어 나가신다. 인간은 실패해도 아니 그 실패 중에서도 하나님은 당신의 계획을 이루시고 당신의 성공을 위하여 역사를 풀어나가신다.

솔로몬의 대적들(왕상 11:14-40)

해설

솔로몬 통치 말기에 이르자 왕과 만조백관이 자만하여 마음들이 해이해지고 나라가 내적으로 부패하면서 마침내 외교에서도 긴장이 풀릴 수밖에 없었다. 그리하여 안팎으로 솔로몬에게 반기를 드는 사람들이 생겼다. 그 수가 많았겠지만 성경에는 세 가지만 기록되어 있다. 그 대적들은 야훼께서 일으키셨다고 한다. 개역성경 열왕기상 12장 14절과 23절과 25절에서 대적(對敵)으로 옮긴 히브리 낱말은 사탄(שָׂטָן)이다.

하나님은 당신에게 반역하는 솔로몬에게 징계의 채찍을 드셨다. 그 첫째가 에돔 국의 왕손인 하닷이었다. 다윗이 그의 군대 사령관 요압과 함께 에돔에 6개월간 머물면서 에돔 남자들을 모두 죽인 적이 있었는데(삼하 8:12-14), 그 때 에돔 국의 여러 왕자 중 어린 왕자인 하닷이 간신히 난을 피하여 몇몇 에돔 사람과 함께 애굽으로 망명했다. 그는 애굽 왕의 총애를 입어 집과 식량과 땅을 얻어서 살았을 뿐만 아니라 바로의 황후 타흐페네스*의 여동생을 아내로 맞이했다. 그녀가 낳은 아들 그누밧은 젖 뗄 때까지 이모인 황후와 함께 왕궁에서 자랐고 그 후에도 바로의 자녀들과 함께 왕궁에서 살았다. 하닷이 애굽에 있는 동안 다윗과 요압이 죽었다는 소식을 듣자 "이제는 고국으로 돌아가겠습니다."라고 바로에게 말했다. 바로는 그더러 "애굽 생활에 무언가 부족한 것이 있어서 그러는가?"라고 하면서 만류했지만, 하닷은 이를 뿌리치고 고국으로 돌아갔다. 그것은 바로 솔로몬을 대항하려는 뜻을 가지고 한 말이었다.

하나님께서 솔로몬에게 내리시는 벌로서 둘째로 일으키신 대적은 엘리아다의 아들 르존*이었다. 르존은 초바* 국의 왕 하닷에젤*의 부하로 있다가, 다윗이 침공할 때, 상전을 버리고 달아났던 자로서 도적 떼의 두목이 되어 있다가 다메섹에서 권력을 잡고 아람국의 왕이 된 사람이다. 솔로몬이 통치하는 동안 계속 말썽을 부렸고 이스라엘을 멸시하는 자였다.

셋째 대적은 에브라임 사람 느밧의 아들 야롭암*이었다. 그는 과부 츠루아*의 아들이다. 야롭암*이 솔로몬을 반역한 이유는 이렇다. 솔로몬이 밀로를 건설하는 대 작업, 곧 솔로몬의 건설 작업 목록 중의 하나로서 다윗 성과 솔로몬 궁 사이의 공간을 채우는 토목 공사를 할 때, 유능한 청년이며 열심히 일하는 야롭암*을 요셉(에브라임) 집안 노역자들의 감독을 삼았다. 어느 날 야롭암*이 예루살렘 성에서 나올 때 예언자 아히야가 길에서 그를 만나 그에게 새 옷을 입혀주었다. 그 노천(露天)에는 그들 둘만 있었는데, 아히야가 야롭암*이 입은 옷에 손을 대어 그것을 열두 조각으로 나누었다. 그리고는 야롭암*더러 그 중에서 열 조각을 가지라고 하면서, 야훼가 하셨다는 말씀을 그에게 일러주었다. 야훼께서 이스라엘을 솔로몬의 손에서 거두어 열 지파를 야롭암*에게 주시고, 한 지파는 야훼의 종 다윗과 예루살렘을 위해서 솔로몬의 것으로 남겨두신다고 말씀하셨다는 것이다. 그 이유는 솔로몬이 야훼를 버리고 시돈의 여신 아스다롯과 모압 신 그모스와 암몬 신 밀콤*을 예배했고, 다윗이 한 대로 야훼 보시기에 옳은 일을 행하거나 야훼의 법도를 지키지 않고, 하나님이 지시한 길을 가지 않았기 때문이다. 그러나 솔로몬 생전에는 다윗을 보아서 이스라엘 왕국 전체를 솔로몬에게서 빼앗지 않고, 그의 아들 대에 그것을 빼앗아 야롭암*에게 열 지파를 주시겠다는 것이다. 그리고 그의 아들에게는 한 지파를 주심으로써, 야훼가 점지하신 성 예루살렘에서 야훼의 종 다윗이 계속 등을 밝힐 수 있게 하시겠다는 것이다. 이제 야훼가 야롭암*을 뽑았으니 그가 이스라엘의 왕이 될 것이다. 그러나 거기에 조건이 있다. 야훼가 명령하시는 것을 다 들어야 하고, 야훼가 지시하시는 길을 가야 하고, 다윗이 한 대로 야훼의 법도와 계명을 지킴으로써 하나님 보시기에 올바른 일을 해야 한다는 것이다. 그리하면 야훼가 야롭암*과 같이 계시겠다는 것이고, 다윗을 위하여 왕조를 일으키신 것처럼 왕조를 일으키고 이스라엘을 주시겠다는 것이다. 솔로몬이 하나님을 배반하고 그의 법도를 어겼기 때문에 다윗의 후손을 벌하시지만, 영원히 벌하려는 것은 아니라고 일러주셨다.

솔로몬은 야훼가 예언자 아히야를 통하여 야롭암*에게 말씀하신 이 사건을 알고는 야롭암*을 죽이려고 하였다. 그러나 야롭암*은 날쌔게 피신하여 애굽 왕 시삭(주전 945-924년)에게로 가서 솔로몬이 죽을 때까지 애굽에 머물렀다.

교훈

1. 역사의 주인이신 하나님은 솔로몬이 하나님을 배반하고 그의 법도를 어길 때, 아무리 그가 이스라엘의 왕이라 하여도, 그를 벌하시기로 작정하셨다. 우선 솔로몬을 대항하는 세력을 일으키셨다. 하닷과 르존*과 야롭암*은 자기들의 생각으로 솔로몬을 대항한다고 생각했을지 모르지만, 실은 역사의 주인이신 하나님이 그들의 마음에 솔로몬을 대항할 생각을 주셨다. 솔로몬에게 제 아무리 막강한 세속 권력이 있을지라도, 하나님을 이겨낼 도리는 없다.

2. 솔로몬의 대적들은 다윗과 솔로몬의 부하들이고 종들이었지만, 상전인 솔로몬이 제 구실을 하지 못하거나 연약해질 때, 반역하고 앙갚음을 하려고 고개를 들었다. 잘해 주어도 반역을 하는데, 강제로 억울하게 굴복당한 사람들은 언젠가는 보복하려들기 마련이다. 끝까지 부하에게 대우받고 존경받는 상전되기가 얼마나 어려운가? 상전되기가 그렇게 어렵다는 것을 우리도 명심해야 한다.

3. 야롭암*의 경우에는 하나님께서 적극적인 방법으로 솔로몬을 대항하는 세력을 점지하셨다. 야훼께서 예언자를 통하여 이스라엘 왕위 이양 계획을 야롭암*에게 전달하고 그대로 이루시려고 한다. 하나님은 아무래도 솔로몬을 제거하고 대를 잇는 조치를 취할 수밖에 없었다. 야롭암*은 야훼께서 택하신 사람이므로, 그가 야훼의 지시와 명령을 지키고 복종하기만 한다면, 약속대로 그의 왕조도 승승장구할 가능성이

있었다. 요는 하나님께 선택받는다는 것이 귀하고, 다음은 하나님의 뜻을 알아 거기에 복종할 수 있어야 한다는 데 있다. 야롭암*은 행운아라고 할 수 있다. 그러나 그의 운명은 자기의 손에 달려 있는 것이었다. 우리가 다 부름을 받았지만, 하나님의 명령을 순종하여 행복을 차지하는 것은 우리의 결단과 노력에 달려 있는 것이다.

솔로몬의 죽음(주전 930년)(왕상 11:41-43)

해설

솔로몬은 예루살렘에서 이스라엘 백성 전체를 40년 간 통치하였고, 마침내 죽어서 부왕 다윗의 성에 매장되었다. 그의 아들 르합암*이 왕위를 계승했다. 그러나 북쪽 10지파는 그의 권한 밖에 있었다. 신명기 역사가들이 여기까지 기록한 솔로몬의 언행과 지혜에 관한 이야기는 솔로몬 언행록(〈세페르 디브레 셜로모〉סֵפֶר דִּבְרֵי שְׁלֹמֹה)[29)]에서 온 것이고, 그 밖의 것들도 다 그 책에 기록되어 있다.

교훈

솔로몬이 부귀영화를 40년이나 누리며 이름을 날렸지만, 결국 그도 죽어서 한 줌의 흙이 됨으로써 인간이 무상(無常)함을 보여주었다. 솔로몬은 부왕 다윗의 공덕과 야훼 하나님의 은혜로 그 큰 영광을 누렸는데, 그가 남긴 것은 유다 지파를 제외한 다른 열 지파의 이탈과 나라의 분열이었으니, 솔로몬은 자기 일신의 영화를 누린 것일 뿐이 아닌가?

---

29) 열왕기상 11장 41절 개역한글판에서는 '솔로몬의 행장'으로, 개역개정판에서는 '솔로몬의 실록'으로 옮겼다.

하나님의 은혜에 제대로 보답하기는커녕 나라를 파괴하는 원인을 제
공한 것뿐이니, 어찌 그를 성공한 사람이라 할 수 있겠는가? 하나님은
공정하게 심판하신다. 솔로몬이 누린 영광의 배후에는 남을 아랑곳하
지 않는 아집과 이기적 정욕과 과분한 사치가 있었다. 세상에서 누릴
것을 다 누렸으니, 그 대가는 허무일 수밖에 없었다. 그런 대로 부왕 다
윗의 공덕의 여운으로, 또 하나님의 지극한 은총으로 말미암아 조상들
과 함께 한 자리에 매장되는 영광을 누렸다.

북쪽 지파들의 탈퇴 (왕상 12:1-19)

해설

솔로몬이 죽은 후, 그의 아들 르합암*이 세겜으로 내려갔다. 이스라
엘 모든 백성이 거기 모여서 새 왕의 즉위식을 거행하려 했기 때문이
다. 솔로몬 왕을 피하여 애굽으로 망명했던 느밧의 아들 야롭암*은 솔
로몬이 죽고 르합암*이 세겜에서 즉위식을 치르려고 한다는 소문을 듣
고 고국으로 돌아왔다30). 백성이 야롭암*을 불러 함께 르합암*에게 모
여와서 청원했다. "당신의 아버지(솔로몬)가 우리에게 무거운 멍에를
메웠는데, 이제는 당신의 아버지를 섬기던 그 무거운 짐과 그 무거운
멍에를 가볍게 해 주시오. 그러면 우리가 당신을 섬기겠습니다." 이 청
원을 들은 르합암*은 삼 일의 말미를 달라고 하였다. 그러자 백성이 물
러갔다.

---

30) 이는 열왕기상 12장 2절 끝부분의 헬라어 구약성경 칠십인역과 불가타 역
과 역대하 10장 2절을 따른 것이다. 열왕기상 12장 2절 끝부분을 개역한글
판에서는 히브리어 성경을 따라 "오히려 애굽에 있는 중에"로, 개역개정판
에서는 "여전히 애굽에 있는 중에"로 옮겼다.

　　백성이 물러가자 르합암*은 자기 부왕 솔로몬을 섬기던 원로들을 불러서 자문을 청했더니, 그들은 "당신이 오늘 이 백성에게 종이 되어 그들을 섬기면, 그들이 영원히 당신의 종이 될 것입니다."라고 조언했다. 그러나 르합암*은 그 원로들의 말을 무시하고 자기와 같이 놀던 젊은이들로서 지금 자기를 섬기고 있는 사람들에게 자문을 청했다. 그 젊은이들은 르합암*에게 다음과 같이 대답하라고 조언했다. "내 새끼손가락이 내 아버지의 허리보다 굵습니다. 내 아버지가 당신들에게 무거운 멍에를 메웠다면, 나는 그 멍에를 더 무겁게 하겠습니다. 내 아버지가 채찍으로 당신들을 단련했다면, 나는 전갈을 가지고 당신들을 닥달할 것입니다."

　　삼일이 지나 야롭암*과 모든 백성이 르합암* 앞에 모였다. 르합암*은 원로들의 말을 무시하고 젊은이들의 조언을 따라 백성의 마음을 상하게 하는 답변을 했다. 곧 젊은이들이 한 말을 그대로 되풀이하여 들려준 것이다. 이렇게 임금이 백성의 말을 들어주지 않았는데, 이는 결국 야훼께서 아히야를 통하여 야롭암*에게 하신 말씀을 이루실 때가 되었기 때문이었다.

　　임금이 자기들의 요구를 들어주지 않자 백성은 임금을 성토하여 다음과 같이 말했다. "우리가 다윗 안에서 가질 몫이 무엇입니까?³¹⁾ 이새의 아들(다윗) 안에서 우리는 물려받을 것이 아무 것도 없습니다. 오! 이스라엘 사람들아(북쪽 열 지파), 집으로 돌아가시오! 오, 다윗이여! 당신은 당신의 집이나 보살피시오!"

　　결국 북쪽 열 지파 사람들은 르합암*의 즉위를 반대하고 집으로 돌아갔다. 따라서 르합암*은 예루살렘에 사는 이스라엘 사람들만을 통치하였다. 르합암이 부역부장관인 아도람을 북쪽으로 보냈더니 그들이

---

31) 열왕기상 12장 16절에 들어 있는 이 말을 개역한글판에서는 "우리가 다윗과 무슨 관계가 있느뇨"로, 개역개정판에서는 "우리가 다윗과 무슨 관계가 있느냐"로 옮겼다.

아도람을 돌로 쳐 죽였다. 그 소식을 들은 르합암*은 부랴부랴 세겜을 떠나 예루살렘으로 올라왔다. 이렇게 해서 북쪽의 열 지파는 다윗의 집 안과 대립하게 되어 그 상태가 계속되었다.

교훈

1. 솔로몬은 이미 야훼 하나님의 눈 밖에 난 사람이었다. 솔로몬의 통일 국가를 둘로 갈라 북쪽 열 지파를 야롭암*에게 맡기시려는 하나님의 계획은 확고했다. 솔로몬의 아들 르합암*이 무슨 수를 써도 하나님의 계획을 바꿀 수 없었다. 사람이 하나님께 선택받고 하나님의 마음에 드는 자가 되는 것이 무엇보다도 중요하다.

2. 하나님의 뜻을 추구하려는 마음이 추호도 없는 르합암*은 어리석게도 자신의 판단과 자기 마음에 드는 젊은이들의 미숙한 인간적 충언을 받아들였다. 하나님의 뜻을 이루려고 생각하지 않고, 사람의 생각으로 자기에게 유리해 보이는 일을 하려고 하니, 성공할 수가 없었다. 인간의 타산은 하나님의 계획과 같지 않다.

3. 경험이 많고 하나님의 뜻을 아는 원로들의 충언은 진리였다. 남을 섬기는 자가 결국을 섬김을 받게 되는 것이 하나님의 진리다. 섬기기 위해 세상에 오셔서 끝까지 섬기신 예수 그리스도는 영원히 섬김을 받는 존재가 되시지 않았는가?

북쪽의 제1왕조: 야롭암*(주전 922-901년)이 이스라엘을 다스리다(왕상 12:20-24)

해설

북쪽 이스라엘 열 지파 사람들은 애굽에서 돌아온 야롭암*을 이스라엘의 왕으로 추대했다. 즉 남쪽의 유다 지파 외에는 유다 지파 출신인 다윗 집안을 따르는 사람이 하나도 없었다. 세겜에서 예루살렘으로 돌아온 르합암*은 떨어져 나간 열 지파를 무력으로 정복하여 복귀시키려고 유다 지파 전원과 벤야민* 지파에서 18만 명을 차출하였다. 그러나 하나님께서 하나님의 사람 스마야("야훼의 말씀을 들으라!")를 감동하여, 유다 왕 르합암*과 유다와 벤야민* 지파의 모든 백성과 기타 모든 사람들에게 하나님의 말씀을 전하게 하셨다. 즉 동족인 이스라엘 사람들의 땅으로 올라가서 그들과 싸우지 말고 각각 집으로 돌아가라고 하시며, 그것은 하나님의 명령이라고 일렀다. 그래서 그들은 야훼의 말씀에 복종하여 각각 집으로 돌아갔다.

교훈

1. 유다 왕 르합암*은 군대를 동원하여 북쪽 이스라엘을 굴복시키려고 했다. 그러나 그의 계획을 하나님이 나서서 막으셨다. 하나님께서 스마야라는 예언자를 시켜서 그 뜻을 전하게 하셨다. 다행히도 사람들이 그 말을 받아들여서 전쟁을 벌이지 않았는데, 그것은 역시 하나님의 영이 백성들의 마음을 감동하여 그들이 전의(戰意)를 품지 않게 하셨기 때문이었을 것이다. 임금이 아무리 원하여도 백성이 움직이지 않으면 뜻을 이룰 수 없다. 이는 하나님께서 그 백성을 사랑하여 이루어주신 사건이다.

2. 백성이 야훼의 말씀에 복종하여 집으로 돌아간 것은, 사람의 간단한 계산으로도 승산이 보이지 않고 임금 르합암*의 유치함과 미숙함과 불손함을 알아 임금에 대한 충성심이 생기지 않았기 때문이었을 것

이다. 르합암*은 하나님의 총애를 받기에 부족한 점이 많았고, 그가 승리하게 하실 뜻이 하나님께 없었기 때문이기도 했을 것이다. 전능자 하나님이 마음만 있었다면 어찌 르합암*에게 승리를 안겨주실 수 없었겠는가?

3. 야롭암*이 이스라엘의 왕이 된 것은 오로지 하나님의 섭리로 말미암은 것이다. 그리고 르합암*과 그의 백성으로 하여금 북진 전투를 하지 않게 조치를 취하심으로써 무사히 그 나라가 발족할 수 있었으니, 이 역시 하나님의 간섭과 섭리에 의한 것이었다고 보아야 할 것이다. 하나님은 남쪽을 사랑하신 만큼 북쪽도 사랑하신다. 양쪽이 다 하나님의 선민이었으므로 똑같이 하나님이 사랑하시는 대상이었다.

야롭암*의 금송아지들 (왕상 12:25-33)

해설

이스라엘의 북쪽 열 지파의 왕이 된 야롭암*은 에브라임 산골에 있는 세겜 성을 요새화하고 그 곳을 수도로 정하였다. 그리고 요단강 건너편에 있는 브누엘*도 요새로 만들었다. 야롭암*은 국왕으로서 자기 백성의 심리(心理)를 생각했다. 즉 자기 백성의 마음이 다윗에게 쏠리지 않게 해야 하겠다고 생각한 것이다. 자기 백성이 축제를 벌이고 명절을 지키려고 예루살렘 성전으로 올라가면 자연히 마음이 옛 상전 다윗과 남쪽 나라 유대 국왕 르합암*에게 쏠리게 되어 반기를 들고 자기를 죽일지도 모른다는 생각까지 하게 되었다.

그래서 야롭암*은 측근들과 의논한 끝에 금송아지 둘을 만들었다. 그리고 백성들에게 "오 이스라엘이여, 당신들이 이미 예루살렘에 많이 올라갔고 이제 그만하면 됐습니다. 애굽 땅에서 당신들을 이끌어내신 당신들의 신들이 여기 있습니다."라고 하면서, 그 송아지 하나는 남단에 있는 벧엘에 두고, 다른 하나는 북단에 있는 단이라는 곳에 안치했다. 백성은 편리한 대로 자기에게서 가까운 곳으로 가서 그 금송아지에게 예배하면 되도록 한 것이다. 신명기 정신에서는 이스라엘 백성이라면 누구나 예루살렘 단일 성전에서 예배하라고 했는데, 그 법을 어기는 죄를 짓게 만든 것이다. 또고 야롭암*은 가나안 본토인들이 하는 대로 높은 곳에 산당32)들을 짓고, 레위 족에서만 나올 수 있는 제사장들을 다른 모든 사람들 가운데서 뽑아서 제사를 드리게 하였다. 그리고 7월 15일에 가지던 축제일(레 23:39; 민 29:12)을 8월 15일로 고치고 바꾸었다. 그리고 야롭암* 자신이 제단에 올라가 분향했다.

교훈

1. 북쪽 이스라엘 열 지파의 왕이 된 야롭암*이 자기 나라의 정체성을 살리기 위하여 시행한 사업들은 인간의 정치적 관점에서 볼 때 타당한 것이었다.

하나의 독립국가로서 수도가 있어야 하기에 세겜을 수도로 정하고 국방을 위하여 요새를 만든 것은 잘한 일이다. 그리고 백성의 종교 생활에서 남의 나라에 가서 예배를 드린다는 것 역시 여러 각도에서 볼 때 온당하지 않은 것이라고 볼 수 있다. 그래서 예배 처소를 국내에 정하고, 국민의 편의를 위하여 남단과 북단에 하나씩 성소를 둔 것도 잘한 일이라고 보아야 할 것이다. 그리고 그 성소에서 제사를 집례할 제사장들을 택하여 세운 일도 마땅한 것이라고 볼 수 있다.

그러나 야롭암*의 잘못은 야훼 하나님에 대한 인식이 모자랐다는 점에 있다. 야훼는 만민의 아버지요 만민의 주인이시기 때문에 유대 지

---

32) 위 45쪽의 각주3을 보라.

파 사람들이 섬기는 하나님과 북쪽 백성이 섬기는 하나님이 똑 같은 분이시라는 사실을 철저히 깨달아 행동하고 일을 처리했어야 했다. 야롭암*도 야훼만을 하나님으로 섬겨야 옳았을 것이다. 그런데 그는 금송아지를 만들어서 그것을 하나님이라고 하며 백성을 오도했고, 그것을 예배하게 했으니, 야훼 하나님만 섬기라는 신명기 정신을 어긴 것이다.

2. 야롭암*은 하나님이 정해 주신 율례를 어기고 레위 족속이 아닌 다른 사람들을 택하여 제사장으로 삼았다. 거룩함을 기본으로 하는 야훼의 정신에 입각하여 볼 때 아무나 제사장으로 삼는다는 것은, 제사 예배를 격하시킨 처사다. 현대 우리 사회에서도 그런 경향을 볼 수 있다. 참으로 하나님이 택하신 거룩한 사람이 목사나 사제가 되어야 하는데, 아무나 성직자가 될 수 있는 것처럼 생각하는 경향이 있다.

3. 야롭암*은 일국의 왕이지만 하나님 앞에서는 종이요 도구여야 하는데, 전권을 장악하고 제사와 정치 모든 것을 제 마음대로 관장하고 지휘하는 전제(專制)자였던 것으로 보인다. 국경으로 나라가 갈라져 있고 민족마다 자기들 나름의 고유한 전통과 풍습도 있겠지만, 야훼를 하나님으로 모시는 인간들은 국경과 전통의 벽을 초월하여 통치하시는 야훼 하나님을 언제나 상전으로 모시는 종이라는 의식을 가지고 그 하나님의 뜻을 구하여 실천하려고 노력해야 할 것이다. 국왕이 하나님의 자리에 올라서서 모든 것을 자기 마음대로 하는 것은 하나님을 반역하는 행동이다.

4. 야롭암*은 나름대로 주체성을 살리기 위해서 노력했다고 보이지만, 결국 백성을 우상숭배의 길로 인도한 자가 되었다. 국왕이 백성을 선도하여 야훼께 복 받을 수 있는 길로 인도해야 하는데 백성을 오도하여 야훼 신앙에서 벗어나게 했으니, 그 죄가 참으로 크다.

유다에서 온 하나님의 사람(왕상 13:1-34)

해설

야롭암*이 야훼 하나님의 재가하지 않은 사이비 제단 가에 서서 분향을 하고 있을 때, 하나님께서 당신의 사람 하나 곧 예언자 한 사람을 유다로부터 벧엘로 보내어 그 제단을 책망하는 말씀을 선포하게 하셨다. "오, 제단아, 제단아! 야훼가 말씀하신다. 다윗 집안에 요시야후*라는 이름을 가진 아들이 태어날 것인데, 그는 너 위에다 향을 바치는 산마루 산당33) 제사장들을 네 위에다 제물로 바칠 것이다. 그리고 사람의 뼈를 네 위에서 태울 것이다." 이 예언은 300년 후에 요시야후* 왕이 사람의 뼈를 제단에서 태운 일로써 이루어졌다(왕하 23:15-17).

그 하나님의 사람은 같은 날 그 예언에 대한 징조를 말했다. 그 제단이 허물어지고, 그 위에 있는 재가 쏟아져 나오리라는 것이다. 야롭암*이 이 말을 듣고는 "저놈을 잡아라!"하고 소리지르며 제단에서 손을 떼어 그 사람을 향하여 뻗었다. 그런데 그 예언자를 향하여 뻗은 야롭암*의 손이 당장에 말라 굳어져서 거두어드릴 수가 없었다. 동시에 그 제단이 허물어지고 그 위에 있던 재가 쏟아져 나왔다. 야롭암*은 그 예언자에게 애걸했다. "당신의 하나님 야훼의 총애를 구해주십시오! 나를 위하여 기도하여 내 손이 원상대로 돌아오게 해 주십시오!" 그래서 그 예언자는 야훼께 간청하였고, 야롭암*의 손을 회복되었다. 그러자 야롭암*은 그 예언자더러 같이 왕궁으로 가서 식사를 하자고 하며 선물을 주겠다고 했다. 그러나 그 하나님의 사람은 "임금께서 나에게 나라의 반을 준다고 해도, 나는 임금님과 함께 들어가지 않을 것이고, 이곳에서 먹거나 마시거나 하지 않겠습니다. 야훼께서 말씀으로 나에게 명령하시기를, 먹지도 말고 마시지도 말고 같은 길로 돌아오지도 말라고

---

33) 위 45쪽의 각주3을 보라.

했기 때문입니다." 그래서 그 예언자는 벧엘로 갈 때 택한 길을 가지 않고 딴 길로 해서 돌아갔다.

그런데 그 때 벧엘에 한 늙은 예언자가 있었다. 그의 제자들[34] 중의 하나가 그 늙은 예언자에게 가서, 유다에서 왔던 그 하나님의 사람이 벧엘에서 한 일과 임금에게 한 말을 보고했다. 그러자 그 늙은 예언자가 그 일을 보고한 제자들에게 "그 사람이 어느 길로 갔느냐?"고 물었다. 예언자의 제자들이 그 사람이 간 길을 알려주었다. 그러자 그 늙은 예언자가 "나귀를 준비 하여라!"고 명령하였다. 나귀를 대령하자 그 예언자는 나귀를 타고 그 하나님의 사람을 쫓아갔다. 그리고 그가 어떤 상수리나무 아래 있는 것을 보았다. 그리고 "당신이 유다에서 왔던 하나님의 사람입니까?"라고 물었다. "예!"라고 그가 대답하자, 그 늙은이가 말을 이어 "나하고 집으로 가서 식사합시다!"라고 권했다. 그러나 그는 야훼가 명하신 것을 되풀이해서 말하면서, 그럴 수 없다고 거절했다. 그 때 그 늙은 예언자가 거짓말을 했다. "나도 당신처럼 예언자인데, 한 천사가 야훼의 말씀으로 나에게 말씀하셨습니다. 당신을 내 집으로 데리고 와서 먹고 물을 마시게 하라고 말입니다." 이 하나님의 사람은 속아서 그 늙은이와 함께 그 집에 들어가 먹고 물을 마셨다.

그들이 식탁에 앉아 있는데 야훼의 말씀이 그 늙은 예언자에게 임했다. 즉 유다에서 온 예언자에게 전할 말씀을 주신 것이다. "야훼께서 말씀하십니다. 당신이 야훼의 말씀에 불복하고 돌아와서 여기서 먹고 물을 마셨으니, 당신은 당신의 조상들의 무덤에 안장될 수 없을 것입니

---

34) 개역성경 열왕기상 13장 11절에는 '그의 아들들'로 옮겼다. 여기서 '아들'로 옮긴 히브리 낱말은 글의 흐름에 따라 어느 동아리에 속했음을 뜻하기도 한다. 그리하여 '예언자의 아들'(왕상 20:35; 왕하 2:3 ; 4:1, 38; 5:22; 6:1; 9:1도 참고)이라는 표현은 예언자 동아리에 속한 사람이나 예언자의 제자('선지 생도')를 가리키는 말로 이해할 수 있다. 아래 174쪽 각주 58과 201쪽 각주 65와 228쪽 각주 74도 보라.

다.” 그 하나님의 사람이 식사를 하고 술을 마신 후, 늙은 예언자의 부하들이, 그 늙은이의 나귀에다 그 하나님의 사람을 태워서 떠나보냈다. 그런데 그 하나님의 사람이 가는 도중에 사자 한 마리가 나타나 그를 죽였고, 그의 시체는 길바닥에 던져졌다. 그런데 나귀는 그 시체 옆에 있고, 사자도 그 시체 옆에 있었다. 사람들이 지나가면서 그 광경을 보았고, 그 늙은 예언자가 사는 마을에 와서 그 사실을 전했다.

그가 그 소식을 듣고 말했다. “야훼의 말씀을 불복한 사람은 바로 그 하나님의 사람입니다. 그래서 야훼께서 사자를 그에게 보낸 것이고, 사자는 야훼가 그에게 말씀하신 대로 그를 찢어 죽인 것입니다.” 그 늙은 예언자는 제자들에게 나귀를 대령하라고 하였고, 그는 나귀를 타고 그 사건 현장으로 갔다. 아니나 다를까 보고 받은 대로였다. 즉 그 하나님의 사람의 길에 뉘어 있고, 나귀와 사자는 그 시체 옆에 있었다. 즉 사자가 그 시체를 먹지 않았고, 나귀를 공격하지도 않았다. 그 늙은 예언자는 그 하나님의 사람의 시체를 들어, 나귀에 싣고, 성읍으로 돌아와 애도하고 매장하였다. 즉 자기의 무덤에 그 시체를 모시고, “오호, 내 형제여!” 하며 애도하였다. 늙은 예언자는 그를 매장한 후에 자기 제자들에게 말했다. “내가 죽으면 이 하나님의 사람이 묻힌 이 무덤에 나를 묻어다오. 내 뼈가 그의 뼈 곁에 있게 해 다오. 벧엘에 있는 제단과 사마리아 여러 도성에 있는 산꼭대기 산당들을 쳐서 그가 선포한 말씀, 곧 야훼의 말씀이 확실히 그대로 이루어질 것이니 말이다.”

이 사건이 있은 후에도 여롭암*은 그가 가는 악한 길에서 돌아서지 않았다. 누구든지 제사장이 되고자 하는 사람을 다 제사장으로 임명하여 산정(山頂) 산당의 제사 임무를 맡겼다. 이것이 바로 여롭암* 집안의 죄였고, 결국 그 집안이 제거되고 파멸할 수밖에 없는 원인이 되었다.

교훈

1. 야훼 하나님은 이스라엘 전체의 하나님이시고, 남쪽과 북쪽을 차별하시는 분이 아니시다. 남쪽 사람에게도 성령을 주시고, 북쪽 사람에게도 그렇게 하셔서 예언하게 하셨다. 문제는 사람들이 그 하나님의 명령을 준행하지 않는 데 있다. 하나님의 명령을 거역하는 자에게는 하나님의 벌이 내리게 마련이다. 하나님의 사람이라 하더라도 야훼의 명령을 거역하면 하나님께 매를 맞아야 하는 것이었다.

2. 야훼 하나님이 싫어하시는 것은 그가 정해 주신 법도대로 예배하지 않는 일이다. 그래서 남쪽의 예언자를 북쪽에 보내어 여러 가지 징조를 보이면서 그런 불법 행위를 경고한 것이다. 그러면 북쪽 사람들이 깨닫고 그 악한 길에서 돌아서야 했는데, 여롭암*은 그리하지 않았다는 것이니, 하나님은 할 일을 다 하신 것이고, 책임은 이스라엘의 임금과 그 백성에게 있는 것이다.

3. 남쪽에서 올라갔던 하나님의 사람은 북쪽 예언자의 거짓말에 속아서 야훼의 명령을 어겼고, 마침내 술에 취하여 돌아가는 길에 사자의 공격을 받아 죽고 말았다. 그 사건은 그 예언자 자신에게는 불행이었지만, 그 후에 오는 모든 사람들에게 경고를 주는 교훈이 되었다. 즉 그 사람은 하나의 희생양이 된 셈이다.

사자가 그를 뜯어 먹지 않고 나귀를 물어 죽이지도 않은 것은, 자연적인 현상이 아니라 그 배후에 하나님의 역사가 있었다는 것을 말해준다. 즉 그 사건은 하나님의 계획 속에서 이루어진 것이다. 하나님은 기묘한 방법으로 이스라엘 백성과 후대의 인간에게 교훈을 주신 것이다.

4. 벧엘의 예언자가 거짓말을 하여 남쪽 예언자를 범죄케 한 것은 이해할 수 없는 일이다. 그러나 하나님은 만사형통의 법칙으로 선한 결과를 가져오게 하신다.

여롭암* 왕조에 내린 심판(왕상 14:1-18)

해설

여롭암*의 아들 아비야가 병이 들었다. 아마도 그는 여롭암*의 맏아들이었던 것 같다. 왕자가 병이 들었으니 백방으로 치료해 보았을 것이 아닌가? 그러나 효과가 없었던 모양이다. 마침내 여롭암*은, 자기가 왕 되는 일에 적극 후원했던 예언자 아히야를 상기하고 그의 영험을 통하여 아들의 병을 고쳐보려고 생각했다. 그래서 자기의 아내더러 위장(僞裝)을 하고 실로에 있는 아히야를 찾아가서 부탁하라고 한 것이다. 많은 예물을 가지고 가서 그 아들의 병 치유를 문의하고 그의 장래를 물어보게 한 것이다.

여롭암*의 아내가 왕의 지시대로 실로에 있는 아히야를 찾아갔는데, 아히야는 이미 연로하여 눈이 어두워 앞을 보지 못하는 형편이었다. 그러나 야훼께서 아히야에게 영으로 말씀해주셨다. 즉 여롭암*의 아내가 아들의 병 문제를 가지고 오고 있으니 이러이러 한 내용으로 대답을 하라고 지시하셨다.

위장한 여롭암*의 아내가 아히야의 집 문에 이르러 그 발자국 소리가 들리자 아히야가 말을 걸었다. "여롭암*의 부인이여, 어서 오십시오. 그런데 어째서 남인 것처럼 가장하셨습니까? 나는 당신에게 무거운 소식들을 전하는 책임을 받았습니다. 가서 여롭암*에게 말씀드리십시오."라고 하면서 야훼가 여롭암*에게 주시는 말씀을 그녀에게 전했다. 즉 하나님께서 여롭암*을 백성 가운데서 골라 높이 세워 이스라엘 백성의 지도자를 삼고 다윗 가문의 땅을 찢어서 그에게 주셨는데, 그가 다윗처럼 하나님의 계명을 지키지 않고 전심으로 하나님을 따르지 않았으며, 하나님 보시기에 옳은 일만 하려 하지 않고 선조들보다도 한 술 더 떠서 온갖 악을 행하여 자신을 위하여 다른 신들을 만들고 우상들을 부어 만들어 하나님을 분노케 하고 하나님을 뒷전에 밀어놓았으니, 하나님이 여롭암* 집안에 화를 내리고 여롭암* 집안의 씨를 말리시겠다는 것이다. 야롭암* 집안의 속하는 사람들이 성안에서 죽으면 개들이 그 시체를 먹을 것이고, 들에서 죽으면 새들이 먹을 것이다. 이런 내용을 야롭암*의 아내에게 말해주며 집으로 돌아가라고 일렀다. 그 황후가 티르차*에 있는 왕궁 문에 발을 들여놓는 순간에 그녀의 아들이 죽어 백성이 그를 애도하고 매장할 터이며, 그 뒤로는 야롭암* 집안사람으로서 무덤에 안장될 사람이 없을 것이다. 그 왕자는 그런대로 하나님을 기쁘시게 한 것이 약간 있었기 때문에 그런 대우를 받는다는 것이다. 야훼께서 다른 가문에서 왕을 세울 것이고 그가 야롭암* 가문을 당장 뿌리 뽑을 것이다. 그뿐만 아니라 아히야는 먼 앞날에 야훼께서 이스라엘을 심판하실 계획까지도 알려주었다. 즉 이스라엘의 운명은 물가에서 흔들리는 갈대와 같으리라는 것이다. 야훼께서는 장차 그들을 조상들에게 주셨던 좋은 땅에서 뿌리를 뽑아 유프라테스 강35) 너머로 흩으시겠다는 것이다. 이는 야롭암*이 범죄했고, 백성들을 범죄하게 하여 아세라 목상을 세우는 등 이방신을 섬김으로써 야훼를 노엽게 하였기 때문이었다. 이런 말을 들은 야롭암*의 아내가 실로를 떠나 티르차*의 왕궁 문에 들어서자, 그 순간에 왕자가 죽어 국장을 치렀다. 야훼께서 그의 종 예언자 아히야를 통해서 말씀하신 그대로 된 것이다.

교훈

1. 창조주 야훼 하나님이 가장 싫어하시는 것은 자기를 버리고 우상을 섬기는 일이다. 야롭암*이 하나님의 무조건적인 은총을 입은 자로서 이스라엘의 왕위에 올랐으면 그 하나님만을 섬겨야 하지 않았겠는가?

---

35) 열왕기상 14장 15절 개역한글판에서는 '하수'로 옮겼고, 개역개정판에서는 '강'으로 옮긴 뒤에 '유브라데 강'이라는 난외주를 붙여 놓았다.

그 하나님께 묻고 하나님의 지시를 따랐어야 했는데, 하나님을 제쳐놓고 자기의 생각대로 처리하였다. 예루살렘으로 가려는 백성의 마음을 돌릴 어떤 묘안이 있는지 하나님께 문의했어야 했는데, 제멋대로 벧엘과 단에 성전을 짓고 우상을 만들어 놓고 본토인들의 이방 신들을 섬기게 함으로써 하나님을 노엽게 하였다. 그런 나약하고 어리석은 왕이 대를 이어간다면 그 민족의 장래는 불행할 것이 뻔하기에, 하나님은 야롭암*의 가문을 시초에 제거하기로 작정하셨다. 북쪽 이스라엘의 하나님이시기도 하신 야훼는 그들의 역사에 적극 간섭하셔서 그 나라의 가는 길을 인도하셨다. 그러나 어리석은 인간이 그 지도를 마다한다면 어떻게 될 것인가? 나라의 운명은 국민과 임금의 선택에 달려 있다.

2. 사람은 사물의 겉만 보지만 하나님은 사람의 마음까지 아시고 필요한 조치를 취하신다. 야롭암*의 마음을 아시고 예언자 아히야의 마음을 감동하시고 역사의 물길을 선한 데로 열어 가신다. 사람은 사물의 겉만 보고 자기 마음대로 행동하기 쉽지만, 사사건건 신령하신 하나님의 뜻을 묻고 그의 지시를 받아 행동하는 것이 가장 현명하다.

3. 사람의 목숨은 하나님이 주시고 또 거두어 가신다. 생사화복이 하나님께 달렸건만 사람들은 하나님을 무시하고 자기들의 계획대로 하려고 한다. 우리는 하나님의 계획을 눈으로 볼 수 없기에, 무조건 하나님을 섬기고 그의 법도를 지켜 하나님을 기쁘시게 해야 한다. 하나님은 그런 사람들의 길을 선한 길로 인도하실 것이 아닌가?

4. 하나님 보시기에 아비야는 약간 선한 점을 가지고 있었던 모양이다. 성경에 그것을 밝힐 정도로 중요한 것은 아니었던 모양이지만, 하나님은 그 선의 대가를 주셨다. 하나님의 공의는 그렇게 세밀하시다는 것을 알 수 있다. 작은 선도 하나님은 간과하시지 않는다.

5. 하나님을 배반한 이스라엘에 대한 심판으로 하나님은 그 나라를 이 땅에서 멸절시키셨다. 이스라엘 나라는 주전 722년에 앗시리아* 군에게 점령되고, 그 백성은 사방으로 분산되어 그 자취를 잃고 말았다.

야롭암*의 죽음(왕상 14:19-20)

해설

야롭암* 왕은 이스라엘의 제 1대 왕으로 등극하여 20년 동안 통치하였고 남쪽 유다 나라와 전쟁도 하였다. 그 상세한 것이 이스라엘 제왕실록36)에 기록되어 있다. 열왕기 저자들은 그 실록을 자료로 하여 역사를 엮었을 것이다. 역대하 13장 20절에서는 야훼께서 야롭암*을 치셨다고 한다. 그래서 그는 갑자기 죽었다. 그리고 조상들과 함께 묻혔다. 그리고 그의 아들 나답이 왕위를 승계했다.

교훈

야롭암*은 다윗이나 솔로몬처럼 오래 동안(40년) 통치하지 못하고 하나님께 징계 받아 죽어버렸다. 야훼 하나님을 배반하고 그의 법도를 어긴 왕으로서 그만큼이라도 왕위를 보존한 것이 다행이다. 그가 선정을 베풀었다면, 그 치적을 밝히고 후대의 칭송을 받도록 했을 것이다. 그렇지 못하였으므로, 그의 이름만이 거론되고, 신명기 역사가의 잣대로 볼 때 하나의 악한 왕의 반열에 오른 것이다. 하나님의 마음에 들고 사람들의 칭송을 받는 지도자가 된다는 것은 그리 쉬운 일이 아니다.

---

36) 개역성경 열왕기상 14장 19절에서는 '이스라엘 왕 역대지략'으로 옮겼다.

르합암*(주전 930-915년)이 유다를 다스리다(왕상 14:21-31)

해설

이스라엘이 남북으로 분열한 후 남쪽에서는 유다 왕국의 역사가 시작되었다. 솔로몬의 여러 아내 중 암몬 태생인 나아마를 통하여 얻은 아들 르합암*이 남왕국의 왕이 되었다. 그 때 르합암*의 나이가 41세였다. 그는 야훼가 뽑아주신 수도 예루살렘에서 17년간 유다국을 통치했다. 르합암*이 인도하는 유다국은 야훼 보시기에 역겨운 우상숭배의 악을 행하여 하나님의 질투를 샀다. 즉 그들은 하나님을 섬기는 대신 자신들을 위하여 산꼭대기에 산당을 짓고 언덕마다 나무 그늘마다 우상기둥들37)을 세우고 평지에는 남창(男娼)들을 두어 이미 쫓아낸 원주민들이 섬기던 가증한 행위들을 따르는 것이었다.

르합암* 왕 통치 5년에 애굽 왕 시삭이 예루살렘을 침공하여 예루살렘 성전과 왕궁에 있는 모든 보화들을 약탈해갔다. 솔로몬이 만들어 놓았던 그 많은 황금 방패들을 다 가져가버렸다. 르합암*은 금 방패 대신 청동 방패를 만들어 왕궁 경호원들에게 맡겨 보관하게 했다. 임금이 성전에 올라갈 때 그 방패를 사용하고는 다시 왕궁 창고에 보관하였다.

결국 르합암*왕의 역사에서 부각되는 것은 이방신을 섬김으로 하나님을 진노케 한 일과 애굽 왕의 침략을 받아 그 귀한 금 방패들을 몽땅 빼앗긴 일이다. 또 한 가지 있다면, 동족인 북쪽 이스라엘과 전쟁을 계속했다는 일이다. 기타의 역사는 유다 왕가실록38)에 기재되어 있다. 르합암*은 죽어서 다윗 성에 있는 조상들의 묘지에 안장되었다. 그의 아들 아비얌이 르합암*의 왕위를 물려받았다.

---

37) 열왕기상 14장 23절 개역한글판에서는 '우상과 아세라 목상'으로, 개역개정판에서는 '우상과 아세라 상'으로 옮겼다.

38) 개역성경 열왕기상 14장 29절에서는 '유다 왕 역대지략'으로 옮겼다.

교훈

1. 솔로몬의 수많은 정책 결혼으로 말미암아 이스라엘 나라의 종교
는 혼합종교에 빠질 수밖에 없었다. 암몬 여자에게서 난 르합암*이 득
세하여 유다 왕이 되자 결국 그의 어머니 암몬 여자의 영향을 받아 암
몬 종교와 기타 이방 종교가 기승을 부렸고, 왕은 백성들을 그리로 몰
고 갔다. 따라서 하나님의 진노를 사는 결과가 되었다. 결혼이 가정과
사회에 얼마나 큰 영향을 끼치는가를 여기서 알 수 있다. 특히 어머니와
아내가 주는 영향은 그 어느 것보다도 크다.

2. 르합암*이 일국의 왕이 되어서, 그것도 41세나 되는 성인으로서,
긴 역사와 전통을 가진 유대인으로서 야훼 종교를 버리고 이방 종교에
끌려갔다는 것은 선뜻 이해가 되지 않는다. 결국 그는 마마보이(mama
boy), 아니면 미숙한 사람이었던 것으로 보인다. 주견을 가지고 주체
성을 지니는 것이 지도자 된 사람의 책임이다. 지도자에게는 결국 하나
님에 대한 신념과 그의 법도를 따르려는 결심과 실천이 요구된다.

3. 북쪽의 야롭암*과 남쪽의 르합암*은 둘 다 실패한 왕이었다. 그
둘이 다 야훼를 떠나 우상을 섬겼고 동족상잔의 어리석은 전쟁으로 정
력과 재력을 소모하였다. 하나님이 편들어 주실 만큼 성실한 왕이 되지
못했다. 애굽 왕이 공격했더라도 르합암*이 하나님의 마음에 들었더라
면 하나님이 그의 능력으로 애굽 왕과 그의 군대를 물리쳐주셨을 것이
다. 하나님이 편들어 주시지 않을 만큼 악한 왕이 된 것이 문제였다.

아비얌(주전 915-913년)이 유다를 다스리다(왕상 15:1-8)

해설

북쪽 나라 이스라엘의 야롭암* 왕 치세 제 18년에 아비얌이 남쪽 유다 왕국의 왕이 되었다. 그는 예루살렘에서 3년간 통치하였는데, 그의 선왕 르합암*이 걸어간 길을 그대로 걸었다. 즉 부왕이 범한 우상숭배의 죄를 답습하였고, 그의 마음은 야훼 하나님 앞에 진실하지 못했다. 그의 할아버지 다윗과는 판이하였다. 그러나 하나님은 다윗의 충성을 보아서 아비얌을 어여삐 보시고, 그의 아들을 후계자로 삼는 것과 예루살렘 건설을 허락하셨다. 그의 짧은 치세에 북쪽 나라 이스라엘과 정쟁도 벌였다. 국경선 쟁탈전이었다. 아비얌은 죽어서 다윗 성에 안장되었으며, 그의 아들 아사가 대를 이었다.

교훈

1. 남쪽 유다 왕국의 제 2대 왕 아비얌은 그의 부왕 르합암*의 전철을 그대로 밟았다. 야훼 하나님을 배반하고 이방신을 섬기고 동족과 전쟁하는 것을 일삼았다. 아버지의 영향이 자식에게 그대로 미친 것이다. 아버지가 잘했더라면 그의 아들도 잘 할 수 있지 않았을까?

2. 관대하신 하나님께서 다윗의 범죄를 용서하시고 그의 공덕을 높이 보셔서 그의 손자에게까지 은덕을 베푸셨다. 아비얌의 행동이 도대체 마음에 안 드는 것이었지만, 하나님은 다윗을 보아서 아비얌에게까지 관용을 베푸신 것이다. 하나님이 이처럼 관대하심을 깨닫고 감사하여 마음을 돌이켰더라면 좋았을 텐데, 사람에게 그런 지혜가 없어서 그 은덕을 간과하고 악한 길을 선호했다.

아사 왕(주전 913-873년)이 유다를 다스리다(왕상 15:9-15)

해설

유다 왕국의 제 3대 왕 아사는 북쪽 이스라엘 야롭암* 왕 치세 제 20년에 등극하였다. 아사는 예루살렘에서 41년간 통치하였고, 그의 선왕과는 달리 야훼 보시기에 옳게 통치했다. 즉 유다 땅에서 성전 남창제도를 폐지하고 선왕들이 만들었던 우상들을 제거했으며 황태후의 자리를 견지하고 아세라 목상을 섬기는 자기의 할머니 마아카*를 폐위하고, 그 우상을 기드론 건천39)에서 소각해버렸다. 그러나 아사 왕은 산마루 산당들은 제거하지 않았다. 아마도 그것을 우상이라고 보지는 않았던 모양이다. 어쨌든 아사의 마음은 언제나 야훼 하나님께 있었다. 그는 선왕과 자신의 자원(自願) 예물, 은과 금과 기물들을 야훼의 전에 바쳤다. 아사는 이렇게 유다 왕국의 종교개혁을 단행한 왕이었다. 그의 개혁운동에 대해서는 역대하 13장 16-19절과 14장 12절과 15장 9-17절에서 더 자세히 알 수 있다. 아사 왕이 41년이나 왕위에 있는 동안, 북쪽 나라 이스라엘에는 왕조가 바뀌고 잡다한 정변이 일어나 여러 왕이 왕위에 오르고 또 사라졌다.

교훈

1. 아사 왕은 선왕들의 잘못을 깨닫고 개혁을 단행한 성군이었다. 잘못을 깨닫게 하시는 것은 하나님의 영이시다. 성령이 마음을 두드릴 때, 그를 마음에 받아들이고 복종하는 것은 사람의 결단에 의한 것이

---

39) 개역성경 열왕기상 15장 13절에서는 '시냇가'로 옮겼다. 위 74쪽의 각주 19와 아래 124쪽의 각주 40과 183쪽의 각주 61과 303쪽의 각주 98도 참고하라.

다. 아사는 하나님의 음성에 귀를 기울이고 개혁을 단행했다. 그러나 완전하게 개혁하지 않았다는 것이 흠이다. 즉 높은 곳 마다 산당을 지었던 그 당시의 너무도 깊이 뿌리박은 재래종교, 전통종교를 말살하는데는 그의 힘이 미치지 못했다. 그가 거기까지 성공했더라면 얼마나 좋았을까! 편만한 구습을 뿌리 뽑는다는 것은 쉬운 일이 아니다.

2. 아사 왕은 자기 나라에 있는 이방종교의 근원에 자기의 조모이신 황태후 마아카*가 존재한다는 것을 알았을 때 인간의 예의보다는 하나님께 대한 충성이 우선이라는 사실을 깨닫고 황태후의 자리에서 마아카*를 물리치는 과감한 개혁을 단행했다. 인간의 전통이나 혈연관계나 예의들을 하나님보다 앞세워서는 안 됨을 깨달은 아사는 현명하고도 용감한 사람이었고 하나님께 복 받을만한 사람이었다. 할머니를 황태후의 자리에서 물리치는 손자의 마음이 매우 아팠겠지만, 하나님을 두려워하는 마음이 그보다 컸기에 그런 용단을 내린 것이리라.

유다와 아람이 연합하여 이스라엘과 싸우다 (왕상 15:16-24)

해설

아사 왕이 다스리는 유다 국과 바아사 왕이 다스리는 이스라엘 사이에는 줄곧 전쟁이 있었다. 바아사는 이스라엘 나라의 제 3대 왕이었다. 제 2대 왕 나답은 하나님의 예언대로 요절하고, 이미 새로운 왕조가 들어섰던 것이다. 이스라엘 열 지파를 다스리는 바아사는 유다를 얕잡고, 또는 이스라엘 백성이 예루살렘으로 예배하러 가는 것을 막으려고 국경을 침범하여 남쪽에 라마 성을 쌓고 유다와 대치하고 있었다.

북쪽의 위협을 받고 있는 아사 왕은 이스라엘과 동맹관계에 있는 아람 국을 자기편으로 끌어들이려고, 애굽 왕 시삭이 약탈해 가고 남은 성전 창고와 왕궁 창고에 남아 있는 은과 금을 몽땅 그의 신하들을 시켜서 다메섹에 기거하는 아람 왕 벤하닷에게 보내어 동맹을 청했다. 그리고 라마까지 전선을 펴고 위협하는 바아사의 군대를 물러가게 해 달라고 청했다. 그러자 벤하닷은 아사의 요청을 승낙하고 그의 군대 사령관들을 보내 이스라엘의 여러 성을 공격하게 했다. 그 때에 이욘, 단, 아벨벳마아카*, 키느롯*(갈릴리 호수) 전체, 납탈리* 땅 전체를 점령했다. 바아사가 그 소식을 듣자 라마 성 건설을 중지하고 티르차*에서 살았다.

아사왕은 백성에게 총동원령을 내려 라마 성을 짓던 돌과 재목을 몽땅 옮겨다가 벤야민* 땅에 게바와 미츠파* 성읍을 건설했다. 아사는 늙어서 발에 병이 생겼었고, 죽어서 다윗 성에 매장되었다. 그리고 그의 아들 여호샤팟*이 왕위를 계승했다.

교훈

1. 이스라엘이 남북으로 갈라진 후에 북왕국 왕 야롭암*이 북쪽 이스라엘 사람들을 위하여 벧엘과 단에 성전을 지었지만, 백성들은 여전히 예루살렘을 동경하여 국경을 넘어서 예루살렘 성전으로 내려왔다. 그것을 막으려고 바아사는 라마에다 성을 쌓고 있었다. 솔로몬 성전이 너무도 아름답고 웅장하였으므로, 그보다 훨씬 못한 다른 성전들이 북왕국 백성의 마음에 들지 않았고, 그들은 예루살렘에 대한 향수를 느꼈을 것이다. 야훼 하나님은 형체가 없는 하나님이신데, 금송아지를 만들어 놓고 그것을 하나님이라고 섬기도록 강요하는 임금들의 정치적 욕망에 반감을 가진 사람들도 있었을 것이다. 이는 한 하나님을 믿는 단일 민족, 갈라져서는 안 될 백성이 갈라진 백성의 비극이다. 솔로몬이

범죄 했을 때, 하나님은 그를 심판하시려고 그 나라의 큰 부분을 빼앗아 두 나라를 이루게 하셨지만, 한 민족이 영원히 갈라지기를 바라신 것은 아니었다. 한 하나님 야훼를 섬겨야 하는 민족이 하나님의 뜻에 의하여 갈라졌지만 야훼를 둘로 나눌 수는 없지 않은가? 북쪽 사람들이 그 야훼 하나님을 우상으로 바꾸어 백성더러 그것을 섬기라고 한 것과 야훼를 사모하는 백성의 마음과 행동을 인위적으로 막은 것이 잘못이었다. 두 나라가 하나 되는 운동, 화합하는 운동을 벌렸어야만 했다.

2. 바아사가 월등한 군사력을 믿고 형제의 나라를 침략하고 그 땅에 성채를 쌓아 통행을 막은 것이 잘못이고, 아사 왕은 형제의 나라를 공격하려고 이방 나라 아람 국과 동맹을 맺어 그 힘으로 이스라엘의 여러 성을 원수에게 빼앗기게 한 것이 잘못이다. 자기의 일시적 이익을 위해서 갖은 수단을 써서 형제의 나라를 괴롭힌 것이 어찌 잘한 일이겠는가? 결국은 하나님 보시기에 합당하지 않은 일들을 행하여, 하나님의 진노를 불러온 것이다. 결국 그 두 나라는 다 망하였다.

나답이 이스라엘을 다스리다 (왕상 15:25-32)

해설

유다 왕 아사가 등극한 후 제 2년에 이스라엘에서는 야롭암*의 아들 나답(주전 901-900년)이 왕위를 계승했다. 그는 선왕이 걸어간 악한 길을 갔으며 이스라엘 백성으로 하여금 악을 행하게 함으로써 야훼를 노엽게 하였다. 그 때 잇사갈 지파에 속하는 아히야의 아들 바아사가 나답에게 반기를 들었다. 그러자 나답과 그의 군대가 불레셋* 땅 깁브톤*에 몰려가 있는 바아사의 무리를 포위하고 전투를 벌였다. 그 전투에서 바아사는 나답을 살해했다. 그것은 유다 왕 아사가 즉위한 지 삼 년째 되는 해였고, 바아사가 나답에 이어 이스라엘의 제 3 대 왕이 된 것이다.

바아사가 왕이 되자마자 야롭암* 집안 식구를 몰살하여 예언자 아히야를 통하여 야훼가 말씀하신 것이 그대로 이루어졌다(왕상 14:10-11). 이는 야롭암*이 범한 죄와 자기 백성으로 하여금 범죄하게 한 죄 때문이며, 야훼를 노엽게 했기 때문이었다. 유다 왕 아사와 이스라엘 왕 바아사 사이에는 전쟁이 계속되었다.

교훈

1. 야롭암*의 악행은 하나님을 노엽게 하였고, 그 악행은 그의 아들 나답에게 악행의 본보기가 되어, 결국 나답 역시 하나님의 진노의 대상이 되었다. 하나님은 예언자를 통하여 예언하신 대로 야롭암* 왕조의 대를 끊으셨다. 하나님의 심판은 엄위하고 무섭다. 많은 사람을 다스리고 지도하는 자가 범죄하면, 보통 사람보다 더 큰 심판을 받는다.

2. 하나님은 신기한 섭리로써 당신의 약속을 이루신다. 잇사갈 사람 바아사가 반역해 나답을 죽이리라는 것을 누가 예측하였겠는가? 한 지방의 범부인 바아사가 일국의 왕이며 모든 권세를 한 손에 주고 있는 나답을 대항하여 이기고 그를 죽인 것은, 하나님의 섭리와 간섭이 있었기에 이루어진 일이 아니겠는가? 결국 역사는 하나님이 정하신 길로 나아간다. 그러나 하나님은 아무렇게나 심판하지 않고 공의로 심판하신다. 하나님을 배반하고 그의 법도를 어긴 자를 심판하신다.

이스라엘의 둘째 왕조: 바아사가 이스라엘을 다스리다(왕상 15:33-16:7)

해설

유다 왕 아사의 통치 제 3년에 바아사가 이스라엘의 둘째 왕조를 세우고 티르차*를 수도로 정하여 통치하기 시작했다. 그는 24년 간 이스라엘을 통치하는 동안 야롭암*의 악행을 답습하고 백성들로 하여금 범죄의 길을 가게 하였다. 즉 야훼 보시기에 역겨운 통치를 한 것이다.

야훼의 말씀이 하나니의 아들 예후에게 임했다. 그 말씀은 바아사를 치는 말씀이었다. 야훼께서 바아사를 진토 가운데서 일으켜 높이 세워 하나님의 백성 이스라엘의 지도자로 삼으셨는데, 그가 야롭암*의 전철을 밟고 백성을 죄악의 길로 인도하여 결국 야훼를 노엽게 하였으므로 바아사와 그의 가문을 야롭암*의 집안처럼 말살하고 그 집안사람 중 성 안에서 죽은 시체는 개밥이 되고, 들에서 죽은 사람은 새 밥이 될 것이라고 말씀하셨다.

바아사는 죽어서 티르차* 성내에 매장되었고, 아들 엘라가 왕위를 계승하였다. 바아사와 그의 가문을 치는 야훼의 말씀이 예언자 예후를 통해 선포되었다. 그가 야롭암*의 전철을 밟고, 야롭암* 집안을 파괴하는 등, 그가 저질은 악행 때문에 하나님을 노엽게 하였기 때문이다.

교훈

1. 바아사가 나답을 죽임으로 야롭암* 왕조가 끝났다. 그리고 이스라엘의 둘째 왕조가 출범하였다. 그러나 그 역시 선왕들의 전철을 밟음으로써 하나님을 노엽게 하여 야롭암* 왕조와 같은 운명이 될 것을 예고 받았다. 하나님의 심판을 받아 망하는 전례를 보면서도 그 전철을

그대로 밟는 바아사는 참으로 어리석은 인간이다. 그 모습 속에 우리들이 들어 있으니 더욱 한심하다.

2. 하나님은 예언자를 바아사에게 보내어 미리 경고하셨다. 그런데도 바아사는 예언자의 말을 무시하고 자기 뜻대로 했다. 이는 결국 하나님의 말씀을 거역한 일이 된다. 우리에게는 성경말씀이라는 기록된 말씀과, 강단에서 선포되는 오늘의 말씀이 있는데도, 사람들은 그 말씀을 무시하고 자기 마음대로 걷고 있다. 하나님이 용의주도하게 인간의 길을 가르치셨고, 계속해서 인간에게 말씀을 들려주시고 계시기 때문에, 우리는 하나님 앞에서 평계할 길이 없다.

3. 바아사의 또 다른 죄는 하나님이 세우신 왕을 반역하고 선왕의 가문을 몰살한 일이다. 벌하시는 것은 하나님이 하실 일이고, 범죄 한 사람이 벌을 받는 것이 공정하다. 그런데 무고한 사람들, 곧 왕가의 모든 가족까지 몰살시킨다는 것은 죄가 아닐 수 없다. 결국 악의 악순환이 계속될 것이고, 평안한 날을 볼 수 없게 만든 것이다.

엘라가 이스라엘을 다스리다(왕상 16:8-14)

해설

유다 국의 3대 왕 아사가 집권한 지 26년 째 되는 해에 북쪽 나라 이스라엘에는 바아사 왕의 아들 엘라가 제 4대 왕으로 등극하여 티르차*에서 통치를 시작했다. 그러나 그가 등극한 지 2년 째 되는 해에 왕의 병거 부대 절반을 책임지고 있던 장교 지므리* 곧 임금의 부하가 역모를 꾸몄다. 임금 엘라가 티르차*에 있는 왕궁 총 책임자인 아르차*의 초대를 받아 그 집에서 술을 마시고 있었는데, 그가 술에 취하였을 때에 지므리*가 들이닥쳐 임금을 쳐죽였다. 그리고는 왕위를 찬탈하였다. 그것이 바로 유다의 아사 왕 통치 제 27년의 일이다.

지므리*는 왕좌에 오르자마자 바아사 가문은 물론 그의 친구들의 집안에 이르기까지 남자를 다 죽여 버렸다. 그것은 야훼께서 예언자 예후를 통하여 예고하신 대로였다. 즉 바아사와 그의 아들 엘라가 죄를 지었고, 이스라엘 백성으로 하여금 우상을 숭배하게 한 죄 때문에, 하나님께서 진노하시고 예언자 예후를 통하여 그들의 멸망을 예고하셨던 것이다. 결국 이스라엘의 둘째 왕조 곧 바아사 왕조도 둘째 대에 끝나고 말았다.

교훈

1. 인간은 어리석어 권력을 쥐면 그것이 자기 것인 줄 알고, 또 자기 힘으로 얻은 줄 알고 자기 뜻대로 행동한다. 하나님의 선민 이스라엘의 왕들도 그러했다. 엄연히 살아계셔서 인도하시고 간섭하시는 야훼 하나님을 몰라보고 그의 뜻을 어기는 왕들이 어찌 하나님의 축복을 바랄 수 있으랴! 이스라엘의 둘째 왕조가 겨우 2대에 가서 망한 것은 당연한 일이다. 이는 하나님이 살아계신 증거이며, 하나님이 역사의 주인이심을 보여주는 좋은 증거다. 야훼 하나님의 엄위하심, 그의 법도의 위엄을 확실히 알게 하시는 사건이다. 하나님을 몰라보고 우상을 섬기는 임금이 어떻게 하나님의 백성을 다스릴 수 있겠는가?

2. 죄가 많은 바아사 왕조를 하나님이 징계하신 것은 당연하지만, 권좌에 오른 지므리*가 바아사 가문을 멸절시킬 때 하나님의 명령을 받아서 한 것은 아닐 것이다. 단지 인간적 욕심과 자기 안전을 위한 수단으로 알고 감행했을 것이다. 자기 상전과 그 상전의 집안을 무참히 말살하는 잔인성은 그 나름대로 악한 짓이다. 그 악은 역시 하나님에

의하여 심판을 받을 것이다. 결국 하나님은 악인인 지므리*의 행위를, 바아사 가문의 악을 응징하는 도구로 삼으신 것이다.

이스라엘의 제3왕조: 지므리*(주전 876년)가 이스라엘을 다스리다(왕상 16:15-20)

해설

이스라엘의 제5대 왕 지므리*가 왕권을 찬탈한 것은 유다 왕 아사의 통치 27년에 된 일이다. 그러나 지므리*는 등극한지 7일이 되던 날 오므리의 군대의 습격을 당하자 자기 왕궁에 스스로 불을 지르고 불 속에서 죽고 말았다. 오므리 장군이 이스라엘 군대를 이끌고 불레셋* 땅 깁브톤*을 향하여 대진(對陣)하고 있던 때였다. 지므리*가 반역하여 임금을 죽였다는 소식이 전쟁터에 있는 오므리와 그의 군대에게 들려오자, 이스라엘 군대는 자기들의 사령관인 오므리를 이스라엘의 왕으로 추대하였다. 그러자 오므리는 깁브톤* 전선에서 물러나 온 군대를 거느리고 지므리*가 있는 티르차*로 올라와서 그 성을 포위하고 점령했다. 그 소식을 들은 지므리*는 자기가 기거하던 왕궁 성채로 물러가 왕궁에 불을 지르고 그 속에서 타 죽었다. 그것은 지므리*가 야롭암* 왕이 간 전철을 밟으며 야훼 보시기에 악한 행동을 한 죄와 이스라엘 백성으로 하여금 범죄 하게 한 죄 때문에 하나님께 받은 벌이었다.

교훈

지므리*와 오므리는 엘라 왕의 전차(戰車) 부대를 절반씩 맡아 지휘하는 장군들이었고, 그만큼 임금에게 신임을 받는 사람들이었다. 오

므리는 왕명을 받들어 군대를 거느리고 전선에 나가 불레셋* 군대와
전쟁을 하고 있는 때였다. 그 틈을 타서 지므리*가 흑심을 품고, 술 취
한 상태에 있는 임금을 시해하고, 자기가 왕위에 오른 것이다. 자기가
자기 힘으로 욕심을 내어 왕권을 찬탈하였다. 자격이 있어서 남들이 왕
으로 받들어 세워서 왕이 된 것이 아니고 음모를 꾸며서 임금을 죽이고
스스로 자신을 왕으로 삼았으니, 그 어찌 잘한 일이라고 할 수 있겠는
가? 그가 왕이 된지 7일 만에 동료에게 습격을 당하고, 결국은 자진할
수밖에 없었으니, 참으로 어리석은 자였다는 것을 알 수 있다. 그런 사
람이 하나님의 심판을 받는 것은 너무도 당연하고, 만인의 빈축을 사서
마땅하다. 아마도 그런 것이 보통 인간들이 흔히 저지르는 죄이고, 그
런 사람들의 말로가 비참할 수밖에 없는 것은 역시 하나님의 공의가 살
아 있기 때문이다.

이스라엘의 제4왕조: 오므리(주전 876-869년)가 이스라엘을 다스리다(왕상 16:21-23)

해설

오므리가 이스라엘의 왕이 되었지만, 이스라엘 백성 전체가 단번에
그를 따른 것은 아니었다. 백성의 절반은 기나트*의 아들 티브니*를
추종하며 그를 왕으로 세우고 오므리에게 대항했다. 6년 동안이나 그
런 대립 상태가 지속되다가 마침내 오므리의 세력이 그 반대 세력을 정
복하고 하나의 왕국을 이루었다. 티브니*가 죽고 오므리가 이스라엘
전체의 왕이 된 것이다. 그것은 유다 왕 아사의 통치 제31년에 된 사건
이고, 오므리는 티르차*에서 6년 간 통치했다. 오므리 왕은 이스라엘
의 원수들과 싸워서 여러 번 승리를 거두고 베니게와 무역하여 국가의

번영을 이룬 가장 강력하고 위대한 왕으로 인근 국가에까지 명성을 떨쳤다. 그의 왕조는 이스라엘 역사에 있어서 가장 긴 왕조였다. 오므리가 12년이나 나라를 통치하며 큰 치적을 남겼지만, 신명기 역사가들의 표준으로 볼 때에는 악한 왕으로 판정되어 그의 업적을 찬양하는 내용은 나타내지 않았다.

교훈

인간의 가치 판단은 하나님의 그것과 다를 수 있다. 오므리 왕 자신과 또는 다른 각도에서 보는 사람들에게는 오므리가 명군(名君)이고 찬양받을 만한 왕일 수 있다. 그 나름대로는 훌륭한 일을 많이 했기 때문이다. 그러나 하나님을 믿는 예언자의 입장에서 그를 평가할 때, 그는 하나님을 배반하여 하나님의 법도를 어기면서 살았고 백성을 잘못 인도했으므로, 악한 왕이었다. 사람에게 좋게 보이고 자기 자신에게 좋게 보이는 것이 반드시 좋은 것은 아니다. "내 뜻대로 마시고 아버지의 뜻대로 하옵소서!"라고 기도하신 예수 그리스도의 말씀이 명언이다. 우리는 만사를 하나님의 뜻에 맞도록 행하려고 노력해야 한다. "하나님의 선하시고 기뻐하시고 온전하신 뜻을 분별하여" 하나님께 영광 되도록 해야 하는 것이 그리스도인들의 책임이다.

오므리 왕이 사마리아를 수도로 정하다 (왕상 16:24-28)

해설

오므리는 세메르*라는 사람의 산을 은 한 탈란트*를 주고 사들였다. 그리고 산의 원 주인의 이름 세메르*를 따라서 그 곳 이름을 숌론*(사마리아)이라고 불렀다. 오므리는 그 산을 요새화하고 거기를 수도로 삼았다. 그러나 오므리는 선왕들보다 더 악한 일을 했다. 즉 그는 야롭암*이 간 길을 갔고 백성으로 하여금 우상을 섬기며 범죄하게 함으로써 야훼 하나님을 진노케 하였다. 그는 권세 있게 많은 일을 했지만, 결국 하나님의 눈 밖에 난 왕이었다. 그가 12년 간 통치한 후 죽어서 사마리아에 매장되었고, 그의 아들 아흐압*이 왕위를 계승했다.

교훈

오므리는 인간적으로 볼 때 진취적이고 활동적이어서 일을 해 내는 사람이었다. 반대파 진영의 대항을 진압하고 통일을 이룬 것이나 번번이 적군들을 물리치고 승리한 일이나 사마리아 산을 요새화하고 수도를 그리로 옮긴 것 등은 그의 큰 업적이다. 그러나 그의 물질적 정치적 성취가 그의 마음눈을 어둡게 하여 야훼 하나님과 야훼의 법도를 멀리한 것은 그에게 있어서 치명적인 손실이었다. 그가 하나님을 의지하고 하나님의 법도 안에서 그런 일들을 이루었더라면 금상첨화였으리라.

아흐압*(주전 869-850년)이 이스라엘을 다스리다(왕상 16: 29-30)

해설

유다 왕 아사의 치세 38년에 오므리의 아들 아흐압*이 이스라엘의 왕이 되었다. 이스라엘의 제 7대 왕으로 등극한 아흐압*은 사마리아에서 22년 동안 이스라엘을 다스렸다. 그런데 하나님이 보시기에는 아흐압이* 그의 모든 선왕들보다도 더 악한 일을 하였다.

교훈

야롭암* 이래 이스라엘의 왕들은 하나 같이 선왕보다도 더 악한 일을 한 것으로 나타났다. 선왕의 악을 보고 뉘우치고 그 전철을 밟지 않으려고 노력해야 할 텐데 오히려 반대로 점점 더 악한 데로 후퇴하였으니, 어찌 그 나라에 희망이 있었겠는가? 악한 지도자들을 만난 이스라엘 백성이 불행하였다. 북쪽의 이스라엘 백성도 하나님의 선민이기에 하나님은 그들에게 복 주시려고 했다. 그리고 예언자를 보내어 경고까지 하게 하셨는데도, 왕도 백성도 여전히 아랑곳하지 않고 죄악의 길을 가고 있으니, 어찌 하나님께서 그들을 징계하시지 않겠는가?

아흐압*이 이세벨과 결혼하고 바알을 섬기다 (왕상 16:31-34)

해설

아흐압*은 시돈(베니게) 왕 에트바알*의 딸 이제벨*과 결혼했다. 그것은 오므리가 살아있는 동안에 한 일이고, 이스라엘은 그런 정책 결혼을 통해서 두로와 무역할 길을 열었다. 아흐압*은 이렇게 결혼함으로써 두로에 가서 바알을 섬기고 그에게 예배하였다. 야롭암*이 지은 죄악의 전철을 밟는 것을 아무렇지도 않게 여겼다. 그는 드디어 사마리아에 바알 신전을 짓고 거기에 바알을 위한 제단을 만들었다. 그리고 이방 여신 아세라 목상을 세웠다. 이렇게 함으로써 그는 어느 선왕보다도 더 크게 하나님의 진노를 샀다. 아흐압* 통치 어간에 벧엘 사람 히엘은 여리고 성을 재건하려고 주추를 놓다가 그의 맏아들 아비람을 잃었고, 성문을 세우다가 그의 막내아들 스굽을 잃었다. 여호수아를 통해서 야훼께서 말씀하신 대로 된 것이다. 여호수아 6장26절에서 말씀하신 대로 여리고 성을 재건하는 사람은 저주를 받게 되어 있었다.

교훈

1. 아흐압* 왕은 오만무도하게 하나님의 명령을 어겨 이방신 바알를 섬기고 수도 사마리아에 바알 신전과 제단을 짓고 백성들로 하여금 이방신을 섬기게 했다. 정치적이고 물질적 유익을 얻기 위한 수단으로 이방 신을 섬긴 것은, 어느 것이 중한 지 깨닫지 못한 어리석음 때문이었다. 바알과 아세라를 섬김으로 곡식을 풍성히 거두어들이고 자식을 많이 낳을 수 있다는 미신 종교에 끌려서 참 하나님을 버린 아흐압*은 그의 모든 선왕보다도 훨씬 더 큰 죄를 범한 셈이다. 부와 색과 권력에 눈이 어두워져서 하나님을 잃은 것이다. 결국 그는 하나님께로부터 그 대가를 톡톡히 받게 될 것이다.

2. 한 나라의 임금이 그런 악한 길을 갈 때 백성은 덩달아 그 길을 따르게 된다. 여리고성을 재건하면 저주를 받는다는 것이 조상 때부터 전해온 금기사항이었을 것인데, 그것을 무시하고 그 성을 재건하던 히엘은 아들 둘을 잃었다. 하나님의 말씀대로 된 것이다. 어쨌든 임금이 야훼를 무시하고 그의 법을 어기는 바람에 온 백성의 기강이 무너지고, 범죄를 다반사로 여긴 것이다. 위로부터 아래까지 사회가 그렇게 문란해졌으니, 그 나라가 오래 갈 수 없었다. 특히 야훼 하나님께 대한 신앙이 해이해 진 것이 가장 큰 문제였다.

엘리야후*가 가뭄을 예언하다(왕상 17:1-7)

해설

하나님께서 이스라엘을 다스릴 왕들을 보내주셨지만, 그들이 백성을 바르게 지도하지 못하고 그릇된 길로 인도하므로, 하나님은 예언자들을 일으켜 왕과 백성을 경고하며 가르치는 역할을 하게 하셨다. 이미 이스라엘에 예언 운동이 시작되었는데 이제 아흐압* 왕과 백성에게 하나님의 경고의 말씀을 전해야 할 형편이 되었기에 하나님은 엘리야후* 라는 예언자를 일으키신 것이다. 엘리야후*는 길르앗 지방에 사는 티스베* 족 사람이다. 하나님의 영을 받은 엘리야후*가 아흐압* 왕 앞에 나타나서 말했다. "나는 이스라엘의 하나님 야훼 앞에 서 있는 사람입니다. 그 하나님이 확실히 살아계시는 것처럼, 틀림없이 앞으로 삼 년 동안 이슬도 비도 내리지 않을 것입니다. 나의 말이 있기까지는 이슬도 비도 내리지 않을 것입니다." 이것은 아흐압* 왕이 풍작과 다산의 신이라고 해서 섬기는 바알과 아세라에 대한 도전장이었다. 하나님께서 엘리야후*에게 말씀하셨다. 동쪽으로 가서 요단강 동쪽에 있는 크리트* 건천(乾川)40) 계곡에 숨어 있으라는 것이었다. 물은 그 골짜기의 물을 마시고, 음식은 까마귀에게 명하여 날라다 줄 터이니 그것을 먹으라고 하셨다. 그래서 엘리야후*는 그리로 가서 살았다. 아침과 저녁에 까마귀들이 날라다 주는 빵과 고기를 먹고 골짜기 물을 마시고 살았다. 그러나 얼마 후에는 그 땅에 비가 내리지 않아 그 계곡의 물이 말랐다.

교훈

1. 아흐압* 왕은 바알과 아세라가 이슬과 비를 적당히 내려서 풍작을 가져오게 하고 인간의 생산을 돕는다고 믿어 그 방향으로 백성을 유도함으로써 야훼 하나님의 진노를 쌓아가고 있었다. 하나님은 그래도 그 무지몽매함을 깨우치고 선도하시려고 당신의 영을 엘리야후*에게 부어 그를 예언자로 삼아 그로 하여금 아흐압*을 경고하기로 하셨다.

---

40) 개역성경 열왕기상 17장 3절에서는 '시냇가'로 옮겼다. 위 74쪽의 각주 19와 110쪽의 각주 39와 아래 183쪽의 각주 61과 303쪽의 각주 98도 참고하라.

우로지택을 내리시고 곡식을 자라게 하시는 이가 바알이나 아세라가
아니라 천지의 주재이신 야훼 하나님이심을 깨닫게 하시려는, 선하신
마음의 발로이고, 누가 참 신인가를 겨루어볼 테면 보자는 도전이었다.
하나님은 거짓 신에게 밀리거나 패배 당하실 분이 아니시다. 그래서 적
극적인 조치로서 엘리야후*를 보내신 것이다.

2. 엘리야후*는 하나님의 말씀을 철저히 믿는 예언자였다. 그는 하
나님께서 그를 대변자로 사용하여 아흐압*과 싸워 승리하실 것을 확신
하고 자신만만하게 아흐압* 앞에 나섰고, 하나님이 지시하시는 대로
복종하여 하나님이 알려주신 골짜기로 갔다. 하나님은 예언자를 보호
하시고 까마귀를 통해서라도 살 길을 열어주셨다. 하나님의 사람이라
면 하나님을 믿고, 어떤 상황에서도 굴하지 않고 복종하기만 하면 된
다. 땅에 비 한 방울 떨어지지 않아도, 하나님은 그의 사자를 지키시기
때문이다. 하나님과 바알의 싸움에서 하나님이 이기실 것이 분명하다.

차르파타*의 과부(왕상 17:8-16)

해설

어느 날 야훼의 말씀이 엘리야후*에게 임했다. 이방 땅인 시돈의 차
르파타*라는 곳으로 당장 가서 거기서 살라는 말씀이었다. 거기에 있
는 한 과부에게 명하여 그를 먹여 살리도록 하시겠다고 하셨다. 그래서
엘리야후*는 이스라엘 땅을 떠나서 차르파타*로 갔다. 그가 그 동네
어구에 이르렀을 때, 한 과부가 화목(火木)을 줍고 있었다. 엘리야후*
가 그녀에게 마실 물을 조금 그릇에 담아 가지고 오라고 하였다. 그녀
가 물을 가지러 갈 때, 엘리야후*가 다시 그녀더러 빵 한 조각을 가져

다 달라고 부탁했다. 그러자 그녀가 대답했다. "내가 살아계신 야훼 하나님을 두고 맹세하는데, 나에게는 구은 빵이 하나도 없습니다. 가루 단지에 한 줌의 가루가 있고, 기름병에 기름이 조금 남아 있습니다. 나는 지금 화목을 조금 주워가지고 가서 나와 내 아들을 위하여 빵을 구워 먹고 죽으려는 참입니다." 이 말을 들은 엘리야후*가 그녀에게 말했다. "두려워하지 마시오. 어서 가서 부인이 말한 대로 하시오. 그러나 그 가루로 작은 빵 한 덩이를 구워 내게로 가져오시오. 그리고 나서 부인과 아들을 위해 무엇이든지 만드시오. 이스라엘의 하나님 야훼께서 '야훼가 이 땅에 비를 내려주는 날까지, 그 단지에는 가루가 동이 나지 않을 것이며, 기름병에도 기름이 떨어지지 않을 것이다.'라고 하셨기 때문입니다." 그 과부는 이 말을 듣고 가서 엘리야후*가 시키는 대로 하였다. 그리하여 그 과부와 그녀의 아들과 그녀의 가족은 죽지 않고 오래 동안 살았다. 엘리야후*를 통해 야훼께서 하신 말씀대로 단지에는 가루가 동나지 않았고, 기름병에도 기름의 떨어지지 않았던 것이다.

교훈

1. 야훼께서 엘리야후*를 통하여 예고한 대로 가나안 땅 일대에 가뭄이 들었고 양식과 물을 구할 수 없는 상태가 되었다. 하나님은 엘리야후*를 이방 땅 시돈의 차르파타*라는 곳으로 보내셨다. 그 곳은 물론 바알 신을 섬기는 지방이었다. 그 곳은 바알과 아세라를 섬기는 본거지로서 그 신들이 참 신이라면 그들의 능력으로 비를 내려서 그 지방 사람들의 어려움을 풀어주었어야 하는 곳이었다. 그러나 가뭄이 들어온 백성이 굶어죽어야 하는 형편에 이른 것이다.

야훼께서는 그런 상황에 있는 차르파타*로 엘리야후*를 보내면서 마지막 한 줌의 밀가루와 남은 기름을 가지고 빵을 구워 아들과 함께 먹고 더는 먹을 것이 없으니 죽을 날을 기다리기로 한 과부를 만나게 하셨다. 오래 동안 비가 오지 않아서 나무도 다 말라버려 화목이 되었고, 먹을 것이 다 떨어진 상태이고, 백성들이 바알과 아세라에게 매일같이 기도하며 살 길을 열어달라고 간구했지만, 묵묵부답이던 때였다.

그 때에 야훼 하나님은 엘리야후*를 통하여 기적을 보여주셨다. 즉 하나님의 능력을 보여주신 것이다. 하나님의 사람 엘리야후*의 말을 믿고 그가 시키는 대로만 하면 걱정할 필요가 없다고 했고, 그 과부는 그의 말을 믿고 그 마지막 귀한 빵을 엘리야후*에게 가져다 놓았다.

그녀의 믿음이 그녀와 그의 가족을 살렸다. 그 가정에 기적이 일어났다. 바알의 힘이 아니라 야훼의 권능이 그들을 살려낸 것이다. 여기서도 바알과 야훼의 싸움에서 야훼가 보기 좋게 이기셨다. 바알이 하지 못하는 일 곧 사람을 살리는 일을 야훼만이 하실 수 있었던 것이다. 하나님은 능력이 무궁하신 분이셔서 빈 항아리를 늘 채울 수 있고 빈 기름병에 언제나 기름이 동나지 않도록 하실 수도 있는 분이시다.

2. 바알과 아세라를 섬기는 사이비종교가 기승을 부리는 시대가 되자 사람들은 그 종교가 참 종교요 바알을 참 하나님으로 오인할 정도가 되었을 것이다. 하나님은 그런 시대를 방치하실 만큼 어수룩하거나 태만하신 분이 아니시다. 당신이 참 신이심을 명확히 보이시려고 엘리야후*와 엘리샤* 등 훌륭한 예언자들을 일으켜그들을 통하여 매우 놀라운 기적을 나타내심으로써 야훼 하나님의 우위성과 절대성을 보여주신다. 그 당시 임금들과 백성이 저지르고 있는 죄가 얼마나 크다는 것을 똑똑히 알게 하시려는 것이었다. 이는 죽어가는 야훼 종교를 되살리려고 하나님이 확실하게 이루신 일이었다.

엘리야후*가 챠르파타* 과부의 아들을 살려내다(왕상 17: 17-24)

해설

엘리야후*가 묵고 있는 집의 주인인 차르파타* 과부의 아들이 중병에 걸려 앓다가 마침내 숨을 거두었다. 그 과부는 엘리야후*에게 넋두리를 늘어놓았다. "당신은 내가 과거의 바알을 섬긴 죄를 깨닫게 하더니, 이제 나에게 무슨 원한이 있다고 내 아들의 죽음을 보게 합니까?"라고 말한 것이다. 엘리야후*는 그녀더러 그 아들을 자기에게 맡기라고 하였다. 엘리야후*는 아이의 시체를 안고 자기가 묵고 있는 다락으로 올라갔다. 그리고 자기가 자는 침대에 그 시체를 뉘어놓고, 야훼께 부르짖었다. "야훼 나의 하나님이시여! 내가 묵고 있는 이 집 과부의 아들을 죽이심으로써 그녀에게 재난을 주신 것입니까?" 그렇게 하실 수는 없지 않느냐는 식으로 호소한 것이다. 그리고는 죽은 아이 위에 자기 몸을 덮는 행동을 세 번 하고 야훼께 부르짖었다. "나의 하나님 야훼여! 이 아이의 생명을 돌려주소서!" 야훼께서 엘리야후*의 간청을 들으셔서 그 소년의 생명이 그에게 되돌아왔다. 엘리야후*는 그 소년을 데리고 다락에서 내려와 그의 어머니에게 내 주면서, "보십시오, 부인의 아들이 살아 있습니다."라고 말했다. 그러자 그 과부는 "이제는 내가 당신이 하나님의 사람이라는 것을 압니다. 그리고 당신이 말하는 야훼의 말씀이 참이라는 것을 압니다."라고 고백했다.

교훈

1. 야훼 하나님은 무에서 유를 낳는 창조자이실 뿐 아니라 생명의 근원이셔서 생명을 내기도 하고 거두어가기도 하시는 분이라는 사실

이 차르파타* 과부의 사건에서 드러났다. 이슬과 비를 내리지 않게 하
시는 분도 하나님이시고, 내리게 하시는 분도 하나님이시다. 세상의 모
든 생활 문제의 관건이 하나님께 있고, 죽고 사는 것도 하나님의 손에
달려 있음을 이렇게 보여주신 것이다. 아흐압*과 그의 백성은 바알과
아세라를 믿고 그것들에게 이스라엘 사람들의 생사화복이 달린 것처
럼 생각하지만, 그것은 거짓이었고, 참 하나님은 야훼뿐이라는 것이 재
확인되었다. 이방인 여자의 입에서 그 고백이 나왔다. 그녀의 입에서
야훼의 존재와 그의 말씀의 진실성이 고백된 것이다. 그렇다면 하나님
의 선민 이스라엘 백성은 더더욱 그 신앙을 견지해야 하지 않겠는가?

2. 야훼 하나님은 이스라엘 사람의 하나님만이 아니라 이방인의 하
나님도 되심을 여기서 알 수 있다. 차르파타*의 여인에게도 하나님은
생활 문제를 해결해 주셨고, 그녀의 아들을 살려주셨다. 하나님은 이처
럼 만인의 하나님이시다. 그 당시 유대인들은 그런 생각을 하지 못하고
있었다. 오늘도 많은 그리스도인들이 편협한 마음을 가지고 하나님이
자기들의 하나님만 되신다고 생각하고 있다. 내 하나님일 뿐 아니라 우
리의 하나님이라는 생각도 해야 하지 않겠는가?

아흐압*에게 주는 엘리야의 메시지(왕상 18:1-19)

해설

엘리야후*의 예언대로 가나안 지방 일대에 큰 한발이 계속되었다.
아흐압*의 왕궁이 있는 사마리아도 예외는 아니어서 가뭄이 심하였으
므로, 아하압*은 왕실 총 책임자인 오밧야후*를 불러 두 무리를 만들
어 물을 찾아 나서게 했다. 왕과 오밧야후*가 각각 한 무리를 거느리고

제각기 샘이나 시내나 그 근처에 있는 풀밭을 찾아내서 말과 노새와 가축을 얼마라도 살아남게 하자는 것이었다. 그래서 그 두 무리가 이스라엘 땅을 샅샅이 뒤지기로 하고 서로 반대 방향으로 길을 떠났다. 오밧야후*는 야훼 하나님을 극진히 존경하는 사람으로 황후 이제벨*이 야훼의 예언자들을 모두 죽여 없앨 때 예언자 100명을 빼돌리고 그 중 50명을[41] 동굴에 숨겨놓고 빵과 물을 대 준 사람이었다.

예언된 3년이 거의 다 되어가자 야훼께서 엘리야후*에게 나타나, 한발을 멈추고 비를 내릴 테니 가서 아흐압* 왕 앞에 나타나라고 말씀하셨다. 그래서 엘리야후*가 아흐압* 왕을 만나러 가는 중이었는데, 물을 찾으러 가던 오밧야후*가 길에서 그와 마주쳤다.

오밧야후*는 엘리야를 알아보고 그 앞에 엎드려 "나의 주 엘리야후*가 아니십니까?"라고 묻자, "그렇소. 바로 나요!"라고 엘리야후*가 대답하고는 다짜고짜, "가서 당신의 상전에게 엘리야후*가 여기 있다고 전하시오!"라고 말했다. 그러자 오밧야후*가 대꾸했다. "내가 무슨 죄를 지었기에, 어르신의 종인 나를 아흐압*에게 넘겨주시렵니까? 그가 나를 죽일 것이 분명합니다. 당신의 하나님 야훼께서 살아계시는 것이 분명한 것처럼 확실한 사실은, 나의 상전(아흐압*)께서 어르신을 찾아내려고 사람을 보내지 않은 나라나 왕국이 하나도 없습니다. 그 상대국들이 '그 사람은 여기에 없습니다.'라고 하면, 그들이 어르신을 발견하지 못했다는 것을 맹세하라고 요구했습니다. 그런데 지금 어르신께서 나더러, 가서 '엘리야가 여기 있습니다!'라고 임금께 알리라고 하시는데, 내가 임금께 아뢰려고 떠나자마자, 야훼의 영이 내가 알지 못하는 곳으로 어르신을 데려가실 것이고, 내가 임금께 보고하면, 그가 어르신을 만나러 올 터인데, 어르신을 만나지 못하면, 그가 나를 죽일

---

41) 이 부분을 열왕기상 18장 4절과 13절 개역한글판에서는 '오십 인씩'으로, 갱역개정판에서는 '오십 명씩'으로 옮겼다.

것입니다. 나는 젊어서부터 야훼를 공경하였고, 이제벨*이 야훼의 예언자들을 죽일 때, 내가 어떤 일을 했다는 것을 어르신이 듣지 않았습니까? 예언자들 100명을 빼돌리고, 그 중에 50명을 동굴에 숨기고 그들에게 빵과 물을 대 주었습니다. 그런데 이제 어르신께서 나더러 임금에게 가서 '엘리야후*가 여기 있습니다!'라고 알리라고 하시니, 임금이 나를 죽일 것이 분명합니다."

여기까지 들은 엘리야는 "나는 만군의 야훼 앞에 서 있는 자로 그가 살아계심을 두고 맹세하는데, 내가 분명 오늘 아흐압* 앞에 나타날 것이오."라고 말하면서 결연한 태도를 보였다. 그래서 오밧야후*는 가던 길을 돌이켜 아흐압*을 만나러 가서 엘리야의 거처를 알렸다. 그러자 아흐압*이 엘리야후*를 만나러 왔다. 물론 많은 군인들을 대동하고 왔을 것이다.

아흐압*은 엘리야후*를 보자, "이스라엘의 골칫거리, 당신이구려!"라고 짜증 섞인 말을 내뱉었다. 엘리야후*는 이 말을 맞받아, "이스라엘을 어지럽게 한 사람은 내가 아니라 당신과 당신의 아비 집안이요. 당신은 야훼의 계명들을 버리고 바알을 따랐소. 그러므로 이제 이스라엘 백성을 다 카르멜* 산으로 불러 내게로 모아 주시오! 이제벨*의 식탁에서 먹고 마시는 바알의 예언자 450명과 아세라 예언자 400명도 함께 모이게 하시오!"라고 청했다.

교훈

1. 사탄이 황후 이제벨*을 통하여 야훼의 예언자들을 모조리 죽여 없애려고 한 난리 통에도 하나님은 오밧야후*라는 충성스러운 일꾼을 아흐압* 왕 측근에 두셔서 권력을 가지게 하시고, 그를 통하여 예언자 100명을 살리셨다. 엘리야후*를 보호하여 아흐압*에게 잡히지 않게

하신 것도 물론 하나님의 능력으로 이루어진 것이다. 그 어려운 환경에서도 하나님은 당신의 필요한 일꾼을 택하여 적소에 두어 당신의 뜻을 이루게 하신다.

2. 야훼 하나님은 3년간의 한발을 이스라엘에게 주심으로 그들의 악을 징계하시기도 했지만, 이를 왕과 백성이 반성하는 기회로 삼으려 하셨을 것이다. 그러나 그들은 오히려 야훼의 예언자들을 대량 학살하는 끔찍한 죄를 더 지어 하나님을 더욱더 노엽게 하였다. 예고한 3년의 한발 기간이 끝나가자, 그 말씀을 이루시는 동시에 바알 신과 그를 받드는 예언자들에게 철퇴를 가하여, 하나님과 하나님을 믿는 자들에게 승리를 이루시려는 계획을 세우신 것이다. 야훼 하나님을 모시고 있는 엘리야후*는 모든 권세를 가지고 위압적으로 다가온 아흐압* 앞에서 조금도 굴하지 않았다. 확신을 가지고 당당하게 싸움을 걸었다. 바알과 아세라 신 대 야훼의 각축을 제안한 것이다. 그것은 엘리야후* 개인의 의견이 아니었을 것이다. 하나님의 영이 그런 제안을 하게 하신 것이다. 백성을 다 모아놓고, 야훼가 참 하나님이심을 멋있게 증명하려고 그렇게 제안한 것이다. 전능자 하나님을 믿는 믿음이 없이는 그런 제안은 할 수 없었을 것이다. 능력 주시는 자 안에서 능치 못할 일이 어디 있겠는가?

엘리야가 바알의 제사장들을 이기다(왕상 18:20-40)

해설

엘리야의 제안을 받아들인 아흐압*은 전국으로 사람들을 보내어 바알의 예언자들을 카르멜* 산으로 모이게 했다. 아흐압*은 자기가 섬기는 바알이 참 신이라고 믿고 있었으므로 자신 있게 바알의 예언자들을 불렀을 것이다.

바알의 예언자들이 다 모였을 때, 엘리야후*가 거기 모인 백성들과 그 예언자들을 향하여 말했다. "여러분은 언제까지 두 가지 다른 의견을 가지고 이리 갔다 저리 갔다할 것입니까?[42] 야훼가 참 하나님이라면 그를 따르고, 바알이 참 신이라면 그를 따르시오!" 그 말을 들은 백성은 묵묵부답이었다. 아흐압*과 이제벨*이 지켜보고 있었을 터이므로, 백성으로서는 자기 정체를 밝히기가 곤란했을 것이다.

엘리야후*가 군중에게 말했다. "야훼의 예언자는 나 하나만 남았습니다. 바알의 예언자는 450이나 됩니다. 우리에게 황소 두 마리를 마련해 주십시오. 나와 바알 파가 각각 황소 한 마리씩 가집시다. 바알 예언자들이 먼저 황소를 죽여 각을 떠 그것을 장작 위에 올려놓고 불은 지르지 말고 있으십시오. 나도 다른 황소를 죽여 각을 떠 장작 위에 놓고, 불은 붙이지 않고 있겠습니다. 그 다음에 당신들은 당신들의 신의 이름을 부르십시오. 나는 야훼의 이름을 부르겠습니다. 불로 대답하시는 하나님이 참 하나님입니다." 그러자 군중이 "말씀 잘 하셨소."라고 대꾸하였다.

그러자 엘리야후*는 바알의 예언자들더러, "당신들의 수가 많으니 당신들 먼저 황소 하나를 골라 가지고 준비하십시오. 불은 붙이지 말고, 당신들의 신의 이름을 부르시오!"라고 말했다. 그래서 바알의 예언자들이 그들에게 주어진 황소를 잡아 각을 뜨고 장작에 올려놓고는 아침부터 오정까지 "오, 바알이여! 응답하소서!"라고 소리를 질러댔다. 그러나 아무 소리도 들리지 않고 응답이 없었다. 그리고 그들은 자기들이 쌓은 제단 둘레를 깡충깡충 뛰며 돌았다.

---

42) 이는 NRSV 열왕기상 18장 21절을 따른 것이다. 개역개정판에서는 "둘 사이에서 머뭇머뭇 하려느냐?"로 옮겼다.

정오가 되자 엘리야후*가 그들을 조롱하며 말했다. "크게 부르시오. 그가 진짜 신이니까요. 그 신이 무언가 생각을 하고 있는가 봅니다. 아니면 길에서 방황하거나 여행 중이거나 혹은 주무시고 계실지 모르니, 그를 깨우셔야 하겠네요." 그러자 그들은 더 큰 소리로 부르짖으며 그들의 풍습대로 검과 창으로 몸을 베어 피가 솟아나게도 했다. 오정이 지나자, 그들은 관제를 드리는 시간까지 정신없이 지껄였다. 그래도 아무 소리가 없고, 응답이 없었다.

그러자 엘리야후*는 모든 군중더러 자기에게 가까이 오라고 일렀다. 그들이 가까이 오자, 그는 먼저, 헐렸던 야훼의 제단을 수축했다. 이스라엘이라는 이름을 받은 야곱의 아들 지파 수대로 열두 개의 돌을 취하여 야훼를 위한 제단을 쌓았다. 그리고는 그 둘레에 도랑을 만들었다. 그 너비는 종자 두 말[43])을 깔아 놓을 정도였다. 그리고는 그 제단에 장작을 잘 쌓고 황소의 각을 떠 그 장작 위에 올려놓았다. 그리고는 네 개의 물 단지에 물을 채워 번제물과 장작 위에 부으라고 했다. 그렇게 하기를 세 번이나 하였다. 그래서 물이 제단 주위에 넘쳤고, 제단 둘레 도랑에도 물이 가득했다.

이제 봉헌할 시간이 되자[44]) 예언자 엘리야후*가 제단에 다가가서 하나님께 아뢰었다. "오 야훼, 아브라함과 이삭과 야곱의 하나님이시여! 오늘 이 시간에 당신이 이스라엘의 하나님이시라는 것과 내가 당신의 명령을 따라 이 모든 일을 하고 있다는 사실을 알도록 해 주십시오. 나의 간구에 응답하셔서, 이 백성으로 하여금 야훼 당신이 하나님이시라는 것과 당신께서 그들의 마음을 돌아서게 하셨다는 것을[45]) 알

---

43) 개역성경 열왕기상 18장 32절에서는 '세아'로 음역했다. 개역개정판에서는 거기에 '약 15리터'라는 난외주를 붙여 놓았다.

44) 개역성경 열왕기상 18장 36절에서는 '저녁 소제 드릴 때에'로 옮겼다.

45) 이는 NRSV 열왕기상 18장 37절을 따른 것이다. 이 부분을 개역한글판에

게 해 주십시오.” 그 말이 끝나자 야훼의 불이 떨어져 번제물과 장작과 돌과 흙을 불사르고 도랑에 있는 물까지 말끔히 핥아버렸다.

　모든 군중이 그 광경을 보고 엎드려서 말했다. “야훼가 참으로 하나님이시다! 야훼가 참으로 하나님이시다!” 엘리야후*가 그들에게 말했다. “바알의 예언자들을 잡아라! 한 놈도 도망가지 못하게 하여라!” 그러자 군중은 바알의 예언자들을 붙들었고, 엘리야후*는 그들을 기숀* 강으로 끌고 내려가서 다 죽여 버렸다.

교훈

　1. 북쪽 이스라엘 백성은 임금들의 우상숭배에 영향 받아 갈팡질팡하고 있었다. 원래 야훼 신앙으로 살던 사람들이었지만 지도자들의 영향으로 유혹 받아 바알을 섬기는 사람들이 많이 생겼고, 어느 것이 참인지를 분간할 수 없을 정도로 혼란 상태에 있었다. 양들은 목자의 인도를 따른다. 목자가 우유부단하고 바른 길을 제시하지 못하면, 백성은 엉거주춤 확신을 가지지 못한다. 여기서 우리는 목자의 책임이 얼마나 중한지 알 수 있다. 목자 때문에 많은 양이 생명을 잃을 수 있다.

　2. 엘리야후*는 용감하였다. 확신의 사람이었다. 목숨을 걸고 아흐압*과 이제벨*과 싸웠다. 그는 혈혈단신(孑孑單身)이고, 아흐압*과 이제벨*은 국권을 한 손에 쥐고 있었다. 그런데도 엘리야후*는 굴하거나 겁내지 않고, 혼자서 그 태산 같은 세력에 맞서 싸웠다. 그것은 아흐압*과 바알의 도당이 아무리 강해도 하나님을 능가하지 못한다는 확실한 신념이 있었기에 할 수 있는 일이었다.

───────────────

서는 ‘주는 저희의 마음을 돌이키게 하시는 것을’로, 개역개정판에서는 ‘주는 그들의 마음을 되돌이키심을’로 옮겼다.

3. 바알의 예언자들과 엘리야후*의 시합은 엘리야후*의 압도적 승리로 끝나고, 바알의 예언자 450명이 제거되는 일로써 일단락을 보았다. 이는 결국 야훼 하나님이 참 하나님이심을 명쾌하게 증명한 사건이었다. 그것은 엘리야후*의 힘이 아니고, 야훼 하나님의 능력으로 이루어진 일이다. 야훼 하나님을 믿고 그의 말씀대로 실행하는 자가 승리한다는 원칙을 다시 확인해 준 사건이다. 야훼 신앙이 점점 희미해지고 혼합주의와 이방 종교가 기승을 부리는 시대에 하나님께서 이스라엘 백성을 방치하시지 않고 경고하며 각성을 촉구하신 사건이었다. 따라서 이스라엘 백성은 이제 더는 핑계 댈 수가 없다. 즉 몰라서 그랬다든가 하나님이 말리지 않아서 그랬다는 핑계를 댈 수 없다.

한발(旱魃)이 끝나다(왕상 18:41-46)

해설

엘리야후*가 대승하자 아흐압*은 할 말이 없어졌다. 백성들이 야훼의 능력을 목격하고 엘리야후*에 대한 백성의 존경과 감탄이 드높은 시점에 아무리 엘리야후*가 미워도 그에게 아흐압*이 손을 댈 수는 없었을 것이다. 이제는 엘리야후*가 아흐압*을 압도한 위치에 서게 됐다. 기숀* 강까지 따라 내려갔던 아흐압*에게 엘리야후*가 말을 걸었다. "몰려오는 비 소리가 나니, 올라가서 음식을 잡수십시오." 아흐압*은 손에 땀을 쥐고 그 싸움을 지켜보느라 식사도 변변히 하지 못하였을 것이다. 엘리야후*의 권유대로 아흐압* 왕은 카르멜* 산으로 다시 올라가서 식사를 했다. 엘리야후*도 카르멜* 산꼭대기에 올라가서 땅에 이마를 대고 무릎에 얼굴을 파묻고 하나님께 비를 내려달라고 간구하였다. 그리고 그의 시종더러, "올라가서 바다 쪽을 바라보아라!"고 했다. 종이 올라가서 바다를 보고는, "아무 것도 보이지 않습니다." 라고 대답했다. 엘리야후*는 계속 올라가 보라고 했다. 일곱 번이나 그런 일을 시켰다. 일곱 번째에 그 종이 말했다. "보십시오! 사람의 손바닥보다도 작은 구름이 바다에 올라오고 있습니다." 그러자 엘리야후*는 그 종더러 임금 아흐압*에게 가서, "비가 임금님을 멈추게 하기 전에 어서 마차를 채비하고 내려가십시오!"라고 말씀드리라고 하였다. 얼마 되지 않아서 하늘이 구름과 바람으로 어두워지고, 비가 억수로 쏟아졌다. 아흐압*은 마차를 달려 이즈르엘*로 갔다. 그러나 야훼의 손46)이 엘리야후*에게 임하였고, 그의 힘으로 엘리야후*는 허리를 동이고 아흐압*을 앞질러 달려서 이즈르엘* 입구에 먼저 가 있었다.

교훈

1. 아흐압*은 엘리야후*와 벌인 경쟁에서 보기 좋게 패배했다. 바알의 예언자들이 몰살당해 아흐압*의 체면은 말이 아니었다. 아흐압*으로서는 속수무책 그 예언자들이 몰살당하는 꼴을 보고 있을 수밖에 없었다. 아마도 허탈감에 빠져서 정신을 잃고 있었는지도 모른다. 엘리야후*는 그런 아흐압*더러 정신을 차리고 카르멜* 산정 진지로 올라가서 어서 음식을 잡수라고 권하는 여유를 보였다. 전능자 야훼께서 주시는 통쾌한 승리와 우월감을 여기서 볼 수 있다.

2. 엘리야후*에게는 바알 종교를 막는 것뿐만 아니라 기근으로 시달리는 백성과 국가를 구출하는 것도 시급했다. 그리고 3년이라는 약속을 지키는 것이 하나님께 영광이 되고, 바알과 벌인 전쟁에서 승리하는 또 하나의 요건이므로, 비 내려주시기를 하나님께 간곡히 간구했다.

___

46) 이는 열왕기상 18장 46절 히브리어 본문의 표현을 직역한 것이다. 개역성경에서는 '능력'으로 옮겼다.

사람이 마른 하늘에서 비를 내리게 할 수는 없다. 과학이 발달하지 않았던 시대에는 더욱 그러했다. 그러나 엘리야후*는 하나님께 그 불가능한 일을 간구한 것이다. 하나님께는 불가능이 없다는 신념이 있었기 때문이다. 지중해 맑은 하늘에 손바닥만도 못한 구름이 떠오르더니 그것이 하늘을 덮고 비가 되어 쏟아져 내린 것이다. 그리고 아흐압*에게 비가 올 것을 예고하며 어서 마차를 타고 평지로 내려가라고 일렀고, 그 예언이 그대로 이루어짐으로써 또 다시 하나님의 권능을 목격하게 한 것이다. 게다가 마차를 타고 달려 내려간 아흐압*보다 엘리야후*는 뒤늦게 도보로 갔지만 아흐압*을 앞질러 먼저 이즈르엘* 어구에 도달함으로써 또다시 아흐압*을 놀라게 하고, 야훼의 능력을 목격하게 하였다. 하나님은 여러 가지 수단으로 당신의 존재와 우월성을 증명하신다. 사람들이 이를 보고 하나님을 바로 깨닫고 섬길 수 있으면 좋으련만, 사람들은 완고하여, 하나님을 믿지 못한다.

엘리야후*가 이제벨*을 피하여 달아나다 (왕상 19:1-10)

해설

　아흐압*이 환궁하여 황후 이제벨*에게 사건의 전말을 상세히 보고했다. 즉 바알의 예언자들 450명이 엘리야후*의 칼에 전멸했다고 말한 것이다. 이제벨*은 대노하여 사신을 엘리야후*에게 보내어 그녀의 결단을 전했다. 내일 이맘 때 엘리야후*를 죽이겠다는 것이었다. 그 목적을 이루지 못하면 신들이 자기를 죽여도 좋다는 식으로, 단단히 각오하고 있음을 엘리야후*에게 알린 것이다. 아흐압*보다도 더 큰 힘으로 국사를 간섭하던 이제벨*이 마음만 먹으면 무슨 짓인들 못 하겠는가? 그 협박의 말을 들은 엘리야후*가 벌벌 떨며 그 자리에 얼어붙어 있을 줄 알았던 이제벨*은 참으로 어리석은 여자였다. 엘리야후*의 배후에는 야훼 하나님이 계시다는 것과 엘리야후*는 하나님의 사람이라는 사실을 이제벨*은 계산에 넣지 않고 있었던 것이다. 그러나 엘리야후*도 사람인지라 그에게 두려운 마음이 있었고, 그 위기에서 벗어나려는 충동이 어찌 없었겠는가? 그는 자기 목숨을 살리기 위해서 당장에 일어나 남쪽 유다로 그것도 그 나라의 남단인 브엘세바*까지 달아나 내려왔다. 거기도 안전하지 않은 것 같아서 시종을 거기에 남겨둔 채 혼자서 더 남쪽 광야지대로 하루 길을 걸어 내려왔다. 그리고는 외로이 빗자루나무47) 밑에 주저앉았다. 망명객의 신세로 외지에서 불안을 느끼며 침식을 제대로 하지 못하는 생활에 지칠 대로 지쳐버린 엘리야후*는 죽었으면 좋겠다고 하나님께 하소연했다. 그리고는 목마름과 배고픔을 안은 채 그 나무 그늘 밑에서 잠들었다. 그러자 홀연히 하나님의 천사가 나타나 그를 흔들어 깨우며, "일어나서 잡수십시오!"라고 말했다. 그래서 일어나 보니 그의 머리맡에는 뜨거운 돌48)에다 구운 빵과 물 한 병이 놓여 있었다. 그래서 엘리야후*는 그것들을 먹고 마시고는 다시 누웠다. 그런데 하나님의 천사가 다시 나타나서 그를 흔들며, "더 먼 길을 가야 할 터이니 일어나 잡수십시오!"라고 말했다. 그래서 그는 일어나 먹고 마신 다음, 다리에 힘을 얻어 하나님의 산 호렙까지 40주야를 걸었다. 그리고 거기에 있는 동굴에서 밤을 지냈다.

그러자 야훼의 말씀이 엘리야후*에게 임했다. "엘리야후*야, 네가 여기서 무엇을 하고 있느냐?" 그러자 엘리야후*가 대답했다. "나는 야훼 만군의 하나님께 대한 큰 열정을 품고 있습니다. 이스라엘 백성이 당신의 언약을 버렸고, 당신의 제단을 헐어버렸고, 당신의 예언자들을

---

47) 개역성경 열왕기상 19장 5절에서는 '로뎀나무'로 옮겼다.

48) 이는 NRSV 열왕기상 19장 5절을 따른 번역이다. 개역성경에서는 '숯불'로 옮겼다.

칼로 죽였습니다. 나 홀로 남았는데, 그들이 나를 죽여 내 목숨을 앗아 가려고 합니다." 앞서 오밧야후*의 말에 의하면, 이제벨*이 야훼의 예언자들을 전멸하려고 할 때, 그가 예언자 100명을 빼돌리고 그 중에 50명은 동굴에 숨기고 음식을 대 주었다고 했는데(왕상 18:4, 13), 엘리야후*는 남은 것이 자기 하나뿐이라고 했으니, 어떤 착오가 있는 것으로 보인다. 그러나 그런 박해 시대, 통신이 두절 된 시대에 아무도 진상을 알기 어려웠을 것이고, 아마도 엘리야후*의 시야에 있던 예언자들은 다 사라졌기에 한 말일 것이다.

교훈

1. 개혁은 쉬운 일이 아니다. 엘리야후*를 통해서 바알의 예언자들이 450명이나 죽었으면, 모두들 반성하고 바알을 버릴 만도 한데, 이제벨* 도당은 오히려 엘리야후*를 죽이려 했다. 사탄의 세력이 그 배후에 있기 때문이다. 사탄이 쉽게 항복하고 물러갈 리가 없지 않은가? 이제벨*이 엘리야후*를 죽이려는 뜻을 미리 알리며 꼼짝 말고 그 자리에 있으라고 했으니, 이 얼마나 어리석은가! 자기의 말 한 마디면 나는 새도 떨어질 줄 아는 거만한 생각의 발로가 아닌가? 하여간 그녀의 미친 행동 때문에 엘리야후*는 위기를 모면하고 멀리 망명의 길을 떠날 수 있었으니, 하나님께서 이제벨*을 역으로 이용하신 것이다. 하나님은 어떤 식으로든지 당신의 사람을 보호하고 당신의 뜻을 이루신다.

2. 하나님의 사람 엘리야후*도 고통의 절정에 이를 때 상심하고 생의 의욕을 버리는 지경에 이르렀다. 그러나 그가 하나님을 원망하거나 믿음을 버린 것은 아니었다. 하나님은 막다른 골목에서도 엘리야후*를 살려 내고 희망을 주실 수 있다. 천사를 보내어 엘리야후*의 목마름과

굶주림을 해결하시고, 힘을 주셔서 멀리 호렙 산, 곧 이제벨*의 손이 도저히 미치지 못하는 곳까지 인도하셨다.

3. 호렙 산 동굴 속에서 하루 밤을 지낸 엘리야후*는 앞날이 궁금하고 막연하였을 것이다. 그의 개혁 운동이 시작은 되었고, 바알 종교에 대한 철퇴를 한 번 내리기는 했지만, 야훼의 예언자들은 다 죽고 자기 혼자만 남았고, 게다가 자기는 지금 본국을 떠나서 망명 생활을 시작한 상황인지라, 하나님께 대한 열정은 그냥 살아 있는데, 어쩌면 좋겠는지 해결책이 보이지 않았던 것이다. 개혁자의 고민이 여기에 있다. 열정이 죽어서는 안 된다. 앞으로 할 일에 대한 희망과 환상을 품고 있어야 한다. 하나님께서 길을 보여주고 묘책도 들려주실 것이다. 엘리야후*는 동굴에 숨어 있어서, 어떤 사람과도 교통이 두절된 상태이다. 그의 거처를 아는 사람은 하나도 없다. 그러나 하나님은 그의 처지를 밝히 알고 그와 교통하고 계신다. 그런 점에서 하나님의 사람은 외롭지 않다. 언제나 하나님이 같이 계시고 해결의 길을 열어주시기 때문이다.

엘리야후*가 호렙에서 하나님을 만나다(왕상 19:11-18)

해설

야훼 하나님을 위하여 생명을 내걸고 활동하는 늙은 엘리야후*에게 남은 일은 무엇일까? 하나님은 우선 그의 충성된 종 엘리야후*에게 당신이 지나가는 모습을 보여주겠다고 하셨다. 그리하여 남이 겪어보지 못한 경험과 더 큰 확신 가운데 더 중요한 일을 하게 하시려는 것이었다. 야훼께서 엘리야후*에게 명령하셨다. 동굴에서 나와 산에 서서 야훼 앞에 서라는 것이었다. 그가 동굴에서 나와 산 위에 서자, 굉장히 거센 바람이 불어서 산과 바위가 부서질 정도였다. 그런데 그 바람 속에는 야훼가 계시지 않았다. 다음에는 지진이 크게 일어났는데 거기에도 야훼가 안 계셨다. 그 뒤에 큰 불이 나타났는데 거기에도 야훼는 계시지 않았다. 아마도 그 때 엘리야후*는 무서워서 동굴로 다시 들어갔던 것 같다. 그런데 세미한 음성이 들려왔다. 그 음성 속에서 엘리야후*는 야훼를 뵌 것이다.

그 세미한 음성을 듣고 야훼를 접한 엘리야후*는 자기 외투로 얼굴을 가리고, 다시 동굴에서 나가 그 입구에 섰다. 그 때 야훼께서 "엘리야후*야! 여기서 무엇을 하고 있느냐?"라고 물으셨다. 그래서 그는 다시 앞서 말한 대로(왕상 19:10) 자기의 위기 상황을 털어놓았다. 그러자 야훼께서 엘리야후*가 해야 할 일을 제시해 주셨다.

이제 북쪽으로 방향을 돌려 다메섹 광야로 가라는 것이었다. 거기서 하자엘*을 만나 그에게 기름을 부어 아람 국의 왕이 되게 하고, 님시의 아들 예후를 만나 그에게 기름을 부어 이스라엘의 왕이 되게 하고, 샤팟*의 아들 엘리샤*를 만나 그에게 기름을 부어 엘리야후*의 후계자가 되게 하라는 것이었다. 앞으로 하자엘*의 칼을 피하여 달아난 사람을 예후가 죽일 것이고, 예후의 칼을 피하여 달아난 사람을 엘리샤*가 죽일 것이라고 예고하셨다. 그리고 이스라엘 백성 중에 바알에게 절하지 않고 그에게 입맞추지 않은 사람을 7천 명이나 남겨 주시겠다고 약속하셨다.

교훈

1. 그 옛날 호렙 산에서 모세에게 나타나셨던 야훼의 현현사건(theo-phany)을 방불케 하는 사건이 엘리야후*에게 일어났다. 모세의 경우와 다른 점은 하나님이 나타나신 양상이 다르다는 것이다. 엘리야후*

에게는 세미한 음성 속에서 나타나신 하나님이셨다. 외형적인 굉장함으로 하나님을 비유할 수도 있지만, 세미하고 은밀함과 깊음을 가지고도 하나님을 비유할 수 있다. 하나님은 방대한 우주를 만들어 지배하실 뿐 아니라 보이지 않는 지극히 세미한 전자의 세계도 만들어 지배하신다. 모세의 하나님만이 하나님이 아니고, 엘리야후*의 하나님도 같은 하나님이시다. 배타적으로 어느 하나만이 참이 아니라, 절대자이신 하나님은 그 모든 것 속에 계시고 지배하시고, 그 모든 것의 주가 되신다.

2. 엘리야후*는 현실적으로 막다른 골목에 다다랐다는 느낌이 들어 이제는 끝장났다고 소극적으로 생각할 만 했지만, 하나님은 그 막다른 골목을 더 큰 일의 출발점으로 삼으셨다. 세계 역사의 주인이신 하나님은 엘리야후*를 통하여 아람 국과 이스라엘의 정치 방향을 설정하시고 인도해 나가셨다. 아람 국의 정치인들과 이스라엘의 주권자들이 이런 하나님의 계획을 꿈엔들 알 수 있었겠는가? 세상 인간 정치 사회에 있어서 하나님의 사람 엘리야후*가 얼마나 중요한 역할을 했는가를 생각할 때, 오늘의 신앙인들과 교회 지도자들의 역할과 임무가 얼마나 큰지 짐작할 수 있다.

3. 박해 시대를 살아갈 때 수평적으로만 보면 첩첩 산에 가로막혀 희망이 없어 보일 수 있다. 그러나 고차원에 계시는 하나님께서는 인간이 상상할 수 없는 신비한 방법으로 당신에게 필요한 사람을 보호하시기도 하고, 바알에게 절하지 않은 사람을 7천 명이나 남겨두는 식으로 모든 것을 야훼의 승리 쪽으로 운전하신다. 엘리야후*도 낙심할 정도로 시국이 어려웠지만, 7천 명의 동정(童貞) 신앙을 가진 자가 남아 있다는 사실을 알게 되었을 때, 큰 힘을 얻었을 것이다. 야훼에게 실패란 있을 수 없다. 야훼 안에서는 그를 믿는 자들에게도 승리가 보장되어있는 것이다.

엘리샤*가 엘리야후*의 제자가 되다 (왕상 19:19-21)

해설

야훼의 명령을 받은 엘리야후*는 호렙 산을 떠나 북쪽으로 가서 아벨므홀라라는 곳을 찾아갔다. 거기서 엘리샤*를 만났는데, 그 때 엘리샤*는 밭을 갈고 있었다. 열두 겨리의 소들이 멍에를 메고 밭을 갈고 있었는데, 그 중의 마지막 겨릿소를 몰아서 밭은 가는 사람이 엘리샤*였다.

엘리야후*가 사람들에게 물어서 그가 엘리샤*인 줄을 확인한 다음, 지나가면서 자기 외투를 던져서 엘리샤*에게 씌웠다. 그러면서 엘리야후*는 엘리샤*더러 자기의 후계자가 되어야 한다고 말했을 것이다. 사실 엘리야후*는 백성이 누구나 알아보는 유명 인사였을 것이다.

엘리샤*는 엘리야후*의 외투를 받을 뿐 아니라 그의 후계자가 되어야 한다는 말을 듣고 심사숙고한 다음에 결단을 했을 것이다. 엘리샤*는 소들을 버려두고 엘리야후*를 쫓아가서 말했다. "제가 제 부모님께 작별 인사를 드리고 돌아와서 사부님을 따르겠습니다." 이 말에 대한 엘리야후*의 응답은 석연치가 않다. 책망인지 허락인지 분명하지 않다. "돌아가라! 내가 네게 한 일이 무엇인데 그러느냐?"라는 말은 해석하기가 애매하다. 아마도 엘리야후*가 그의 예언자 직분을 상징하는 외투를 엘리샤*에게 입힌 행동이 어떤 의미를 가지고 있는지 생각해 보라는 것이고, 우선 지금까지 하던 일로 돌아가서 하면서 곰곰이 생각해 보고 결행하라는 말이었을 것이다. 엘리샤*는 눈치가 빠르고 영리한 사람이어서 엘리야후*의 말을 잘 이해한 모양이다. 그는 당장에 결단했다. 자기가 몰던 소 두 마리를 잡았다. 그리고 멍에로 쓰던 나무를 화목으로 삼아 고기를 삶아 거기에 있는 사람들과 함께 나누어먹으며, 결단식이자 취임식을 한 셈이다. 거기에는 엘리야후*가 엘리샤*에게 기름을 붓는 예식이 있었을 것이다. 그리고는 엘리샤*가 당장에 엘리야후*를 따라 나섰다. 즉 엘리야후*의 제자가 되었다.

교훈

1. 의기소침하여 절망을 느끼며 달아나던 엘리야후*는 야훼 하나님을 뵙고 그의 명령을 받고는 용기백배하여 그 묵직한 소임을 수행하기 위해서 북쪽을 향하여 달려갔다. 위촉받은 세 가지 일 가운데 맨 마지막 일을 먼저 수행했다. 즉 엘리샤*를 만나 그를 후계자로 삼는 일을 먼저 했다. 아마도 엘리샤*와 엘리야후*는 전부터 이미 알고 있는 관계였을 것이고, 엘리샤*의 인품과 재질과 능력도 이미 엘리야후*가 익히 알고 있었을 것이다. 아흐압*과 이제벨*은 야훼의 예언자들을 말살하려고 갖은 공작을 다 했지만, 하나님은 당신의 사람들을 숨겨두시기도 하고 필요한 때에는 불러 쓰시기도 하신 것이다.

2. 소를 몰며 농사를 짓던 엘리샤*가 엘리야후*의 후계자라는 막중한 책임을 맡았다. 하나님이 부리실 때 마다하지 않고 따른 엘리샤*, 자기가 애지중지하던 소를 잡아먹고 밭갈 때 쓰던 쟁기를 불살라 눈앞에서 사라지게 함으로 미련을 남기지 않았다. 부름 받은 일꾼에게는 뒤돌아보지 않고 미련을 두지 않는 것이 중요하다. 예수님의 말씀처럼 부모에게 인사를 하고난 뒤에 따르겠다든가, 기타 세상의 것을 다 처리한 다음에 따르겠다는 생각과 태도는 하나님의 일꾼에게 마땅한 태도가 아니다. 하나님이 필요로 하여 우리를 부르실 때 어떤 조건도 내걸거나 어떤 핑계도 댈 수 없다. 엘리야후*가 당하는 핍박과 고난을 다 들어서 알고 있었을 엘리샤*가 그 후계자의 중책을 받은 것은 용기 있는 일이고 하나님께 대한 충성심에서 비롯되었을 것이다. 엘리샤*는 하나님이 시키시는 일을 자신이 하지 않을 수 없다는 생각했을 것이다.

3. 바알 종교가 판을 치고 기승을 부리는 이스라엘에서 많은 사람들은 다수파와 권력파에 동조하고, 세상은 다 그들의 것이 된 것 같았을 것이다. 그러나 하나님은 그루터기를 남겨두시고, 남은 자들을 통하여 당신의 뜻을 이루셨다. 대세나 수가 문제되지 않는다. 하나님 편에 서는 것이 중요하다. 승리는 마침내 하나님께 있다.

아흐압*과 아람 사람들의 전쟁(왕상 20:1-12)

해설

엘리야후*의 이야기는 잠시 물려두고, 아흐압*이 아람 사람과 싸운 이야기가 나타난다. 주전 9세기 이스라엘 나라의 가장 큰 원수는 다메섹의 아람 국이었다. 아람 국왕 벤하닷은 그의 군대를 모았을 뿐만 아니라 그 나라 주변의 32개 국왕들과 동맹을 맺고 말과 병거를 동원하여 사마리아를 포위하고 공격했다.

벤하닷이 사마리아 성내에 있는 아흐압*에게 사신을 보내어 말하게 했다. "당신의 은과 금은 다 내 것이다. 그리고 당신의 가장 어여쁜 아내들과 자식들 역시 내 것이다." 이 말을 들은 아흐압*은 "오, 주, 임금이시여! 임금께서 말씀하시는 대로 나는 당신의 것이고, 내가 가진 것도 다 당신의 것입니다."라고 대답했다. 그런데 벤하닷이 다시 사신을 보내어 말하기를, "내가 사람을 보내어 당신의 은과 금과 아내들과 자식들을 내놓으라고 했는데, 그럴 것이 아니라, 내일 이맘 때 내 종들을 보내어 당신의 집과 당신의 종들의 집들을 수색하여, 그 종들의 마음에 드는 것49)은 몽땅 손을 대어 가져오게 하겠다."라고 전하였다.

---

49) 이는 열왕기상 20장 6절 헬라어 구약성경 칠십인역과 시리아어 구약성경, 불가타 라틴어 구약성경을 따른 NRSV를 받아 들인 것이다. 개역성경에서

그래서 아흐압*은 장로들을 다 소집하여 말했다. "벤하닷이 나에게 사람을 보내어 나의 아내들과 자식들과 내 은과 금을 가져가겠다고 하며, 난동을 부립니다." 그 말을 들은 장로들은 "그 말을 듣지 말고 승낙하지 마십시오!"라고 간했다. 그래서 아흐압*은 벤하닷의 사신들에게 말했다. "내 상전이신 임금께 말씀드리십시오. 임금께서 첫 번째 요구하신 것은 내가 다 응하겠습니다. 그러나 둘째 것은 응할 수 없습니다." 사신들이 벤하닷에게 가서 아흐압*의 말을 전했다.

그러나 벤하닷이 아흐압*에게 사람을 보내어 말하게 했다. "신들에게 맹세하노니, 사마리아 성을 깡그리 부수어 먼지가 되게 할 것이고, 그 먼지를 군인들에게 나누어 주겠다." 이 말을 들은 아흐압*이 대꾸했다. "전쟁을 해서 누가 승리하는지 알기 전에는 미리 뽐내지 말아야 합니다." 사마리아를 포위하고 자신만만하게 막사에서 다른 동맹 영주들과 술을 마시던 벤하닷이 사신의 보고를 듣고는 부하들에게 각각 자기 위치로 가서 전투태세를 갖추라고 명했다. 그래서 그들은 사마리아 성을 향하여 공격 태세를 취하였다.

교훈

야훼 하나님을 배반하고 하나님의 눈 밖에 난 아흐압*이 평안할 리 없었다. 아무리 수가 적고 볼품이 없어도 전능자 하나님이 같이 하신다면, 어떤 강대국이 쳐들어와도 문제될 것이 없다. 아흐압*은 하나님을 버리고 자기 혼자 서서 아무 힘도 없는 바알을 믿고 있으니, 주변의 대국들이 그를 얕잡아 볼 수밖에 없었다. 아람의 벤하닷이 아흐압*을 우습게보고 농락한 것이다. 그리고 자기 힘으로 서려고 하는 아흐압*은 물량적으로 월등한 아람 국에게 굽실거릴 수밖에 없었다. 그런대로 그

는 히브리 마소라 본문을 따라 '네 눈이 기뻐하는 것'으로 옮겼다.

나라의 원로들은 아직 믿음이 있고 줏대가 있어서, 원수에게 그런 능욕을 당해서는 안 된다고 만용이라도 부릴 수 있었다. 그래도 벤하닷은 이스라엘을 깔보고 무력으로 밀어붙이려고 한다. 하나님을 떠난 이스라엘이 이렇게 원수 나라에게 모욕당하고, 물리적인 공격을 받아야 하는 난국에 처하게 되었다. 당연한 일이다. 하나님을 버린 자들의 당연한 귀결이다.

아흐압*에게 어떤 예언자가 한 제안(왕상 20:13-23)

해설

어떤 예언자가 아흐압*에게 나타나서 말했다. "야훼께서 말씀하십니다. '네가 이 많은 군대를 보았지? 내가 그들을 다 네 손에 넘겨줄 것이다. 그러면 내가 야훼라는 것을 네가 알게 될 것이다.'" 이 말을 들은 아흐압*은 "누구를 통해서 말이요?"라고 물었다. 그러자 그 예언자가 대답했다. "야훼께서 이렇게 말씀하십니다. '지방 책임자50)들을 섬기는 젊은이들을 통해서니라.'" 그러자 아흐압*이 또 물었다. "누가 전투를 시작할 것입니까?" "임금님이십니다."라고 예언자가 대답했다. 아흐압*은 지방 책임자들을 섬기는 젊은이들 232명을 소집하고, 그 뒤에 일반 이스라엘 백성 중에서 7천 명을 징집했다.

정오에 그들이 싸우러 나갔는데, 벤하닷과 32명의 동맹 영주들은 술을 마시고 취해 있었다. 지방 책임자들을 섬기는 젊은이들이 먼저 나서자, 벤하닷이 초계병을51) 내보내어 알아보게 했다. "사마리아로부터

---

50) 열왕기상 20장 13-15절 개역한글판에서는 '도의 방백'으로, 개역개정판에서는 '지방 고관'으로 옮겼다.

51) 열왕기상 20장 17절 히브리 마소라 본문에는 이에 해당하는 부분이 없다.

사람들이 나왔습니다."는 보고가 들어왔다. 벤하닷은 "화친을 위해서
나왔든 싸우러 나왔든 그들을 사로잡아라!"는 명령을 내렸다.

그러나 아흐압*의 군대는 이미 사마리아 성에서 출격을 시작한 상
태였다. 즉 232명의 젊은이만 아니라 7천 명의 일반 군인들까지 뒤따
라 나온 것이다. 그러자 아람 군 진영에 자중지난이 일어났다. 자기들
끼리 서로 죽이다가 도망친 것이다. 이스라엘 군대는 그들을 추격하였
다. 벤하닷은 기병대와 함께 말을 타고 달아났다. 출전한 아흐압*은 적
군의 말과 병거들을 공격하여 대승을 거두었다.

그 후에 예언자가 아흐압*에게 나타나서 진언하였다. "봄이 돌아오
면 아람 군대가 다시 임금님을 공격하러 올라올 테니, 어서 힘을 내시
고, 어떻게 하셔야 할지 잘 생각하십시오!"

교훈

1. 야훼 하나님은 이스라엘을 버리지 않고 계속 관심을 가지고 예언
자를 보내어 훈수하셨다. 우선 당면한 위기를 모면하는 길을 알려주셨
다. 정예부대를 먼저 소집하게 하고 예비군으로 7천 명을 따로 소집하
라는 등, 하나님은 묘책을 제시하여 이스라엘을 승리로 이끄셨다. 아흐
압*의 악행은 미웠지만 이스라엘 백성에 대한 하나님의 사랑은 그대로
남아 있었기 때문이다.

2. 야훼가 예언자를 아흐압*에게 보낸 것은, 미약한 병력으로도 막
대한 벤하닷과 연합군의 세력을 이겨냄으로써 야훼의 능력을 알게 하
시려는 것이었다. 이는 참 하나님 야훼를 무시하고 이방신을 섬기는 아
흐압*을 어떻게 해서든지 회개하게 하시려는 하나님이 내리신 사랑의

개역한글판에서는 그 자리에 '탐지군을'을, 개역개정판에서는 '정탐꾼을'을
작은 글씨로 써 놓았다.

조치였던 것이다. 그것을 알아차리지 못한 아흐압*은 마땅한 벌을 받게 될 것이다.

3. 예언자를 통하여 내년 봄에 있을 일까지 알리며 준비를 촉구하신 하나님의 용의주도한 사랑과 관심을 여기서 볼 수 있다. 아흐압* 왕은 미워도 사랑하는 백성을 위해 앞날을 대비하게 하신 것이다.

아람 군대가 패배하다 (왕상 20:23-34)

해설

이스라엘 군대에게 대패한 아람 국은 무슨 수를 써서라도 복수할 계획을 세우고 있었다. 아람 왕의 신하들이 임금에게 의견을 제시했다. 그들은 자기들이 이스라엘에게 진 것은 이스라엘 백성의 신들 때문이라고 생각했다. 즉 이스라엘의 신들은 산골을 지배하는 신이어서 산악전에 능하고, 따라서 아람 군이 산악전에서 그들에게 질 수밖에 없었다는 것이다. 그러니까 이번에 평원에서 전쟁을 하면 자기들이 더 강할 것이 분명하다는 것이었다. 그리고 동맹국들은 백해무익하니 그 동맹국 왕들이 지휘하던 자리에 아람 장교들을 배치하면 된다는 것이었다. 그리고 이스라엘 군대에게 궤멸 당한 만큼의 말과 병거를 다시 징집하여 싸우면 그들을 능히 이기고도 남을 것이라고 했다. 벤하닷은 그들의 말을 듣기로 했다.

봄이 돌아오자 벤하닷이 군대를 동원하여 아펙*으로 올라가 이스라엘과 싸우려고 진을 쳤다. 징집된 이스라엘 사람들도 무장하고 아람 군과 싸우려고 나아갔다. 아람 군 맞은편에 모인 그들의 세력은 보잘것없었다. 벌판을 가득 채운 아람 군에 비교하면 이스라엘 군은 염소 떼 두어 개 정도였다. 그때에 하나님의 사람이 아흐압*에게 다가와서 말했다. "야훼가 이렇게 말씀하십니다. 아람 사람들이 '야훼는 산악의 하나님이고, 계곡의 하나님이 아니다.'라고 말하므로, 내가 저 많은 무리를 네 손에 넘겨줄 것이다. 내가 야훼라는 것을 네가 알게 될 것이다."

쌍방은 칠일 동안 대치했다. 그러다가 이레가 되는 날 전투가 시작되었다. 이스라엘 군대가 그 하루에 아람 보병 10만 명을 죽였다. 그리고 나머지 아람 군인들은 아펙* 성 안으로 달아났다. 그런데 그 성벽이 무너지면서 그 남은 사람 2만 7천 명을 깔아 죽였다.

아람 왕 벤하닷도 달아나서 자신을 숨기려고 성 안으로 들어갔다. 그의 부하들이 그에게 말했다. "보십시오. 이스라엘 집안의 왕들은 자비로운 왕들이라는 말을 우리가 들었습니다. 그러니 우리가 상복을 허리에 두르고 항복한다는 뜻으로 머리에 새끼줄을 매고 이스라엘 왕에게로 나아갑시다. 혹시 그가 우리 목숨을 살려줄 지 모르지요." 벤하닷은 그 말에 동의했다. 그리하여 그들이 허리에 상복을 두르고 머리에 새끼줄을 동이고 아흐압* 앞으로 나아가서 말했다. "임금님의 종 벤하닷이 '제발 나를 살려 주십시오!'라고 빕니다." 아흐압*은 그 말을 듣고 말했다. "아직 그가 살아있소? 그는 내 동생52)이오." 벤하닷의 사신들이 어떤 징조가 나타나기를 지켜보고 있었는데, 아흐압*이 그런 말을 하자, "예, 그렇고 말구요. 벤하닷은 임금님의 동생입니다."라고 맞장구쳤다. 아흐압*은 어서 가서 벤하닷을 데려오라고 일렀다. 벤하닷이 아흐압* 앞에 나타나자, 그를 아흐압*의 병거에 올라와 타게 했다. 거기서 벤하닷이 말했다. "내 아버지가 임금님의 아버지에게서 빼앗은 마을들을 돌려드리겠습니다. 그리고 내 아버지가 사마리아에서 하신 것처럼 임금께서 다메섹에서 장터53)를 여십시오." 이 말을 들은 아흐

---

52) 개역성경 열왕기상 20장 32-33절에서는 히브리 마소라 본문과 마찬가지로 그저 '형제'로 옮겼다.

압*은, "이런 제안들을 받아들여, 나는 당신을 석방하겠소."라고 답변하였다. 이렇게 아흐압*은 벤하닷과 조약을 맺고 그를 석방하였다.

교훈

1. 아람 사람들은 야훼를 산악의 신이라고 제한하고 평원에서는 힘을 못 쓰는 신으로 과소평가했다. 그렇게 해석한 것은 그들의 자유이지만, 야훼 하나님이 어떤 하나님이신지 그들이 바로 깨닫지 못한 것은 문제다. 그들은 야훼께서 전지전능하신 하나님, 무소부재의 하나님, 천지 만물을 창조하신 하나님이라는 사실을 깨닫지 못했다.

2. 아람 사람들은 평지에서 싸움을 하려고 아펙*에 진치고 이스라엘 군대를 유인했다. 지리적 이점을 이용하려는 것이다. 다음은 그들이 압도적인 수의 군대와 군비를 가지고 이스라엘을 이기려고 했다. 그런 것들이 다 일반적으로 인간이 사용할 수 있는 전쟁 수단이고 전략이다. 그러나 승리에는 그 밖의 다른 조건도 있음을 계산에 넣지 않은 것이 문제다. 다름 아니라 하나님의 편드셔야 한다는 사실이다. 염소 떼거리 정도로 보이는 이스라엘의 군대가 중무장을 한 그 많은 아람 군대를 이겨낼 수 있었던 것은 이스라엘 군의 수나 전략 때문이 아니었다.

3. 패전한 아람 군은 비굴하게 아흐압*에게 목숨을 살려달라고 간청했다. 겉으로 뉘우치는 척 항복하는 척 하면서 목숨을 벌려고 했다. 누구나 목숨이 귀하고 아깝기에 그리 하는 것은 당연하다. 그러나 진정한 항복이 아니고 속으로는 뒷날을 기다리면서 가식적으로 현재의 위

---

53) 이는, 개역성경 열왕기상 20장 34절에서 볼 수 있듯이, 흔히 '거리'로 옮기는 히브리 낱말을 bazar로 번역한 NRSV를 따른 것이다.

기를 모면하려 한 것이다. 아흐압*이, 벤하닷이 제시한 하찮은 조건을 받아들여 그를 살려 돌려보낸 것은 잘한 일일까? 사람의 목숨을 귀하게 여기는 것은 옳지만, 이 경우는 후환을 내다보지 못하고 단행한 감상적이고도 어리석은 처사가 아닌가? 국가 지도자의 어리석은 판단은 임금 자신뿐 아니라, 국가 전체의 위험과 손해를 가져올 수 있다.

예언자가 아흐압*을 단죄하다(왕상 20:35-43)

해설

아흐압* 왕 시대에 이스라엘에는 예언자 동아리가 여럿 있었던 모양이다. 아흐압*이 아람 왕 벤하닷을 그냥 풀어 보내준 후 어느 날 예언자들이 모여 있는 곳에서 한 예언자가 야훼의 명령이라고 하면서 다른 예언자더러 "나를 때리시오!"라고 말했다. 그런데 그 말을 들은 예언자는 그리하지 않으려 했다. 그러자 그 첫 예언자가 말하기를, "당신은 야훼의 말씀을 순종하지 않았으므로, 당신이 나를 떠나자마자 사자에게 물려 죽을 것이오."라고 했다. 아니나 다를까 그 사람은 그 예언자를 떠나서 가다가 사자에게 물려 죽었다. 그러고 나서 그 예언자가 다른 예언자를 만나서 "나를 때리시오!"라고 했다. 그래서 그 사람이 그 예언자를 때려 상처를 냈다. 그런 후에 그 예언자는 거기를 떠나 눈에 붕대를 붙이고 가장한 다음에 길가에서 아흐압* 왕이 지나가기를 기다렸다. 왕이 지나가자 왕을 향하여 소리를 질렀다. "임금님의 종, 이 사람이 전쟁 한복판에 나갔는데, 한 군인이 돌아오면 적군 한 놈을 제게 데리고 왔습니다. 그리고는 저더러 '이 사람을 감시하시오. 그 사람을 놓치면, 그 사람 대신 당신이 죽든지, 아니면 은 한 탈란트*를 벌금으로 내야 하오.'라고 했습니다. 그런데 당신의 이 종이 무슨 바쁜 일 때문에 여기 저기 정신을 파는 동안, 그 포로가 달아나버렸습니다." 아흐압*은 그 예언자에게, "당신 자신이 정한대로, 그 사람에게 그 벌을 내리시오."라고 말했다. 그 말이 떨어지자마자 그 예언자는 자기 눈에 붙였던 붕대를 떼 냈다. 아흐압*은 그 사람이 예언자들 중의 하나인 것을 알았다. 그 예언자가 정색을 하고 아흐압*에게 말했다. "야훼가 이렇게 말씀하십니다. '내가 죽여 없애려는 자를 네가 풀어 놓아주었으니, 그 대신 네가 죽어야 한다. 그의 백성 대신 네 백성이 죽어야 한다.'" 그 말을 들은 아흐압*은 화도 나고 기분도 좋지 않아 울적한 마음으로 사마리아 왕궁으로 돌아갔다. 이스라엘 성전(聖戰)에서는 적군을 몰살하는 것 곧 〈헤렘〉(חָרֵם)이 전례로[54], 이는 신명기 7장 2절과 20장 16절에도 법으로 나와 있는데, 아흐압*은 그 법을 어긴 것이다.

교훈

1. 사람의 명령이라도 듣고 지켜야 하는데 하물며 야훼 하나님이 하라고 하신 일을 거역할 수 있겠는가? 야훼의 말씀을 어떤 때는 이해할 수 없다. 그래도 우리는 그의 말씀이라면 무조건 순종해야 한다. 하나님은 그 진리를 가르치려고 아흐압* 시대의 어떤 예언자에게 비유적인 행동을 강요하셨던 것이다. 사람들이 어리석어서 하나님의 말씀을 알아듣지 못하므로 하나님은 종종 역사 속에 사건을 일으켜 비유적인 교훈을 삼으신다. 죄 값이 사망이라는 진리를 아담의 후손들이 알았더라면, 하나님의 독생자가 세상 역사 속에 성육신하실 리가 없었으리라.

2. 아람 국과 벤하닷이 이스라엘을 계속 괴롭혔으므로, 하나님은 이스라엘이 벤하닷과 전쟁하여 아람 백성과 그들의 왕을 아흐압*의 손에

---

54) 개역성경 열왕기상 20장 42절에서 '내가 멸하기로 작정한 사람'으로 옮긴 히브리어 표현은 '내 진멸(〈헤렘〉)의 사람'으로 직역할 수 있다.

맡겨서 전멸하게 하시려 했다. 그런데 아흐압*은 하나님의 뜻을 어기고 쥐꼬리만 한 이득을 바라 그 왕을 살려주었으니 결국 하나님의 명을 어긴 것이고, 그 법대로 아흐압*이 죽을 수밖에 없었다.

나봇의 포도밭(왕상 21:1-16)

해설

이즈르엘* 사람 나봇에게는 이즈르엘*에 포도밭이 있었다. 그 밭은 사마리아 아흐압* 왕궁 바로 옆에 있었다. 아흐압*이 나봇에게 가서 말했다. "당신의 포도밭이 내 집 가까이에 있어 그것을 내 채소밭으로 만들고 싶으니 그것을 나에게 주시오. 그 대신 더 좋은 포도밭을 주겠소. 당신이 좋게 생각한다면, 그 밭 값을 돈으로 계산해서 드리겠소." 그러자 나봇은, "내가 나의 조상 전래의 유산을 임금께 드리는 것을 야훼가 허락지 않습니다."라고 말하면서 이를 거절했다. 나봇에게 거절당한 아흐압*은 화도 나고 기분이 상해 집으로 돌아왔다. 그리고는 침상에 누워 얼굴을 파묻고 음식도 먹으려 하지 않았다.

그의 아내 이제벨*이 와서, "어째서 그렇게 속상해 하며 음식도 먹지 않습니까?"라고 물었다. 그래서 아흐압*은 나봇에게 거절당한 이야기를 늘어놓았다. 그러자 이제벨*이 말했다. "당신이 지금 이스라엘을 다스리시는 것입니까? 일어나 식사하셔요. 그리고 기분을 푸셔요. 내가 그 이즈르엘* 사람 나봇의 포도밭을 당신에게 주리다."

그리고는 이제벨*이 아흐압*의 이름으로 편지들을 쓰고 옥쇄를 찍어 나봇이 사는 성읍에 같이 사는 장로들과 귀인들에게 보냈다. 그 편지의 내용은 다음과 같았다. "금식을 선언하시오! 그리고 나봇을 회중 첫머리에 앉게 하시오! 그리고 망나니 두 사람을 나봇 맞은 편에 앉게 한 다음에 그들로 하여금 나봇을 향하여, '네가 하나님과 임금을 저주했겠다.'라고 고발하게 하시오! 그리고는 나봇을 끌어내어 돌로 쳐죽이시오!" 이제벨*의 편지를 받은 성읍 사람들과 장로들과 귀인들이 이제벨*의 편지 내용대로 하여 나봇을 죽였다. 그리고는 "나봇은 돌에 맞아 죽었습니다."라고 이제벨*에게 보고했다. 이 소식을 들은 이제벨은 아흐압*에게 말했다. "가서 나봇의 포도밭을 차지하시오. 돈을 받고도 그 밭을 주지 않겠다던 나봇은 살아있지 않고 죽었으니 말이요." 그 말은 들은 아흐압*은 자리를 털고 일어나 나가서 그 밭을 차지했다.

교훈

1. 임금은 백성의 아버지이고 보호자인데 백성의 작은 땅 조각을 탐하고 그것을 수중에 넣지 못해 속상해 하는 아흐압*은 얼마나 못 되고 속 좁고 고약한 군주인가! 나봇은 그 포도밭이 조상 전래의 분깃이고 이스라엘 백성이 하나님께 받은 계명에 입각하여 마땅히 그것을 수호해야 하는 의무가 있으므로 임금의 청원을 거절한 것이어서, 할 일을 한 것이고 하나님께 충성한 사람이었다. 그런데도 임금과 황후가 째째하게 천인공노할 만큼 잔인한 음모를 꾸며서 그것을 빼앗았으니, 그 죄를 어찌 감당할 수 있겠는가! 그 악인들에게 죽음이라는 벌밖에 다른 벌이 남아 있지 않으리라.

2. 아흐압*과 이제벨*이 악한 통치자 부부라는 것을 뻔히 알면서도 장로들과 귀인들은 그 악에 물들어 양심이 마비되어 이제벨*의 계략대로 놀아났다. 하나님을 떠난 정권과 사회는 결국 도덕적으로 타락하고 윤리가 없는 무정부 상태로 빠져들고 선과 의가 있을 자리를 찾지 못하는 시대가 되기 마련이다. 악이 극도에 달하면 하나님은 그것을 버려둘 수가 없다. 패망이 닥쳐오는 것이 정한 이치이다.

엘리야후*가 아흐압*에게 하나님의 심판을 전하다(왕상 21:17-29)

해설

나봇이 죽었으니 어서 가서 그 포도밭은 차지하라는 이제벨*의 말을 들은 아흐압*은 의기양양하게 포도밭으로 가서 그것을 차지하고 기뻐하고 있었다. 그 때 야훼께서는 엘리야후*에게 아흐압*이 있는 곳으로 가서 그에게 그 다음의 말씀을 전하라고 하셨다. "야훼가 말한다. 네가 나봇을 죽이고 그의 땅을 차지했겠다. 야훼가 말한다. 개들이 나봇의 피를 핥던 바로 그곳에서 네 피를 개들이 핥을 것이다."

그 말을 들은 아흐압*은 엘리야후*에게, "오, 나의 원수여! 당신이 나를 찾았습니까?"하며, 어떻게 그런 내막의 일까지 알고 간섭하느냐 하는 식으로 대들었다. 그러자 엘리야후*가 설명을 붙였다. "그래 내가 네 진상을 똑똑히 보았다. 네가 내놓고 거침없이 나 야훼가 보기에 악한 일을 하였기에, 내가 네게 재난을 가져다 줄 것이다. 내가 너를 소멸할 것이고, 이스라엘의 모든 남자, 종이나 자유인을 불문하고 다 너 아흐압*에게서 떨어져 나가게 하고 네 가문을 야롭암* 집안 같이, 바아사의 집안 같이 만들어 버리리라. 그것은 네가 나를 노엽게 하고 이스라엘로 하여금 범죄하게 했기 때문이다. 이제벨*에 관해서도 야훼가 말한다. '이즈르엘* 경내에서 개들이 이제벨*을 먹을 것이다.' 너 아합에게 속한 사람으로서, 성내에서 죽은 사람을 개들이 먹을 것이고, 성 밖 들판에서 죽는 사람은 새들이 먹을 것이다." 아흐압*은 이 말을 듣자 자기 옷을 찢고 맨몸에 상복을 걸치고 금식을 선언하고, 상복을 입은 채 누워 맥 빠진 상태에 있었다. 그러자 야훼의 말씀이 엘리야후*에게 다시 임했다. "아흐압*이 내 앞에서 저렇게 겸손해진 것을 네가 보았느냐? 그가 저렇게 자신을 낮추니, 그의 생전에는 내가 그에게 재난을 내리지 않으련다. 그의 아들 대에 가서 그 집안에 재난을 내릴 것이다.”따지고 보면 야훼 보시기에 아흐압* 만큼 오로지 악을 행한 사람은 없었다. 아흐압*은 특히 황후 이제벨*에게 놀아나서 그런 악을 행하였던 것이다. 아흐압*은 야훼께서 이스라엘에서 몰아내신 아모리 본토인들처럼 우상들을 섬김으로써 가장 역겨운 일을 행한 사람이다.

교훈

1. 아흐압*과 이제벨*은 연약한 시민 나봇의 귀한 포도밭을 강점하는 악을 저지르고도 그것이 들통 나지 않으리라 생각했던 모양이다. 사람을 속일 수 있어도 하나님을 속일 수는 없다는 것을 그들은 모르고 있었다. 어리석은 사람들이었다. 하나님은 엘리야후*를 보내 아흐압*의 죄를 물었고, 그 죄에 해당하는 벌을 내리기로 하신 것이다. 하나님이 그런 악을 알아차리시지 못하거나 간과하신다면, 어떻게 그를 참 신이라고 할 수 있겠는가? 하나님의 눈을 속이려고 생각하는 사람이 너무 많다. 아니 하나님이 안 계신다고 생각하고 악을 자행하는 사람이 더 많으니 참으로 답답한 노릇이다.

2. 아흐압*이 하나님의 선고를 받고는 어느 정도 정신을 차렸다. 그러나 이미 너무 늦은 시간이었다. 그러나 하나님은 약간 그 심판의 도수를 감하셔서 재난 내리시는 것을 아흐압*의 후대로 미루셨다. 그런데 아버지가 받을 벌을 아들이 대신 받는다는 것이 옳은 일일까? 거기에는 아들이 이어서 악을 행한다는 것을 전제되어야 할 것이다. 하나님은 아흐압*의 아들 대에도 동일한 악이 자행될 것을 예견하셨기 때문에 그런 판결을 하셨을 것이다. 어쨌든 회개하는 사람에게 하나님은 마음을 돌이키신다는 사실을 여기서 알 수 있다. 하나님은 자비와 은혜의 하나님도 되신다는 사실을 알 수 있다.

유다 국과 동맹하여 아람 군 정벌에 나서다(왕상 22:1-12)

해설

아람 국왕 벤하닷이 패전하고 간신히 목숨을 건져서 돌아간 뒤 3년 동안은 이스라엘과 싸우지 않았다. 아흐압*은 어떤 날 신하들에게 "라못길르앗*이 우리 땅임을 경들은 알고 있습니까? 그런데 우리는 그동안 그것을 아람 왕의 손에서 빼오려는 활동을 전혀 하지 않았습니다." 라고 말한 적이 있었다. 그러나 3년 째 되는 해에 남쪽 유다의 제 4대 왕 여호샤팟*이 갑자기 이스라엘 왕을 찾아 사마리아로 내려왔다. 아마도 친선을 도모하려고 온 것 같다. 그 때에 아흐압*이 여호샤팟*더러 자기가 라못길르앗에서 전쟁하려고 하는데 같이 가지 않겠는가 하고 물었다. 여호샤팟*은, "내 생각도 같습니다. 내 백성이 당신의 백성이고, 내 군마가 당신의 군마입니다."라고 하면서 찬동하였다.

그러나 여호샤팟*은 아흐압*에게 "야훼의 말씀을 들어보십시오!" 하고 요청했다. 그러자 아흐압*은 400명 가량의 예언자들을 소집해 놓고 그들에게 물었다. "짐(朕)이 라못길르앗*을 탈환하러 전투를 하려는데, 그리하는 것이 좋겠소, 그만 두는 것이 좋겠소?" 예언자들은 이구동성으로 "가십시오. 야훼께서 아람 왕을 임금님 손에 넣어주실 것입니다."라고 대답했다. 그러나 여호샤팟*은 다시, "우리가 다른 예언자를 통해서 야훼의 의견을 들으면 좋겠는데, 다른 예언자가 없습니까?"라고 아흐압*에게 물었다. 그러자 아흐압*은 "또 한 사람의 예언자가 있습니다. 임라*의 아들 미카여후*입니다. 그러나 나는 그 사람을 미워합니다. 왜냐하면 그 사람은 나에게 재난만을 예고하지 나에게 유리한 것을 예언한 적이 전혀 없습니다." 그 말을 들은 여호샤팟*은 "그런 말씀은 하지 마십시오!" 라고 충고하였다. 그리하여 아흐압*이 관리 하나를 불러 미카여후*를 빨리 데려오라고 했다.

아흐압*과 여호샤팟*이 두 나라의 왕복으로 성장(盛裝)하고 사마리아 성문 입구 타작마당에 차린 두 왕좌에 앉았고, 수백 명의 예언자들이 그 왕들 앞에서 예언하고 있었다. 아마도 수라장을 이루고 있었을 것이다. 그 때 치드키야*라는 예언자가 자신을 위해 만든 철제(鐵製) 뿔들을 들고 나와서 "야훼께서 이것들로써 아람 사람들을 한 놈도 남기 말고 다 찔러죽이라 말씀하십니다." 라고 외쳤다. 다른 예언자들도 다 같이 예언하며 "라못길르앗*으로 올라가서 승리하십시오! 야훼께서 그 성을 임금님 손에 넘겨주실 것입니다."라고 했다.

교훈

1. 이스라엘 민족이 남과 북으로 나누어진지 이미 150년이 되었으니, 여러 면에서 남과 북의 상황이 달라져 있었다. 그런대로 남쪽에서는 야훼를 섬기고 있고, 북쪽을 동족으로 여기면서 이렇게 임금 여호샤팟*이 형제국인 이스라엘 왕 아흐압*을 먼저 찾아가는 아량을 보였다. 그러나 북쪽에서는 바알과 아세라를 비롯하여 많은 우상을 섬기는 나라가 되어 있었다. 그리고 예언 활동이 남아 있기는 했지만, 어용 예언자들로서 임금이 하는 일을 칭찬만 하고 비판하는 사람은 없었다. 결국은 거짓 예언자들로서 국록을 먹고 거수기 노릇만 하는 것이었다. 예언자의 수는 많은데 하나 같이 가짜였다. 그런 현상이 오늘 한국의 상황을 방불케 한다. 목사는 많은데 목사 구실을 하는 사람이 얼마나 있는가?

2. 그런 중에도 하나님은 이스라엘을 버리지 않고 참된 예언자 계열을 존속시키셨다. 미카여후*가 그런 참된 예언자에 속한다. 다수가 "예!" 한다고 따르는 것이 아니라, 하나님의 말씀을 받아 그대로 전하는 사람이었다. 많은 거짓 가운데서 혼자 진리를 주장하는 위험이 얼마나 큰지 알면서도, 목숨을 걸고 진리를 수호하는 하나님의 사람이 있어

야 한다. 하나님은 그런 사람을 살려 두셔서 당신의 뜻을 이루신다.

3. 그러나 많은 경우에 대세는 다수의 소리를 쫓는다. 거짓 예언자 치드키야*가 나타나 기발한 행동과 말과 유형물을 가지고 대중을 선동할 때 사람들은 그를 따랐다. 참 예언자와 거짓 예언자를 가려내는 것이 얼마나 중요한지 알아야 한다. 거짓 예언자도 다 야훼의 이름을 들고 나오기 때문에 사람들은 속아 넘어간다.

미카여후*가 아흐압*의 패전을 예고하다(왕상 22:13-28)

해설

아흐압* 왕의 어명을 받고 예언자 미카여후*를 부르러 간 전령이 예언자에게 일렀다. "보십시오. 다른 예언자들이 입을 맞추어 임금님의 마음에 드는 말을 했으니, 당신도 같은 말을 해서 임금님의 마음에 들게 하시오!" 그러자 미카여후*는 "야훼께서 살아계시지 않습니까? 나는 야훼께서 나에게 하시는 말씀을 전할 것입니다."라고 대답했다.

미카여후*가 아흐압* 앞에 나타나자 아흐압*이 그에게, "미카여후*여! 우리가 라못길르앗*으로 가서 싸워야 할까요? 아니면 그만 두어야 할까요?"라고 물었다. 그러자 미카여후*는 "올라가셔서 승리하십시오! 야훼께서 그곳을 임금님의 손에 넣어주실 것입니다."라고 대답했다. 이 말이 아흐압*에게는 빈정대는 말로 들렸다. 그래서 아흐압*은 "내가 당신더러 여러 번 야훼의 이름으로 참된 것 외에는 말하지 않겠다고 맹세하게 했는데, 얼마나 더 해야 합니까?"라고 꾸짖었다. 그러자 미카여후*가 정색을 하고 말했다. "내가 보니 이스라엘 백성 전체가 목자 없는 양처럼 여러 산에 흩어져 있습니다. 그리고 야훼가 말씀하시기를, '이들에게 주인이 없구나. 각자가 다 평안히 집으로 돌아가게 하여라!'고 하십니다." 이 말을 들은 아흐압*이 여호샤팟*에게 "이 사람이 나에 대하여 아무것도 유리하게 말하지 않고 재난만을 말한다고 이미 내가 말씀드리지 않았습니까?"라고 말했다.

미카여후*가 계속해서 말했다. "그러니까 임금께서는 야훼의 말씀을 들으십시오. 내가 보니 야훼께서 그의 옥좌에 앉으셨고, 그의 좌우에는 천군들이 시립(侍立)하고 있습니다. 그리고 야훼께서 '누가 아흐압*을 꾀어 라못길르앗*으로 올라가 거기서 쓰러지게 할 것인가?'라고 물으셨습니다. 그러자 어떤 천사는 이런 말, 다른 천사는 또 다른 말을 하고 있는데, 마침내 한 영이 나서서 야훼 앞에 서더니 '내가 그를 꾀겠습니다.'라고 대답했습니다. 그러자 야훼께서 그 영에게 어떻게 그리 하겠느냐고 물었습니다. 그러자 그 영은 '내가 나가서 그의 모든 예언자들의 입에서 거짓 영 노릇을 하겠습니다.'라고 대답했습니다. 그러자 야훼께서 '네가 그를 꾀어야 한다. 네가 성공할 것이다. 어서 나가서 그렇게 하라!'고 하셨습니다. 자, 보십시오! 야훼께서 임금님의 이 모든 예언자들의 입에 거짓 영을 두셨습니다. 야훼께서 임금님에게 재난을 내리기로 정하신 것입니다."

그 때 예언자 치드키야*가 미카여후*에게 다가가서 뺨을 때리고 "야훼의 영이 나에게서 너에게 말하기 위하여 옮아갈 때 어느 길로 갔느냐?"라고 말했다. 미카여후*는 "당신이 깊은 동굴 방으로 숨으러 들어갈 때, 바로 그날 당신이 그 길을 알게 될 것이요."라고 대답했다.

아흐압*이 "미카여후*를 잡아서 이 성의 책임자 아몬과 내 아들 요아쉬*에게 돌려보내라!(돌려보내라는 말로 미루어 볼 때, 미카여후*를 감방에 가두고 여러 날 그를 불러내어 신문하고, 유리한 말을 받아내려고 했던 것 같다.)"라고 명령했다. 그리고 다시 "이 놈을 옥에 가두고, 내가 이기고 돌아올 때까지 적은 양의 빵과 물 배급으로 연명하도록 하라고 한다고 전하라."고 명령했다. 이 말을 들은 미카여후*는 "임금께서 이기고 평안히 돌아오신다면, 야훼께서 나를 통해 이런 말씀을 하셨겠습니까?"라고 대꾸한 다음에 백성에게는 "여러분 백성들이여, 모두 이 말씀을 들으십시오!"라고 말했다.

교훈

1. 거짓 예언자들의 수가 압도적으로 많아 다수결로 진리를 매몰하려는 경우가 있다. 그러나 진리는 수 때문에 변하는 것이 아니다. 민주주의의 약점 중의 하나가 그런 것일 수 있다. 그러나 하나님은 진리의 편이시고, 진리가 이기도록 하시는 분이시다.

2. 거짓 예언자와 참 예언자의 싸움은 계속되고 있다. 엄존하신 야훼 하나님은 신령한 옥좌에 앉아 권위를 가지고 다스리신다. 선한 영도 지배하시고 악한 영도 지배하신다. 악한 아흐압*을 징계하시려고 악령을 많은 거짓 예언자들 입에 보내어 아흐압*으로 하여금 승산 없는 전쟁으로 나가도록 몰아넣는다. 그러나 하나님은 선한 영을 참 예언자에게 보내어 그 잘못을 지적하고 미연에 깨달을 수 있는 기회를 주시므로, 실패한 아흐압*이 핑계댈 도리가 없다. 몰라서 그랬다든가 거짓 영을 보내셨으니 하나님의 책임이 아닙니까 하고 따질 수 없다. 야훼를 존경한다면, 야훼가 하시는 말씀에 무조건 순종해야 한다.

3. 미카여후*는 정말로 충성된 예언자였다. 어떤 위협과 박해에도 굴하지 않는 모범적인 예언자였다. 영어의 몸이 되고 식생활에 제한이 있을지라도, 참은 참이요 거짓을 거짓이라 주장하면서 일편단심 정의를 위해 싸웠다. 그리고 야훼의 예언이 반드시 이루어질 것을 믿었다.

4. 참 예언자과 거짓 예언자의 차이가 무엇일까? 거짓 예언자는 대중이 듣고 싶은 말을 하여 그들의 호감을 산다. 참 예언자는 대상이 누구든지 하나님이 명령하시는 말씀을 전한다. 거짓 예언자는 악령에게 사주 받거나 자기의 생각을 말한다. 참 예언자는 하나님이 영으로나 환상이나 꿈으로 보여주시는 것을 말한다. 거짓 예언자들은 하나님 아닌 다른 신을 선전한다. 즉 악령에 사로잡혀서 악령의 말을 전한다. 참 예언자는 어디까지나 하나님이 시키시는 말을 하고, 목숨을 걸고 어떤 위험도 무릅쓰고 하나님이 하라고 주시는 말씀을 전한다.

아흐압*의 패전과 죽음 (왕상 22:29-40)

해설

아흐압* 왕은 참 예언자의 말을 듣지 않고 거짓 예언자들의 말을 따라, 여호샤팟* 왕과 함께 라못길르앗*으로 올라갔다. 아흐압*이 여호샤팟*에게, "나는 변장을 하고 전투에 참여할 터인데, 당신은 왕복을 그냥 입고 계십시오!"라고 말했다. 그리고는 아흐압*은 변장하고 전투에 임했다.

아람 왕 벤하닷은 병거 부대 장교 32명에게 명령했다. 적군의 병사들과는 상대의 지위 고하를 막론하고 맞서 싸우지 말고 오직 이스라엘의 왕 곧 아흐압*만을 공격하라는 것이었다. 그 장교들은 여호샤팟*이 눈에 띄자, "틀림없이 저자가 이스라엘의 왕일 것이다."라고 하면서 그를 공격하러 몰려들었다. 이에 야호샤팟*이 소리를 질렀다. 그러자 그 장교들이 야호샤팟*을 자세히 보고, 그가 이스라엘의 왕이 아니라는 것을 알고는 그를 쫓지 않고 물러가고 말았다. 그런데 어떤 아람 군인 하나가 무심코 시위를 당겨 쏘아댄 화살이 아흐압*의 철갑과 가슴 받이 사이로 들어가 그 몸에 박혔다. 아흐압*은 병거를 모는 군인더러, "내가 상처를 입었으니, 말을 돌려 싸움터에서 빠져나가게 하라!"고 명령했다.

그날 전투는 점점 가열되고, 아흐압*은 병거에 선 채 저녁까지 아람 군대들을 마주보아야 했다. 결국 아흐압*은 상처에서 피가 많이 흘러 병거에 선 채 죽었고, 그 피가 병거 바닥에 홍건하였다. 해질 무렵 이스라엘 진영에서 어떤 사람이 "각각 자기 성읍으로 가시오! 각각 자기 동네로 가시오!"라고 고함을 지르며 돌아다녔다. 아흐압*의 죽음을 안 사람이었을 것이다.

이렇게 해서 아흐압*은 죽었고, 그 시신이 사마리아로 옮겨져 매장되었다. 사람들이 사마리아 못에서 아흐압*이 탔던 병거에 발린 피를 씻어냈고, 예언대로 개들이 그의 피를 핥았다. (열왕기상 21장 19절에서는 엘리야후*가, 아흐압*이 이즈르엘에서 피를 흘릴 것이라고 예언했는데 그 예언대로는 되지는 않았다.) 그리고 창녀들이 그 못에서 몸을 씻었다. 결국 창녀들이 목욕하는 더러운 물로 아흐압*의 피를 빨았다는 말이 된다. 이렇게 아흐압* 왕이 죽고 그의 아들 아하즈야후*가 왕위를 계승했다(주전 850년).

교훈

1. 하나님의 예언은 기가 막히게 잘 맞아 떨어졌다. 아흐압*이 옹고집을 부리며 오기를 가지고 야훼의 계획을 무시하려 했지만, 또 온갖 수단을 써서 전사를 피하려 했지만, 적군의 어떤 병사가 무심코 쏜 화살이 아흐압*의 전신갑주의 빈 구멍으로 들어가 그 몸을 찔러 죽게 했으니, 그 어찌 하나님이 하신 일이 아니겠는가? 하나님을 대항하는 일처럼 어리석은 일은 없다. 개가 그의 피를 핥으리라는 예언, 주인이 없

으니 모두 집으로 잘 돌아가라고 한 미카여후*의 예언, 그의 아들까지
는 왕위에 있게 하시겠다는 예언 등, 하나님의 예언은 어김없이 이루어
졌다.

2. 여호샤팟*은 왕복을 입은 채 전장에 나가게 하고 아흐압* 자신은
변장하고 나갔다는 것은, 아흐압*이 자기에게만 유리하게 하려는 수단
이었을 것이다. 적군의 시선을 여호샤팟*에게 돌려 그를 공격하게 할
심산이었으니, 아흐압*의 심보가 못되었던 것을 알 수 있다. 아무리 꾀
를 부렸어도 결국 자기가 먼저 죽었다. 사람의 목숨은 하나님이 주시고
또 거두어 가신다.

여호샤팟*(주전 873-849년)이 유다를 다스리다(왕상 22: 41-50)

해설

유다 왕 아사의 아들 여호샤팟*이 이스라엘 왕 아흐압* 왕 제 4년
즉 주전 873년에 왕위에 올라, 예루살렘에서 25년간 통치하였다. 그
나이 35세 때 왕이 되었다. 그는 부왕 아사가 걸은 길을 걸었고 야훼 보
시기에 옳은 일을 행함으로써 부왕의 길에서 탈선하지 않았다. 그러나
부왕처럼 산정 산당들을 헐지 않았으므로, 백성이 거기에서 제사드리
고 분향했다. 그는 북쪽 나라 이스라엘과 우호관계를 맺었다. 그리고
부왕 아사 시대에 아직 그 땅에 남아있던 성전 남창(男娼)들을 없앴다.
에돔에는 왕이 없고, 어떤 대리인[55])이 다스렸다. 여호샤팟은 오필*

---

55) 개역성경 열왕기상 22장 47절에서는 '섭정왕'으로 옮겼다.

에 가서 금을 가져오려고, 타르시스*의 배를 본따 배를 만들었다. 그러나 이스라엘 최남단의 항구인 에치온 게벨*에서 그 배들이 부서지는 바람에 뜻을 이루지 못했다. 그 때 북쪽 나라 이스라엘의 아하즈야후* 왕이 여호샤팟*에게 제안했다. 자기의 종들과 야호샤팟*의 종들이 같이 배를 타고 가면 어떻겠느냐는 것이었다. 그러나 여호샤팟*은 그럴 마음이 없어 거절하였다. 여호샤팟*은 죽어(주전 849년) 다윗 성에 묻혔고, 그의 아들 여호람이 그 대를 이었다.

교훈

여호샤팟* 왕은 비교적 훌륭히 통치했고, 많은 치적을 남겼다. 나라의 번영을 위해 무역도 하려고 노력했고 주변 나라들과 조심성 있게 관계를 맺고 지냈으며 성전 남창제도를 없이하는 등 하나님 보시기에 큰 잘못은 없었지만, 아직 산당 제사를 방치해 둠으로 백성들이 그릇된 길을 가게 했다. 신명기 역사가들의 척도에 비추어 볼 때, 그것이 흠이었다. 율법적으로 볼 때 모든 계명을 다 지킨다 해도 그 중의 하나를 지키지 못하면 역시 죄인으로 취급되는 법이다.

아하즈야후*(주전 850-849년)가 이스라엘을 다스리다(왕상 22:51-53)

해설

아흐압*의 아들 아하즈야후*가 유다 왕 여호샤팟* 제 17년에 사마리아에서 이스라엘을 통치하기 시작했다. 그는 야훼가 보시기에 악한 일을 하고 그의 아비 아흐압*과 어미 이제벨*의 길을 걸었으며, 조상 야롭암*의 길을 걸으며 백성으로 하여금 죄를 짓게 하였다. 즉 그는 바알에게 예배하여 그의 아비가 한 그대로 이스라엘의 하나님 야훼를 격동시켰다.

교훈

이스라엘의 8대 왕으로 등극한 아하즈야후*는 초대 왕 야롭암* 때부터 내려오는 악한 전통을 그대로 물려받아 우상과 이방 신을 섬기고 하나님의 법도를 떠나서 살면서 백성들에게도 같은 길을 가게 하였다. 결국 악한 목자가 자기 양을 방치하거나 그릇된 길로 인도하여 사지에 몰아넣는 격으로 임금이라는 사람의 잘못된 인도와 통치로 말미암아 나라 전체가 패망의 길을 가게 되었다. 안하무인으로 자기가 법이고, 자기가 좋게 보는 것이 좋은 것이었다. 표준이 하나님께 있지 않고 인간과 자신을 표준으로 삼았으니, 결국 자멸의 길을 가게 되어 겨우 2년 만에 왕위를 잃어야 했다.

열왕기하

　　원래 열왕기하는 열왕기상과 한 책이었으므로 그 서론적인 이야기는 이미 열왕기상을 공부할 때 다루었다. 열왕기하 저자는 이스라엘 나라와 유다 나라가 각각 앗시리아*와 바빌론*에게 망하고 포로가 된 사실을 신학적으로 설명한다. 이스라엘 민족은 야훼 하나님과 언약을 맺은 백성이어서 그 언약을 어기면 벌 받도록 되어 있는데(신 28:15, 36-37, 47-52, 63-65), 그들이 그 언약을 어겼으므로 벌 받았다는 것이다. 그들이 정치적으로 패망한 것은 야훼 하나님이 무력해서가 아니고, 그의 능력을 나타내시기 위함이라는 것이다. 저자들은 북쪽 이스라엘 왕들을 평가하는 척도로 "그는 야훼께서 보시기에 악을 행하였다. 그는 이스라엘로 죄를 짓게 한 느밧의 아들 야롭암*의 죄에서 떠나지 아니하고 그대로 본받았다."라는 말을 자주 썼다. 곧 이런 왕은 악한 왕이고 그렇지 않은 왕은 선한 왕이었다는 것이다.

　　예언자들의 경고가 있었는데도 북쪽 나라 이스라엘의 수도 사마리아가 주전 722년에 파멸되었다. 그것은 그 나라가 야훼에게 불복하고 이방 신들을 섬겼기 때문이다(왕하 17:7-23). 남쪽 나라 유다는 요시야 왕의 혁명이 있었는데도 사마리아의 패망을 전감으로 삼지 않고(왕하 17:19) 그 전철을 밟다가 주전 587년에 파멸되었다. 므낫세 왕이 회개하지 않고 철저히 타락하였으므로, 야훼는 북쪽 나라 이스라엘을 제거하신 것처럼 유다도 제거하시기로 하신 것이다.

　　그런대로 열왕기하는 그 끝을 약간 희망을 주는 메시지로써 마감한다. 유다 국이 포로로 잡혀간 지 37년 되는 해에 여호야긴 왕이 풀려난 후에 첨가된 부록이 붙어 있다. 여호야긴의 석방은 희망을 잃은 한 국가에 대한 마지막 희망이었다. 그 사건은 이스라엘이 패했지만 완전히 망한 것은 아님을 보여준다. 이로써 하나님이 기름 부으신 메시아가 바빌론*에서 풀려난 유다 왕 여호야긴 속에 아직 살아 있다는 생각을 하게 한다.

열왕기하는 내용을 따라 엘리샤*의 사역(1:1-8:29), 예후의 혁명(9:1-10:36), 아탈리야*와 요아스(11:1-12:21), 북왕국의 와해(13:1-17:41), 남왕국의 와해(18:1-25:30)라는 다섯 부분으로 나눌 수 있다.

엘리야후*가 아하즈야*를 탄핵하다(왕하 1:1-16)

해설

북왕국 이스라엘의 아흐압* 왕이 죽자, 모압 국이 이스라엘에게 등을 돌렸다. 다윗의 통일왕국 시대에 통일 이스라엘에게 예속되어 있던 모압 국이 이스라엘이 남왕국과 북왕국으로 분열된 후, 특히 북쪽 나라의 아흐압* 왕이 죽은 다음에는 더는 이스라엘에게 예속되지 않겠다고 반기를 든 것이다.

아흐압*의 왕위를 계승한 그의 아들 아하즈야*가 사마리아 왕궁의 난간에서 떨어져 크게 다쳐 누워있게 되었다. 그래서 그는 자기의 건강이 과연 회복될 수 있겠는지를 알아보려고 사신들을 에크론*의 신, 곧 불레셋* 사람들의 신인 바알즈붑*에게 보냈다. 그러나 만사를 꿰뚫어 아시는 야훼께서는 천사56)를 엘리야후*에게 보내어 그 사신들을 만나 다음과 같이 말하게 하셨다. "이스라엘에는 하나님이 없어서 에크론*의 하나님 바엘즈붑*에게 물으러 가는 것입니까? 야훼께서는 '너 아하즈야*는 네가 들어가 누운 침상을 떠나지 못하고 반드시 죽을 것이다.'고 말씀하십니다." 그렇게 말하고 엘리야후*는 가버렸다.

---

56) 개역성경 열왕기하 1장 3, 15절에서는 '여호와의 사자'로 옮겼다.

그 사신들이 임금께 돌아오자, "어째서 돌아왔는가?"라고 임금이 물었다. 그러자 그들은 자기들이 엘리야후*를 만나서 그에게 들은 이야기와 그가 하라는 말을 그대로 전했다. 그러자 아하즈야*는 "그자가 도대체 어떤 사람이었느냐?"라고 물었다. "털이 많은 사람이었고, 허리에 가죽 띠를 띠고 있었습니다."라고 그들이 대답하자, "그자는 엘리야로구나."하고 임금이 말을 받았다.

임금은 오십부장 곧 50명의 군인들을 통솔하는 장교와 군인 50명을 보내어 엘리야후*를 데려오도록 했다. 그래서 그 오십부장이 산마루에 앉아 있는 엘리야후*더러, "오, 하나님의 사람이여! 임금님이 내려오시라고 합니다."라고 말했다. 엘리야는 그 장교에게 대답했다. "내가 하나님의 사람이기에 하는 말이요. 하늘에서 불이 내려와서 당신과 50명의 군인들을 사를 것이오." 그러자 하늘에서 불이 내려와 그 장교와 군인들을 살라버렸다. 그 소식을 들은 임금은 다시 그 오십부장과 군인 50명을 보내어 전과 같이 임금이 내려오시라고 한다는 말을 전했다. 엘리야는 전과 꼭 같이 하여 그 사람들을 불살라 버렸다.

아하즈야*가 세 번째 다시 오십부장과 군인 50명을 보내었는데, 그 오십부장은 엘리야에게 간청하였다. "오, 하나님의 사람이시여! 제발 나와 당신의 종들 50명의 생명을 귀하게 여겨주십시오! 전에는 하늘에서 불을 내려 그들을 불살랐지만, 제발 나의 생명을 어여삐 여겨주십시오!" 그러자 하나님의 천사가 엘리야후*에게 말했다. "두려워하지 말고 그와 함께 내려가시오!" 그래서 엘리야후*는 내려가서 그와 함께 임금 앞에 섰다. 그리고 임금에게 다음과 같이 말했다. "야훼가 말씀하십니다. '네가 에크론*의 신 바알즈붑*에게 물어보려고 사신들을 보내었는데, 이스라엘에는 의논할 만한 하나님이 없어서 그랬느냐? 이런 일 때문에 너는 들어가 누운 침상을 떠나지 못하고 반드시 죽을 것이다.'"

교훈

1. 한 때는 속국으로서 이스라엘에 조공을 바치고 복종하던 모압이 이스라엘이 약해지고 별 힘이 없다고 느끼자 이스라엘을 배신하고 이스라엘에게서 등을 돌렸다. 이는 세상에서 흔히 볼 수 있는 일로 힘의 원리에 따른 것이다. 강한 자가 약한 자를 다스리는 원리에서 볼 때 당연한 일이다. 사랑으로 서로 돕고 서로 섬기는 원리, 서로 원수가 되지 않고 사랑으로 뭉치는 세상이 되어야 하는 것이 아닌가?

2. 아하즈야*는 난간에서 떨어져 그 목숨이 위기에 처했을 때, 하나님의 사람 엘리야후*를 불러 하나님의 도움을 청했어야 하지 않았을까? 하나님의 선민 이스라엘의 왕인 그가 반대로 이방신 바알즈불*에게 자기의 운명이 어떨지를 물으려고 했으니 어찌 그 일이 풀릴 수 있었겠는가? 하나님은 그의 무지를 깨우치시기 위해 천사를 보내어 간섭하셨건만 그는 깨닫지 못하고 끝까지 야훼 하나님께 맞섬으로써 자멸을 택했다.

3. 세 번째 파송된 오십부장은 야훼 하나님의 은총을 빌고 자기의 목숨이 하나님께 달려 있음을 깨닫고 애걸함으로 위기를 면했다. 하나님을 끝내 배반한 아하즈야*는 하나님의 은총을 입지 못하고 결국 패망 선고를 받고 말았다. 하나님의 엄위하심과 심판을 눈으로 거듭 보면서도 깨닫지 못하는 아하즈야*와 같은 지도자는 살아남을 수 없다.

4. 하나님의 사람 엘리야후*는 하나님과 아주 가까이 교통하고 있었다. 그가 하는 말대로 하늘에서 불이 떨어져서 아하즈야*의 사신들을 불살랐다. 카르멜* 산에서도 엘리야후*는 불을 내려 제단을 태우고 물을 말렸다. 고금을 통하여 하나님과 가까이 하는 자, 영성의 도수가 높은 사람들은 하나님의 능력을 크게 얻어 구사(驅使)한다.

아하즈야*의 죽음(왕하 1:17-18)

해설

엘리야후*가 대언한 야훼의 말씀대로 아하즈야*는 병상에서 회복되지 못하고 죽고 말았다(주전 849년). 그리고 그의 동생[57] 요호람*이 왕위에 올랐다. 그것은 유다 왕 여호샤팟*의 제 2년에 된 일이다. 아하즈야*에게 아들이 없었으므로 왕의 동생이 왕위를 승계한 것이다.

교훈

아하즈야*는 등극한 지 일 년 만에 죽었고, 왕위를 물려주어야만 했다. 하나님을 배반한 이스라엘 임금의 말로가 이토록 불행하고 단명했음을 여기서 밝히 알 수 있다. 아하즈야*가 난간에서 떨어져 치명상을 입은 것도 우연이라고 할 수 없지 않은가? 이미 그의 아버지 아흐압*에게 아들 대에 가서 망한다고 일러준 말씀이 이루어진 것이다. 하나님의 눈 밖에 난 자의 운명이 어떤지 여기서 확실히 드러난다.

엘리야후*가 승천하다(왕하 2:1-12)

해설

야훼께서 엘리야후*를 돌풍으로 하늘로 들어 올리시려는 즈음에 엘리야후*와 엘리샤*는 함께 길갈을 떠나 길을 가고 있었다. 그때 엘리

---

57) 이는 열왕기하 1장 17절헬라어 구약성경 칠십인역과 시리아어 구약 성경을 따른 것이다. 히브리 마소라 본문을 따른 개역성경에는 '그의 동생'이란 말이 없다.

야후*가 엘리샤*에게 "야훼께서 나를 벧엘까지만 가라고 보내셨으니, 너는 여기에 있거라!"라고 말했다. 그러나 엘리샤*는, "절대로 그럴 수 없습니다. 나는 사부님을 떠나지 않겠습니다."라고 했다. 그래서 그들이 함께 벧엘까지 갔다. 벧엘에 있는 예언자 동아리58)가 엘리샤*에게 "오늘 야훼께서 어르신의 사부님을 어르신으로부터 떼어 놓으시려는 것을 아십니까?"라고 말했다. "그렇다. 나는 알고 있다. 조용히들 하라!"고 엘리샤*가 일렀다.

엘리야후*가 엘리샤*에게 다시 "야훼께서 나를 여리고로 보내기로 했으니, 너는 여기에 있거라!"라고 말했다. 그런데 엘리샤*가 "절대로 그럴 수 없습니다. 저는 사부님을 떠나지 않겠습니다."라고 하면서 계속 따르겠다고 고집하므로, 그들이 함께 여리고로 갔다. 그런데 여리고에 있는 예언자 동아리가 엘리샤*에게 다가가서 "오늘 야훼께서 어르신의 사부님을 어르신에게서 떼어놓으실 작정인데 그것을 아십니까?"라고 말했다. 엘리샤*는 "그래, 알고말고. 너희는 조용히 하라!"고 대꾸했다.

엘리야후*가 엘리샤*에게 "야훼께서 나를 요단강으로 보내시려고 하니, 너는 여기에 머물러라!"고 말했다. 그러나 엘리샤*는 절대로 사부님을 떠나지 않겠다고 맹세했다. 그래서 그 둘이 함께 떠났다. 거기에 50명의 예언자 동아리가 그 두 사람을 따라나섰다. 그러다가 그 둘이 요단 강가에 섰을 때, 예언자 동아리는 그 두 사람에게서 약간 거리를 두고 멋어섰다. 그러자 엘리야후*가 그의 외투를 말아가지고 강물을 쳤다. 그러자 물이 양쪽을 갈라섰고, 마른 땅처럼 되었다. 그래서 그 두 사람이 마른 땅을 밟고 건너갔다.

그들이 요단강을 건너자, 엘리야후*가 엘리샤*에게 "내가 너를 떠

58) 열왕기하 2장 3, 5, 7절 개역한글판에서는 '선지자 생도(들)'로, 개역개정판에는 '선지자의 제자(들)'로 옮겼다. 위 104쪽 각주 35와 아래 201쪽 각주 65와 228쪽 각주 74도 참고하라.

나기 전에 내가 너를 위하여 해 주었으면 하는 것을 말하라!"고 말했다. 엘리샤*는 "청컨대 제가 사부님의 영을 갑절로 물려받게 해 주십시오!"라고 요청했다. 엘리야후*는 "네가 어려운 일을 요청하는구나. 내가 네게서 떠나갈 때, 네가 나를 보면, 네 소청이 이루어질 것이고, 나를 보지 못하면, 그 소청이 이루어지지 않을 것이다."라고 대답했다. 그들이 계속해서 걸으며 말을 주고받을 때, 불 수레와 불 말이 그 둘 사이를 떼어놓고, 엘리야후*는 돌풍에 휩싸여 하늘로 올라갔다. 엘리샤*는 그것을 계속 지켜보며, "아버지, 아버지, 이스라엘의 병거이며 기병이시여!"라고 소리 질렀다. 그러나 더는 엘리야후*가 보이지 않자, 엘리샤*는 자기 옷들을 쥐고 두 조각으로 찢었다.

교훈

1. 이스라엘 왕국은 야훼를 버리고 이방신을 섬기며 타락 일로에 있었기 때문에 하나님은 엘리야후*와 같이 능력 있는 예언자를 보내어 경고하고 개혁하려고 하셨다. 엘리야후*의 노력이 컸지만 그 나라의 타락은 멈추지 않았다. 엘리야후* 한 사람이 일생 동안 희생하며 애써도 고칠 수 없을 정도로 이스라엘은 타락했던 것이다. 하나님은 이제 충성된 종 엘리야후*를 하나님의 품으로 올려 가시고, 이어서 엘리샤*라는 예언자에게 갑절의 영을 부어 계속 예언 활동을 하게 하셨다. 여기서 우리는 이스라엘에 대한 하나님의 끈질긴 관심과 사랑을 볼 수 있다. 사람은 하나님을 버리고 몰라라 하는데, 하나님은 여전히 당신의 자녀에게 마음을 두고 그들을 참을성 있게 인도하신다.

2. 엘리야후*와 엘리샤* 시대에는 그 둘뿐 아니라 여러 곳에 예언자 동아리가 나타나 예언 활동을 하였다. 하나님께서 이스라엘의 비상 시

대에 필요로 하는 많은 수의 예언자들을 일으키신 것이다. 하나님이 주시는 영을 받은 사람이 예언자가 되는 것이므로, 하나님이 주동자가 되셔서 예언자들을 일으켜, 타락 일로에 있는 이스라엘을 인도하신 것이다. 하나님은 당신의 지대한 사려와 작용을 통해서 예언자들을 일으켜 선민 이스라엘을 지도하게 하셨건만, 그 은총과 배려를 감사하지도 않고 그에 순응하며 하나님의 뜻을 찾으려하지 않은 이스라엘은 결국 멸망하고 만다. 이스라엘은 배은망덕의 죄를 지은 것이다.

3. 엘리야후*는 자기의 임무를 끝까지 잘 수행하였고, 끝으로 훌륭한 후계자를 만들어 놓는 일까지 완수하였다. 엘리샤*는 사부님을 정성스럽게 받들어 섬기며 그에게 배웠을 뿐 아니라, 중책을 수행하는 데는 자기의 힘으로 할 수 없음을 깨닫고, 사부님의 영을 배로 받아야 능히 감당할 수 있겠다고 생각하여 그것을 간청하여 얻어냈다. 자기 힘으로써가 아니라 하나님의 힘으로만 할 수 있다는 겸손한 생각을 가진 엘리샤*가 끝까지 사부님을 닮으려고 노력했고, 더 나아가 갑절의 능을 받아야 한다는 충정을 가지고 요구하여 그 뜻을 이루었다. 엘리샤*의 거룩한 요청에 하나님은 응답하셨고, 그것을 가지고 엘리샤*는 하나님의 영광을 위하여 노심초사했다.

4. 엘리야후*와 엘리샤* 시대에 많은 기적이 일어났다. 결국 그만큼 이스라엘 백성의 믿음이 약하였으므로 그런 기적을 보여줄 필요성이 어느 때보다 컸던 것이다. 기적이라는 것은 기적 자체를 위한 것이 아니라 하나님이 당신의 존재와 그의 능력을 깨우쳐 주려고 쓰시는 수단이다. 그 두 예언자를 통해 기적이 많이 일으키신 것은 그만큼 이스라엘 백성이 무신론적이고 이교적이었기 때문이다. 하나님은 그런 배신자들에게 다시 신앙을 넣어주시려고 큰 예언자들을 통하여 큰 이적들

을 구사하신 것이다. 기적이 사람의 호기심을 일으키는데서 끝나서는 안 된다. 기적은 하나님께 대한 믿음을 얻게 하는 수단이다.

5. 엘리샤*는 엘리야후*를 가리켜 "아버지, 이스라엘의 병거, 이스라엘의 기병"이라고 불렀다. 예언자 엘리야후*는 이스라엘 백성에게 아버지 같은 존재였고, 이스라엘을 위해서 싸운 영적인 병거요 기병이었다는 말이다. 예언자 엘리야후*는 그만큼 그 사회에 영향을 끼쳤고, 능력 있게 중차대한 역할을 한 사람이었다. 어느 시대나 하나님은 예언자를 세워 그가 그 사회를 위해 그런 역할을 하기를 바라신다. 오늘의 사제와 목사들이 과연 얼마나 엘리야후*의 후계자로서 제역할을 잘 하고 있는 것인가?

엘리샤*가 엘리야후*를 계승하다 (왕하 2:13-18)

해설

엘리샤*는 하늘로 들려 올라가는 엘리야후*에게서 자기에게 떨어진 외투를 집어가지고 돌아와 요단강 가에 섰다. 그가 받은 외투를 가지고, "엘리야후*의 하나님 야훼가 어디 계십니까?"라고 말하면서 요단강 물을 쳤다. 그랬더니 강물이 좌우로 갈라졌다. 그리고 엘리샤*는 강을 건넜다.

여리고에 있는 예언자 동아리가 엘리샤*를 멀리서 보고는 "엘리야후*의 영이 엘리샤*에게 임하였다!"고 외쳤다. 그리고 엘리샤*를 영접하러 다가와서 그 앞에 엎드려 절했다. 그리고 엘리샤*에게 "자, 보십시오! 우리들 어르신의 종들 가운데 힘 있는 사람 50명이 있으니, 그들을 보내어 어르신의 사부님을 찾도록 하십시오. 야훼의 영이 그를 들어

다가 어떤 산이나 혹은 어떤 골짜기에 던졌는지 모릅니다."라고 말했다. 엘리샤*는 "아니다. 보내지 말라!"고 하면서 이를 말렸다. 그러나 엘리샤*가 부끄러울 정도로 그들이 강력히 요청하므로 이르 받아들여 그들에게 "보내라!"라고 말했다. 그러자 그들이 사람들을 보내어 삼 일 동안이나 찾았는데 찾지를 못했다. 수색대가 돌아오자, 엘리샤*는 "내가 가지 말라고 말하지 않았더냐?"라고 말했다.

교훈

1. 엘리야후*의 외투를 받은 엘리샤*는 자기가 과연 엘리야후*의 영을 갑절이나 받아 사역할 수 있을지 의심스러웠을 것이다. 이제 우선 요단강을 건너야 하는데, "엘리야후*의 하나님 야훼가 어디 계십니까?" 하면서 외투로 강물을 쳤고 그 물이 갈라짐으로, 엘리야후*에게 주셨던 야훼의 능력이 자기에게도 임한 것을 실감할 수 있었을 것이다. 멀리서 지켜보던 예언자 동아리도 그 광경을 보면서 과연 엘리샤*에게 엘리야후*의 후계자 자격이 있음을 확인했을 것이다. 예언자의 자격은 자기가 만드는 것이 아니라, 하나님이 주시는 능력과 그것을 입증할 만한 표징들로써 확증된다.

2. 엘리야후*가 승천하는 광경을 목격하지 못한 사람들로서는 엘리야후*의 행방을 알고자 하는 것이 당연하였다. 사람이 죽지 않고 직접 하늘로 올라간다는 것은 전례가 없고 상상을 초월하는 것이므로, 엘리샤*가 만류하는 데도 이해가 되지 않아, 하나님이 엘리야후*를 공중으로 들어올려 지구상 어떤 곳에 옮겨 놓으셨을 것으로 생각한 듯하다. 그래서 50명의 수색대를 풀어서 엘리야후*의 시체라도 찾겠다고 한 것이다. 엘리샤*는 말렸지만 문하생들이 계속 우기므로 그들의 청을

받아들여 그리하라고 했다. 그러나 하늘로 올라간 엘리야후*를 땅에서 어떻게 찾겠는가? 사람들의 이성으로 이해할 수 없어도, 초월의 세계와 초월자가 존재하는 이상, 인간 이해를 초월하는 것이 존재하지 않는다고 할 수는 없다. 여기에 믿음의 작용해야 한다. 그리스도 예수와 엘리야후*의 차이는, 그리스도는 하늘에서 오셨다가 하늘로 올라가셨고, 엘리야후*의 경우는 땅에서 난 사람이 하나님의 능력으로 육체적 죽음을 뛰어넘어 하늘로 옮겨졌다는 데 있다.

엘리샤*가 기적들을 행하다(왕하 2:19-25)

해설

여리고 성 사람들이 엘리샤*에게 "어르신이 보시는 바와 같이 이 성읍은 좋은 곳입니다. 그러나 물이 나빠 땅에 곡식이 자라지 않습니다."라고 말했다. 그 말을 들은 엘리샤*는 그들에게 "새 대접을 하나 가져와 거기에 소금을 담으시오!"라고 일렀다. 그들이 소금 담은 그릇을 가져오자, 엘리샤*는 그것을 물 샘으로 가지고 가서 거기에 소금을 던져 넣었다. 그리고는 "야훼께서 이렇게 말씀 하십니다. '내가 이 물을 좋게 했으니, 이제부터는 이 물을 먹는다고 죽는다든가 유산하는 일은 없을 것이니라.'"고 말했다. 엘리샤*가 말한 대로 그 물은 오늘까지 정상적인 물이 되어 있다. 59)

엘리샤*가 여리고에서 벧엘로 올라가고 있는데, 벧엘 성에서 나온 어떤 작은 소년들이 엘리샤*를 향하여, "대머리여, 사라져라! 대머리여, 사라져라!"고 하면서 엘리샤*를 놀려댔다. 엘리샤*가 돌아서서 그들

---

59) '사라져라'는 NRSV 열왕기하 2장 23절에 들어 있는 Go away의 번역이다. 개역성경에서는 '올라가라'로 옮겨졌다.

을 보고는 야훼의 이름으로 그들을 저주했다. 그랬더니 숲으로부터 암곰 두 마리가 나와서 42명의 소년을 할퀴었다.[60] 엘리샤*는 벧엘에서 카르멜*산으로 갔고, 거기서 다시 쇼므론*(사마리아)으로 돌아왔다.

교훈

1. 엘리샤*가 기적을 행하여 요단강 물을 가르고 마른 땅처럼 건넜는 소문이 파다하였을 것이다. 그가 여리고에 머무는 동안, 그 동네 사람들은 자기들의 숙원을 엘리샤*에 말했다. 사람은 물이 있어야 살고 농사도 지을 수 있는데, 여리고의 샘물은 사람이 먹을 수 없고 곡식 성장에도 불리하여 골칫거리였던 것이다. 그래서 엘리샤*가 기적을 행하기를 바랐다. 하나님은 엘리샤*를 통하여 기적을 일으켜 그들의 숙원을 이루어주었다. 즉 하나님의 사람은 하나님이 주시는 능력을 가지고 하나님의 자녀 곧 인간의 필요를 해결해 주어 평안을 주는 동시에, 하나님의 능력을 소개하여 야훼 하나님의 존재와 그 능력을 드러낸다.

2. 엘리샤*는 대머리였던 모양이다. 그가 한 자리에 있지 않았다. 하나님이 보내시는 곳에는 어디나 언제나 가야했기 때문이다. 이제 그가 벧엘로 가는 길이었는데, 벧엘 성에 들어가기 전에 어린 소년들 수 십 명이 지나가는 엘리샤*를 향하여, "대머리야, 사라져라!"고 소리 지르면서 하나님의 사람을 놀려대었다. 이는 정상 사회에서 볼 수 없는 일이다. 이 아이들은 어른을 존경할 줄 모르고 나그네를 대접할 줄 모르는, 도덕적으로 부패하고 예절을 모르는 상황에서 자란 소년들이었던 것으로 보인다. 결국 그것은 그 당시 이스라엘 나라가 야훼 종교를 거

---

60) 이는 NRSV 열왕기하 2장 24절에 들어 있는 mauled의 번역이다. 개역성경에서는 '찢었더라'로 옮겼다.

부하고 이방 종교를 섬기면서 모든 면에 타락한 사회로 전락되었다는
한 가지 증거다. 엘리샤*는 하나님의 사람으로서 그 타락한 사회에 대
해 책임을 느꼈을 것이다. 그래서 그 아이들과 그 사회에게 따끔한 경
고를 주려고 저주의 말씀을 선포했다. 그래서 숲속에서 암곰 두 마리를
불러내어 그 소년들을 할퀴게 한 것이다. 죽인 것은 아니고 단단히 혼
을 내준 것이다. 예언자는 그 시대 인간을 하나님의 뜻에 알맞은 도덕
으로 가르쳐 하나님의 백성다운 인간으로 만들 책임이 있다.

여호람이 이스라엘을 다스리다(주전 849-843년)(왕하 3:1-3)

해설

유다 왕 여호샤팟* 제18년에 아흐압*의 아들 여호람이 이스라엘 왕
이 되어 사마리아에서 통치하기 시작했다. 그가 12년을 다스렸다고 하
는 것으로 보아, 그는 아마도 아흐압*이 살아 있을 때 부왕의 섭정(攝
政)을 책임지고 있었던 듯하다. 어쨌든 그는 그의 부모 아흐압*과 이
제벨*과는 약간 달라서 그들이 세운 바알 기둥을 제거하였다. 그러나
야훼 보시기에 악한 일을 하였고 야롭암*이 지은 죄를 답습하여 백성
을 범죄케 함으로써 역시 악한 왕으로 다룰 수밖에 없다.

교훈

엘리샤*를 비롯하여 많은 예언자들이 활동하는 시대에는 이스라엘
의 왕도 어느 정도 그 영향을 받았을 것이다. 즉 종교적인 각성과 개혁
의 바람이 조정에도 어느 정도 불었을 것이다. 그래서 약간의 변화가
생겼는데, 그것이 아마도 선왕이 세운 바알의 기둥을 제거한 사건인 것

같다. 그러나 더 나가지 못하고 만 것은, 종교 개혁이 얼마나 어려운지 말해주며, 악의 뿌리가 얼마나 깊이 박혀 있었는가를 말해 준다. 악한 종교와 사상을 제거하기란 결코 쉬운 일이 아니다. 어쨌든 사람들이, 특히 지도자들이 회개하고 돌아서서 하나님께 복종하여야 하는데, 마음 문을 두드리시는 성령의 음성을 거절한다면, 희망이 없다.

모압과 벌인 전쟁(왕하 3:4-27)

해설

이스라엘 왕 아흐압*이 살아 있을 동안에는 모압 왕 메샤*가 해마다 어린 양 10만 마리와 숫양 10만 마리 분의 양털을 조공으로 바치곤 했다. 메샤* 왕의 주 산업이 양을 기르는 일이었기 때문이었다. 그런데 아흐압*이 죽자 그는 이스라엘 왕에게 반기를 들었다. 그래서 이스라엘 왕 여호람이 사마리아 왕궁에서 출동하여 전국을 다니며 군인을 모집했다. 동시에 유다 왕 여호샤팟*에게 "모압 왕이 나에게 반역하니, 임금께서 나와 함께 모압을 치지 않겠습니까?"라고 물었다. 여호샤팟*이 그러자고 하며, "내 백성이 임금의 백성이고, 내 말[馬]이 임금의 말입니다."라고 대답했다. 그러자 여호람이 "어느 길로 가시렵니까?"라고 물었다. 여호샤팟*은 "에돔 광야 길로 갑시다!"라고 대답했다. 이는 에돔 왕의 협조도 얻자는 말이었다.

그래서 이스라엘 왕 여호람과 유다 왕 여호샤팟*과 에돔 왕이 함께 모압 정벌에 나섰다. 그들은 이레 동안 우회로(迂廻路)로 진군하였는데, 그 동안 어디에도 물이 없어서, 사람은 물론 군마들이 다 목이 말라 죽을 지경이었다. 그러자 여호람이 "아이고나! 야훼께서 우리 세 임금을 부르셔서, 기껏해야 모압의 밥이 되게 하셨구나!"라고 탄식했다.

그러자 여호샤팟*이 "우리가 야훼께 여쭈어보면 좋겠는데, 여기에 야훼의 예언자가 한 사람도 없습니까?"라고 물었다. 그러자 이스라엘 왕의 신하 중의 하나가, "샤팟*의 아들 엘리샤*가 여기 있는데, 그는 전에 엘리야후*의 손에 물을 부어주던 사람입니다."라고 말했다. 이 말을 들은 여호샤팟*이 "야훼의 말씀이 그분에게 있습니다."라고 하자, 그 세 왕이 함께 엘리샤*에게로 내려갔다. 엘리샤*는 신출귀몰하여 동에 번쩍 서에 번쩍했는데, 아마도 그 시각에는 바란 광야 쯤에 가 있던 모양이다.

엘리샤*는 이스라엘 왕 여호람에게, "내가 당신과 무슨 상관이 있습니까? 당신의 아버지와 어머니의 예언자들에게 가보시오!"라고 쏘아댔다. 바알이나 아세라의 예언자들을 가리켜 말한 것이다. 그러나 여호람은 "아닙니다. 우리를 불러 모으신 것은 야훼이신데, 우리가 지금 모압 왕의 손에 넘어갈 지경에 이르렀습니다."라고 말하면서 애걸했다. 엘리샤*가 다시 말했다. "내가 섬기는 만군의 야훼가 살아계심을 두고 맹세하거니와, 내가 유다 왕 여호샤팟*을 존경하지 않았더라면, 당신을 거들떠보지 않았을 것입니다. 자, 악사(樂士)를 한 사람 불러오시오!" 여호샤팟*의 낯을 보아 여호람의 말을 들어준다는 것이다.

아무튼 악사가 와서 악기를 연주하고 있는데, 야훼의 능력이 엘리샤*에게 임했다. 그리하여 다음과 같이 말했다. "야훼가 이렇게 말씀하신다. '내가 이 건천(乾川) 도처에 물웅덩이를 만들겠다.61) 너희가 바람도 비도 보지 못하겠지만, 이 건천이 물로 가득해져 너와 너의 가축과 군마들이 물을 마시게 될 것이다.' 이런 일이 야훼께는 아무 것도 아니다. 야훼께서 모압을 당신들에게 넘겨주실 터이니 말이다. 당신들은 요

___
61) 이는 NRSV 열왕기하 3장 16절의 I will make this wadi full of pools.를 따른 번역이다. 개역성경에서는 "이 골짜기에 개천을 많이 파라"로 옮겼다. 위 74쪽의 각주 19와 110쪽의 각주 39와 124쪽의 각주 40과 아래 303쪽의 각주 98도 참고하라.

새란 요새, 고성(固城)이란 고성을 모조리 점령하고, 좋은 나무를 다 베어버리고, 좋은 샘물을 다 메워버리고, 옥토란 옥토에는 다 돌을 부어 못쓰게 하여라!" 이런 말씀이 있은 다음 날 아침 제사를 드리는 시간에 갑자기 에돔 쪽으로부터 물이 흘러와 그 지대가 물로 가득해졌다.

다른 나라 왕들이 연합하여 쳐들어온다는 말을 들은 모압 사람들은, 갑옷을 입을 수 있는 사람은 노소를 막론하고 다 불려나와 전선에 배치되었다. 그들이 아침 일찍 일어나 보니, 햇빛이 물을 비치는데, 그들의 눈에는 맞은편의 물이 피같이 붉게 보였다. 그래서 그들은 "저것은 피다. 저 왕들이 같이 싸우다가 서로 죽인 모양이다. 그러니 우리 모압 사람들은 적군의 물건을 노획하자!"라고 말했다.

그러나 적군이 다 죽은 줄 알고 이스라엘 진지에 이르자 이스라엘 군인들이 일어나 그들을 공격하는 바람에 그들은 달아나야 했고, 이스라엘 군은 그들을 추격하여 모압 땅에까지 들어갔다. 이스라엘 군은 모압의 성읍들을 모조리 뒤집어엎고 옥토에는 돌을 던져 돌로 뒤덮고 샘이란 샘은 다 묻어버렸으며, 쓸 만한 나무는 다 베어버렸다. 단지 키르하르셋*에만 돌 성이 남아 있었는데, 마침내 물매를 던지는 군인들이 그 성을 포위하여 함락시켰다.

모압 왕은 전세가 자기에게 불리하게 돌아가는 것을 보자 700명의 검술(劍術) 군을 대동하고 에돔 왕이 있는 곳으로 돌파구를 찾아 공격해 보았지만 실패했다. 그러자 모압 왕은 자기 왕위를 물려받을 맏아들을 성벽에서 번제로 바쳤다. 그것을 본 이스라엘 군은 큰 분노를 느꼈다. 그리고 일단 퇴각하여 각각 자기들의 땅으로 돌아갔다.

교훈

1. 이스라엘과 유다의 연합군이 에돔의 도움까지 받아 모압을 공략하는 전쟁에서 물 때문에 쇠진하여 모압에게 몰살될 위기에 처했다. 사

람들이 힘을 합하고 어떤 계략을 세워도 실패할 수밖에 없는 지경에 이
르는 수가 있다.

신앙이 없는 이스라엘 왕 여호람은 절망에 빠졌다. 그러나 하나님을
의지하는 여호샤팟*은 야훼의 힘을 빌면 된다고 생각했다. 그러나 여
호샤팟*도 직접 하나님을 면대하여 그에게 도움을 청하기보다는 예언
자가 있으면 되겠다고 생각하여, 야훼의 예언자가 어디 있는지 물었다.
야훼가 아니었더라면 모두 광야에서 모압 군의 밥이 되었을 텐데, 막다
른 골목에 야훼를 찾는 신앙이 있었던 것만도 다행한 일이었다.

2. 엘리샤*는 이스라엘 왕 여호람에게는 분노를 품고 있었다. 그것
은 그가 바알을 섬기고 야훼를 노엽게 하고 있는 자였기 때문이었고 야
훼의 예언자들을 박해하고 있었기 때문이었을 것이다. 그러나 야훼를
섬기는 유다 왕 여호샤팟*이 동참한 전쟁이기에 엘리샤*는 여호람의
간청을 들어주기로 하였다. 이처럼 야훼를 섬기는 자의 친구만 되어도
그의 혜택을 입을 수 있다.

3. 엘리샤*는 악사를 불러오라고 했다. 음악이 예언과 관계 있다는
점이 여기서 드러난다. 예언자는 신령한 가운데 계시는 하나님과 영교
하며 그에게서 능력을 얻는다. 음악 역시 보이지 않지만 사람의 영혼에
힘과 영감을 주는 점에서 예언과 일맥상통한다. 교회와 음악은 그런 점
에서 서로 상당히 깊은 관계가 있다.

4. 야훼 하나님은 엘리샤*를 통하여 놀라운 기적을 예고하셨고, 우
선 물을 주어 이스라엘 연합군을 목마름에서 구출하셨다. 시내 광야의
일년 평균 강우량은 20mm에 불과하다. 그런데 어디서 물이 생겨 그
골짜기가 물로 가득 찰 수 있었겠는가? 하나님의 전능하심이 여기서도
나타난 것이다. 그리고 그 고인 물들이 아침 햇빛의 조명으로 피빛처럼

붉게 보였고, 그것을 적군의 피로 오인한 모압 군은 몰살한 적군의 군
장을 털려고 준비 없이 다가오다가 결국 예언대로 패주하고, 모압 땅은
적군에게 완전히 짓밟히고 말았다. 하나님은 참으로 세심하고 철저하
게 도우셨다.

5. 모압 왕은 대세가 기운 것을 알고 최후 발악을 했다. 하나님을 배
경으로 하는 이스라엘 군을 이겨낼 도리는 없었다. 그런데 그는 어리석
게도 자기 대를 이을 어린 아들을 번제로 바치면 승리하라는 망상에 빠
져 끔찍한 죄를 범했다. 그릇된 종교가 사람을 그런 엄청난 범죄로 몰
아넣는다. 천하를 주고도 바꿀 수 없는 귀한 생명을 아니 남의 생명을
불사른 다는 것은 도저히 용납할 수 없는 죄이다. 과거에 젊은이들을
가미가제〔神風〕특공대로 내보낸 일본인들이나 오늘 자살 폭탄을 안
고 적군에게 돌진하게 하는 광신적 이슬람 교도들의 죄는 참으로 크다.

6. 모압 왕의 만행을 지켜본 이스라엘 연합군은 대노할 수밖에 없었
다. 〔표준새번역개정판 열왕기하 3장 27절에서는 이 부분을 "크게 당
황하여, 그 곳을 버리고 고국으로 돌아갔다."로 번역하였지만, 〈케체프
가돌〉(קֶצֶף־גָּדֹול)은 "큰 진노"를 뜻한다.〕 생명에 대한 가치관이 그
렇게도 서로 달랐기 때문일 것이다. 이스라엘 사람들은 아마도 모압 왕
이 미친 줄 알았을 것이다. 그래서 이제는 그런 사람은 맞서 싸울 가치
가 없다고 생각하여 다 집으로 물러갔을 것이다.

엘리샤*와 과부의 기름(왕하 4:1-7)

해설

　　예언자 동아리 가운데 한 사람이 죽었는데 그의 미망인이 엘리샤*를 찾아와 호소했다. 자기 남편은 죽었고, 자신은 야훼 하나님을 공경하는 사람인데, 갚지 못한 빚 대신에 자기의 아이 둘을 종으로 데려가려고 자기네 채권자가 왔다는 것이었다. 그 말을 들은 엘리샤*가 그녀더러 어떻게 해 주기를 바라느냐고 묻고는 집에 남은 것이 무엇이냐고 했더니, 그녀는 기름 한 병 밖에는 아무 것도 없다고 대답했다. 그래서 엘리샤*는 그녀에게 다음과 같이 말했다. "나가서 이웃에 있는 모든 사람들에서 빈 그릇을 있는 대로 다 빌려오시오! 그리고는 아이들과 함께 방에 들어가 문을 닫고 그 빌려온 모든 그릇에다가 기름을 붓기 시작하시오! 그릇 하나하나가 다 가득하도록 부으시오!" 이 말을 들은 과부가 돌아가서 엘리샤*가 시킨 대로 했더니, 그릇마다 기름으로 가득가득하였다. 그녀는 아들에게 그릇이 더 없느냐고 물었더니, 아들이 더는 없다고 대답했다. 그러자 기름병에서 더는 기름이 흐르지 않았다. 그 과부가 다시 하나님의 사람 엘리샤*에 가서 사실을 말했더니, 엘리샤*는 "가서 그 기름을 팔아 부인의 빚을 갚으시오! 그리고도 남은 것으로 부인과 아이들이 함께 먹고 살 수 있습니다."라고 말해 주었다.

　　교훈

　　1. 엘리샤*는 그의 사부 엘리야후*가 행한 기적(왕상17:8-16)과 같은 기적을 행했다. 그리하여 그는 참 예언자 엘리야후* 전통을 이은 자의 면모를 확인했다. 참된 예언자는 하나님의 능력으로 과부와 고아 등 어려운 사람들을 돕고 삶을 윤택하게 해주는 등으로 선을 행해야 한다. 그리하여 하나님의 영광을 나타내야 한다. 이 기적은 예수께서 행하신 오병이어의 기적과 닮은 것으로 곤경에 처한 인간에게 살 길을 주시는 하나님의 자비와 하나님의 능력을 증명해 주는 사건이다.

2. 거짓 종교가 판치고 민생고는 날로 높아가고 거짓 예언자들이 진리를 왜곡하는 시대에 하나님은 그 상황을 묵과하지 않고 참 예언자들을 일으켜 경고하고 어려운 자들에게는 희망을 주신다. 엘리야후*와 엘리샤* 시대가 그런 시대였고, 이스라엘 백성을 사랑하시는 야훼 하나님은 그 사회에 당신의 일꾼들을 보내 크게 활동하게 하셨다. 그리하여 당신의 존재와 능력을 드러내 이스라엘의 회개와 변화를 촉구하셨다. 그런데도 그들의 반응은 부정적이었고, 그들은 자멸의 길을 갔다.

엘리샤*가 슈넴*여인의 죽은 아들을 살리다(왕하 4:8-37)

해설

카르멜* 산 남동쪽에 슈넴*이라는 마을에 부자 여인이 한 사람 살고 있었다. 하루는 엘리샤*가 그 마을을 지나갈 때, 그 여인이 자기 집에서 식사하고 가라고 간절히 권했다. 그 뒤로 엘리샤*는 그 길을 지날 때마다 그 집에 들러 식사하곤 했다. 그녀가 자기 남편에게 말했다. "여보, 늘 우리 앞을 지나다니는 저 분은 거룩한 하나님의 사람이 분명합니다. 우리 집 옥상에 칸을 막아 자그마한 방을 만들고 침대와 책상과 의자와 등을 마련해 두어 언제든지 그 분이 오시면 언제라도 그 방에 머물 수 있게 하십시다!" 그렇게 해서 그 집에 다락방이 마련되었다.

하루는 엘리샤*가 그 집에 와서 그 방에 올라가 누웠다. 엘리샤*는 이 여인에게 고마운 마음이 들었든지 자기 하인 게하지*더러 그 주인 슈넴* 여인을 찾아가라고 했다. 게하지*가 그녀를 부르자 그녀가 게하지* 앞에 섰다. 엘리샤*가 게하지*를 보내며 그녀에게 할 말을 일러주었던 것이다. "그 부인에게 이렇게 말하여라! '부인께서 우리에게 이 모든 번거로운 일을 하셨는데, 부인에게 무엇을 해드리면 좋겠습니까?

부인을 위해서 임금님에게나 혹은 군대 사령관에게 한 말씀 해 드릴까
요?'" 이런 말을 들은 그 부인은 "나는 내 백성들 가운데서 살고 있습니
다."라고 하면서 아무런 소원도 말하지 않았다. 그 이야기를 들은 엘리
샤*가 "그래도 무언가 그녀에게 해 주어야 할 터인데"라고 말하자, 게
하지*가 "옳거니. 그녀는 아들이 없고, 그녀의 남편은 늙었습니다."라
고 대꾸했다. 엘리샤*가 그녀를 불러오라고 했다. 그녀가 문 앞에 와
서자, 엘리샤*가 "내년 이맘 때, 시간이 되면 부인께서 아들을 하나 안
게 될 것이오."라고 말했다. 그러자 그녀는 "아닙니다. 어르신, 오 하나
님의 사람이시여! 당신의 여종, 저를 속이지 마십시오!"라고 했다. 엘
리샤*의 예언대로 그 부인은 임신하여 바로 그 계절, 때에 맞추어 아들
을 낳았다.

그 아이가 컸을 때였다. 하루는 추수꾼들을 데리고 들에서 추수하는
아버지에게 그 아이가 갔는데, 갑자기 아버지에게 찡얼거리며 "아, 머
리가 아파, 머리가 아파!"라고 했다. 그래서 그 아버지는 하인을 불러
그 아이를 제 어머니에게 데려가라고 했다. 그래서 하인을 그 아이를
제 어머니한테 데려다 주어 그 아이가 어머니 무릎에서 오정까지 앉아
있었다. 그러나 마침내 죽고 말았다.

그녀는 죽은 애를 앉고 엘리샤*의 방으로 올라가 그 하나님의 사람
이 눕는 침상에 그 아이를 누이고 방문을 닫고 나왔다. 그리고는 남편
을 불러 "하인 한 사람과 나귀 한 필을 저에게 보내주셔요. 제가 빨리
그 하나님의 사람에게 갔다 오겠습니다."라고 말했다. 남편은 "어째서
오늘 갑니까? 오늘이 새 달도 아니고 안식일도 아닌데 말이요."라고 하
면서 말렸다. 그녀는 "잘 될 겁니다."라는 아리송한 말을 남기고는 나
귀 안장에 올라타 하인더러 나귀를 빨리 몰라고 하였다. 그리고 자기가
말하기 전에는 멈추지 말라고 일렀다. 그리하여 카르멜*에 있는 엘리
샤*에게로 갔다.

엘리샤*는 그 여인이 오는 것을 보고 하인 게하지*에게 말했다. "봐라. 슈넴* 여인이다. 당장에 달려가서 그녀를 만나, '부인, 안녕하십니까? 부인의 남편 안녕하십니까? 아이는 잘 있습니까?'라고 인사드려라." 게하지*의 인사를 받은 슈넴* 여인은 "별일 없습니다."라고 대답했다. 산에 올라와 엘리샤* 앞에 이른 그녀는 엘리샤*의 발을 붙들었다. 그래서 게하지*가 그녀를 떼 내려고 가까이 갔다. 그러나 엘리샤*가 "내버려 두어라. 이 부인에게 큰 고민이 있다. 야훼께서 그 고민을 숨기시고 나에게 말씀하지 않으시는구나."라고 말했다. 그러나 그녀가 말을 꺼냈다. "제가 어르신께 아들을 달라고 했습니까? '저를 오도하지 마십시오'라고 말하지 않았습니까?"

엘리샤*가 게하지*에게 일렀다. "어서 허리를 동이고 내 지팡이를 들고 가라. 사람을 만나도 결코 인사를 하지 말고 누가 인사해도 답하지 말고 빨리 가서 그 아이 얼굴에다 내 지팡이를 놓아라!" 그러나 그 아이 어머니는, "절대로 안 됩니다. 어르신이 나하고 같이 가야 합니다. 혼자서는 안 갑니다."라고 하면서 억지를 부리는 것이었다.

그래서 엘리샤*가 일어나 그녀를 따라 길을 떠났다. 게하지*가 먼저 달려가서 그 지팡이를 그 아이의 얼굴에 놓았지만, 아무 소리도 없고, 산 기운이 보이지 않았다. 그래서 게하지*가 돌아와 엘리샤*를 만나 "그 아이가 깨어나지 않습니다."라고 말했다. 엘리샤*가 그녀의 집에 이르러 그 죽은 아이가 엘리샤*의 침대에 누워 있는 것을 보았다. 그래서 방으로 들어가 그들을 내 보낸 다음, 문을 닫고 야훼께 기도했다. 그리고는 일어나 자기 몸을 그 아이 몸 위에 포개고, 아이의 입과 자기 입, 자기의 눈과 그 아이의 눈, 자기 손과 아이의 손을 맞대었다. 그렇게 맞대고 누워 있는 동안에 아이의 살이 따뜻해졌다. 그러자 엘리샤*가 일어나서 방 안을 이리저리 걷다가 다시 그 아이 위에 자기 몸을 포개었다. 그랬더니 아이가 일곱 번이나 재채기를 하고는 눈을 떴다.

엘리샤*가 게하지*를 불러 그 부인을 불러오라고 했다. 게하지*가 그녀를 불러오니, 엘리샤*가 "부인의 아들을 받으시오!"라고 하는 것이었다. 그녀는 엘리샤*에게 다가가 그의 발 앞에 엎드려 절하고는 그 아이를 데리고 나갔다.

교훈

1. 참 예언자를 사람들은 존경하고 귀하게 여긴다. 여유만 있으면 그런 하나님의 사자를 가까이 모시고 대접하려고도 한다. 찔러 절 받기 격으로, 되지도 못한 지도자들이 억지로 남에게 대접받으려는 것이 오늘의 현실이 아닌가? 슈넴* 여인은 부유한 여자로서 마땅히 할 만한 일을 했다. 반대급부를 바라고 한 일이 결코 아니었다. 단지 하나님의 사람을 존중하여 정중히 대접한 것뿐이었다. 그러나 결국 그것은 그녀가 큰 복을 받는 계기가 되었다.

2. 하나님은 당신을 진심으로 존경하는 자들에게 복을 주신다. 하나님의 사람을 존경하는 사람의 마음에는 하나님을 존경하는 마음이 있다. 하나님은 엘리샤*를 대접하는 슈넴* 여인에게 자식을 얻는 복을 내리셨을 뿐만 아니라 죽은 아들을 되살려 받는 복까지 주셨다.

3. 슈넴* 여인은 엘리샤*를 통하여 역사하시는 하나님을 믿었다. 엘리샤*가 자기의 고민 즉 죽은 아들을 살리고 싶은 소원을 이루어 주리라는 신념을 품고 그를 찾아갔고, 그를 붙들고 늘어졌다. 결국 그녀의 믿음이 죽은 아들의 소생이라는 기적을 볼 수 있게 한 것이다.

4. 슈넴* 여인의 아들이 소생하는 기적은 적어도 세 단계를 거쳤다. 게하지*가 엘리샤*의 지팡이를 아이 얼굴에 놓은 첫 단계에 이어 엘리

샤*가 직접 그 아이 위에 포개고 누운 단계가 있었는데, 마지막 단계에서 엘리샤*가 다시 한 번 그렇게 했다. 죽어서 상당한 시간이 흐른 사람을 소생시키는 것이 얼마나 어려운 일이겠는가! 그렇게 여러 단계를 거쳤다는 것은 그 기적이 얼마나 어려운 것이었는가를 말해준다. 그리고 그 소원을 이루는 데는 그 간구자에게 얼마나 간절한 기도가 필요하다는 것을 의미한다고 본다. 예수님도 시각장애인을 고치실 때 단번에 고치지 않으시고 점진적으로 고치신 일이 있다(막 8:22-26). 죽었던 사람이 살아나는 놀라운 기적, 그 어려운 기적을 능히 일으키신 야훼의 능력은 그 당시 이스라엘 사람들을 감동하고도 남았어야 하는데, 과연 그들이 바알을 버리고 하나님께 돌아왔는가?

엘리샤*가 독이 든 국 가마를 중화시키다 (왕하 4:38-41)

해설

엘리샤*가 벧엘로 돌아왔을 때였다. 그 지방에 기근이 들어 먹을 것이 없었다. 그 고장의 예언자 동아리가 엘리샤* 앞에 앉아 있는데, 그가 하인더러 "큰 가마솥을 걸고 예언자 동아리를 위해 국을 좀 끓여라!"고 명령하였다. 그런데 예언자 한 사람이 나물을 뜯으러 들에 나갔다가 어떤 야생 넝쿨을 발견하고 그 열매를 한 아름 따가지고 와 그것을 썰어 국 가마에 넣었다. 그러나 그 열매가 어떤 것인지 알지 못하였다. 그 국을 떠서 사람들에게 먹으라고 주었는데, 먹다가 사람들이 소리를 질렀다. "오, 하나님의 사람이시여! 가마 속에 죽음이 있습니다." 즉 독이 있다는 말이었다. 그래서 먹을 수가 없었다. 그러자 엘리샤*는 밀가루를 가져오게 하여 그것을 가마에 뿌렸다. 그리고는 사람들에 퍼 주어 먹게 하라고 일렀다. 결국 그 국 가마에는 독이 제거된 것이다.

교훈

1. 하나님의 사람들인 예언자들도 그들이 같이 사는 사회에서는 별수 없이 같은 생활을 하기 마련이다. 기근이 들면 같이 기근을 겪어야 하고, 풍년이 들면 풍년을 같이 누린다. 엘리샤*와 기타 예언자 동아리는 기근을 만난 벧엘 지방에서 지내는 동안 기근을 같이 겪어야만 했다. 하나님의 사람이라고 해서 기적으로 별다른 삶을 살아야 하는 것이 아니다. 백성과 함께 동고동락하면서 백성을 돕고 가르치고 인도하는 책임이 예언자들에게 있다.

2. 예언자들이 먹을 것이 없어서 초근목피를 먹거나 들나물을 가지고 연명하는 수가 있다. 그러다가 부지중에 독초를 잘못 먹고 중독이 되거나 죽는 경우도 있다. 그런데 오늘 본문의 경우 하나님의 사람 엘리샤*는 하나님이 주시는 지혜를 가지고, 아니 하나님의 지시에 의하여 해독제를 알게 되고, 그것을 국 가마에 넣음으로 위기를 모면하게 했다. 하나님의 사람들이 식중독으로 죽었다든가, 심히 앓았다는 소문이 난다면, 하나님의 영광을 가릴 것이 아닌가? 하나님은 당신 자신에게 손해될 일을 하실 리가 없다.

엘리샤*가 일백 명을 먹이다(왕하 4:42-44)

해설

어떤 사람이 바알 샬리샤*에서 제사장에게 먼저 드리는 만물 곡식을 하나님의 사람 엘리샤*에게 드리려고 가져왔다. 보리 빵 20덩어리와 새로 딴 밀 이삭을 자루에 넣어가지고 왔다. 엘리샤*는 "그것을 사람들에게 주어 그들이 먹도록 하시오!"라고 말했다. 그러나 엘리샤*의 종 게하지*는 "어떻게 이것을 백 명이나 되는 사람들에게 줄 수 있습니까?"라고 말했다. 그러나 엘리샤*는 거듭 말했다. "그것을 사람들에게 주어 그들이 먹도록 하시오! 야훼께서 '그들이 먹고도 얼마만큼 남을 것이다.'라고 말씀하십니다." 그래서 그 종이 그것을 사람들에게 주었고, 그들이 먹고도 얼마는 남았다. 야훼께서 말씀하신 대로 된 것이다.

교훈

민수기 18장 13절과 신명기 18장 4절에서 말하는 대로 옛 이스라엘에는 맏물 곡식을 제사장들에게 드리는 법이었다. 아마도 그 당시 이스라엘의 제사장들이 모두 바알을 섬기기 때문에, 새 곡물을 받을 자격이 없다고 보아 엘리샤*에게 가져왔을 것 같다. 하여간 엘리샤*는 자기 문하생과 기타 굶주린 사람들이 주변에 많이 있는데, 그것을 자기만 먹을 수는 없다고 생각하였다. 그리고 그는 하나님의 능력으로 그것이 백 사람이 먹고도 남으리라는 것을 이미 내다 본 것이다. 그 사람이 가져온 예물을 엘리샤*가 혼자서 먹으면 아마도 며칠을 먹을 수 있을 것이다. 그리고 백 사람이 먹기에는 태부족한 양이었다. 엘리샤*는 그래도 그것을 조금씩이라도 같이 나누어 먹는 것이 도리라고 생각했다. 전능하신 하나님은 그 생각을 알고 능력을 발휘해 오히려 백 명이 배불리 먹고도 남을 수 있게 하셨다. 이것은 예수님의 오병이어 기적의 축소판이다(마 14:13-21; 막 6:30-44; 눅 9:10-17; 요 6:1-14). 나누어 먹으려고 하고 남을 배려하려고 할 때 하나님은 폭발적인 은총을 내리신다.

아람 국의 장군 나아만을 고치다 (왕하 5:1-19전)

해설

아람 국의 군대사령관 나아만은 적국과 싸워 이김으로써 국왕의 총애를 받고 있는 거물이었다. 열왕기하 저자는 나아만의 승리가 야훼의 덕택이라고 주를 달았다. 이처럼 훌륭한 장수인 나아만이 불행히도 나병으로 고생하고 있었다. 아람 군대가 언젠가 이스라엘을 습격하여 이스라엘 소녀 하나를 잡아갔는데, 그 소녀가 나아만 장군의 부인을 섬기고 있었다. 그 소녀가 상전 여주인에게, "주인 어르신께서 사마리아에 있는 그 예언자를 만나기만 하시면, 그가 어르신의 나병을 고쳐주실 터인데!"라고 일러주었다. 그 말을 전해들은 나아만은 당장에 국왕을 알현하고 이스라엘에서 온 소녀의 말을 그대로 전했다. 그랬더니 그 장군을 아끼는 국왕은 어서 가라고 하면서 이스라엘 국왕에게로 보내는 친서를 써주겠다고 했다.

나아만은 국왕의 친서를 받아 가지고 은 10탈란트*와 금 6천 세겔62)과 옷 열 벌을 가지고 떠났다. 그가 이스라엘 왕에게 전한 아람 국왕의 친서에는 "이 서신이 임금께 도달하면, 내가 나의 신하 나아만을 임금께 보냈다는 것을 아시고, 그의 나병을 고쳐주십시오!"라는 내용이 들어 있었다. 이스라엘 왕 여호람은 그 편지를 읽고 나자 자기 옷을 찢고 말했다. "내가 사람을 죽이고 살리는 하나님인가? 저자가 나병환자를 내게 보내면서 그걸 고치라고 하니, 이는 필시 나에게 싸움을 걸려고 트집을 잡는 것이야."

왕궁에서 이런 소란이 일어난 것을 전해들은 엘리샤*는 임금께 전갈을 보내어, "어째서 옷을 찢으셨습니까? 그 손님을 저에게 보내십시오. 이스라엘에 예언자가 있다는 것을 그에게 알게 하겠습니다."라고 말했다. 그래서 여호람은 나아만을 엘리샤*에게로 보냈다. 나아만이

---

62) '세겔'은 NRSV 열왕기상 5장 5절에서 온 것이다. 히브리 마소라 본문에는 '세겔'이 없다. 개역성경에서는 그냥 '개'로 옮겼다.

말을 타고 병거들을 대동하고 엘리샤*의 집 어구에 멈추어 도착을 알렸다. 그런데 엘리샤*는 그를 맞으러 나오지 않고 심부름꾼을 보내어, "가서 요단강에서 일곱 번 몸을 씻으십시오! 그러면 귀하의 살이 회복되고 깨끗해 질 것입니다."라는 말만 전하게 했다. 그러자 나아만은 화가 나서 돌아가며 다음과 같이 말했다. "나는 그가 나를 위해서 분명히 나와 서서 그의 하나님 야훼의 이름을 부르고 그의 손을 내 상처 부위 위에서 흔들어 나를 고쳐 주리라고 생각했다. 다메섹에는 이스라엘의 모든 강보다 더 좋은 강 아바나63)강과 파르파르*강이 있지 않느냐? 내가 그 강들에서 몸을 씻고 깨끗해질 수 있지 않겠느냐?" 그러자 나아만의 시종들이 그에게 다가가서, "아버님! 그 예언자가 무언가 어려운 일을 하라고 했더라도 하시지 않으셨겠습니까? 그 분이 단지 '씻고 깨끗해지시오!'라고 한 것뿐인데, 그 이상의 것도 하시지 않았겠습니까?"하고 간했다. 그래서 나아만이 내려가 요단강에 일곱 번 몸을 담갔는데, 그랬더니 놀랍게도 그의 살이 소년의 살 같이 되었고, 그의 병이 깨끗이 나았다.

병이 나은 나아만은 자기의 모든 수행원과 함께 하나님의 사람 엘리샤*에게 와서 그 앞에 서서 "이제야 제가 알았습니다. 하나님은 온 땅 아무데도 안 계시고 오직 이스라엘에만 계십니다. 부디 당신의 종인 제가 드리는 예물을 받아주십시오!"라고 말했다. 그러자 엘리샤*는 "내가 섬기는 야훼께 맹세코 나는 아무것도 받지 않겠습니다."라고 하며 예물을 받지 않았다. 나아만은 받아 달라고 강권했지만, 엘리샤*는 거절했다. 그러자 나아만이 다음과 같이 말했다. "정 그러시다면 당신의 종 저에게 이 곳 흙을 두 나귀에게 싣고 가도록 해 주십시오. 그것은 제가 야훼 외에 다른 어떤 신에게도 번제나 다른 제사를 더는 드리지 않

---

63) 개역한글판 열왕기하 5장 12절에서는 히브리 마소라 본문에 모음 기호를 붙인 학자들의 제안과 숱한 히브리어 사본과 시리아어 구약성경과 아람어 구약성경을 따라 '아마나'로 옮겼다.

기 위함입니다. 그러나 야훼께서 저의 행동에서 한 가지만 양해 주셨으면 좋겠습니다. 제 상전이 제게 몸을 기대고 림몬 신당에 예배하러 갈 때, 내가 그 림몬 신당에서 같이 절할 경우에 저를 용서해주셨으면 합니다." 이 말을 들은 엘리샤*는 "잘 가시오!"라고 말했다.

교훈

1. 이스라엘의 하나님은 이스라엘만의 하나님이 아니시다. 만국의 하나님이시며 만물의 주인이시다. 아람 국에서 된 일도 하나님의 감시와 지배권 밖의 일이 아니다. 아람 국의 나아만도 하나님의 도구이고, 그가 승리한 것도 하나님의 재가 하에서 이루어진 일이다. 성경역사에서 나아만은 마침내 야훼 신앙으로 넘어온 사람이 되었고, 그를 통해서 하나님의 영광이 들어나지 않았는가? 시간을 초월하신 하나님께서 후에 나아만을 통하여 이루실 일을 예상하여 아람 국의 장수로서 승리하게 하신 것이다.

2. 외국 군대에게 포로가 되어 적국 여인의 하녀가 된 이스라엘의 소녀가 고국에 있는 하나님의 사람 엘리샤*의 존재를 소개함으로써 그 상전이 고침을 받았다. 그 소녀는 엘리샤*의 하나님이자 자기가 믿는 야훼 하나님의 능력을 믿었으므로, 자기의 주인도 엘리샤*에게 가면 병을 고칠 수 있으리라고 생각했다. 국경을 초월하여 계급의 상하를 초월하여 하나님은 주님이라는 신앙으로 야훼를 소개함으써 상전의 병이 나았고, 결국 그가 개종하였고, 하나님의 영광을 나타냈으니, 기회가 있는 대로 야훼를 증언하는 행동은 얼마나 아름다운 일인가!

3. 나병을 고쳐내라는 것은 불가능한 일을 해내라는 요구였다. 그래서 여호람 왕은 아람 왕이 트집을 잡아 전쟁을 일으키려는 줄 알고 한

탄했던 것이다. 여호람은 그것이 불가능하다고만 생각하여 어쩔 줄 몰라 하며 옷을 찢고 야단법석을 떨었지만, 하나님의 사람에게는 곧 하나님에게는 그런 것이 문제가 아니었다. 믿느냐 안 믿느냐가 문제이지, 능력의 문제는 아니었다. 즉 하나님은 전능자이고, 엘리샤*는 그의 사람이었으므로, 능력이 없어서 못 할 일은 없었다. 다만 하나님을 믿고 그를 의지하느냐 않느냐가 문제였다.

4. 다메섹에 있는 강물과 요단강 물의 화학적 가치는 일치할 것이다. 강물은 강물일 뿐이다. 그 두 강물이 다른 것이 아니라, 그 두 나라 사람들이 믿고 섬기는 하나님이 다른 것이다. 아람의 신 림몬은, 아람 사람들이 폭풍우와 전쟁을 주관하는 신으로 믿던 신이었다. 그러나 그것은 미신에 불과했다. 이스라엘의 하나님은 나아만의 나병을 고치신 하나님이시다. 하나는 가짜 신이고, 다른 하나는 진짜 신이었다.

5. 하나님이 시키시는 일을 믿고 실행하자 기적이 일어났고, 마침내 구원도 경험하게 되었다. 나아만은 하님의 사람의 말을 순종함으로 그 죽음에 이르는 병에서 풀려났고, 마침내 개종하여 이방인이면서도 구원의 반열에 설 수 있었던 것이다.

6. 이스라엘의 흙을 자기 나라로 날라다가 그 흙을 밟고 야훼 하나님께 예배하겠다는 나아만의 생각은, 각 나라에 고유한 신이 있다는 생각에서 나온 것이다. 이스라엘 땅에는 야훼가 계시고, 다른 땅에는 다른 신이 계신다고 나아만은 믿은 것이다. 이는 아직 유치한 신앙에서 나온 발상이다. 그리고 림몬 신당에서 자기의 임금과 함께 절하는 것을 용서해달라고 말한 것 역시 아직 어린 신앙에서 비롯되었다. 신앙도 시간의 과정을 거쳐서 점점 성숙해지고 개선되고 발전되는 법이다. 그가

점차 나은 신앙을 가지게 될 것을 기대하면서, 엘리샤*는 우선 나아만의 문의에 가부간의 대답을 하지 않고 잘 가라고만 했다. 우선 만족한 대답이 아니지만, 앞으로 진일보한 신앙인이 되기를 기원하면서 보냈을 것이다. 당장에 다 알 수 없다. 그러나 야훼 외에 다른 신을 섬겨서는 안 된다는 것이 진리다.

게하지*의 욕심(왕하 5:19후-27)

해설

나아만이 이스라엘의 흙을 두 나귀에 싣고 돌아서서 본국으로 가고 있었다. 엘리샤*의 종 게하지*가 생각해 보았다. "나의 상전 엘리샤*가 나아만에게서 아무것도 받지 않고 너무 쉽게 돌려보내는구나. 야훼께 맹세한다. 내가 달려가서 그 사람에게서 무언가를 받아내고야 말겠다." 게하지*가 나아만 일행을 뒤좇아 가자, 나아만이 마차에서 내려서 그를 맞으며, "아무 일도 없지요?"하고 물었다. "그렇습니다. 그러나 제 상전이 저를 보내시면서, '에브라임 산골에서 예언자 동아리 가운데서 두 사람이 방금 왔으니 은 한 탈란트*와 옷 두 벌을 그들에게 주십시오!'라고 하십니다."라고 대답했다. 나아만은 "제발 은 두 탈란트*를 받으시오!" 하면서 두 자루에 은 두 탈란트*를 놓고 두 벌 옷을 함께 주면서, 부하 두 사람으로 하여금 게하지*보다 앞서서 운반하게 하였다. 성채에 이르자 게하지*는 나아만의 부하에게서 그 두 자루64)를 달라

---

64) 이는 NRSV 열왕기하 5장 24절의 he took the bags from them을 따른 것이다. 히브리 마소라 본문을 따르는 개역한글판에서는 이 부분을 '그 물건을 두 사환의 손에서 취하여'로, 개역개정판에서는 '그 물건을 두 사환의 손에서 받아'로 옮겼다.

고 하고는 그것들을 숨겨놓고, 나아만의 부하들을 돌려보냈다.

게하지*가 엘리샤*에게 들어가 그 앞에 섰다. 엘리샤*가 "게하지* 야, 어디 갔다 왔느냐?"라고 묻자, 게하지*는 "아무데도 가지 않았습니다."라고 대답했다. 그러나 엘리샤*가 다음과 같이 말했다. "어떤 사람이 그의 마차에서 내려 너를 만났을 때, 내가 영으로 너와 같이 가지 않았느냐? 지금이 돈을 받고 옷과 올리브 과원과 포도밭과 양과 소와 남녀종을 받을 때이냐? 그러니 나아만의 나병이 너에게 붙을 것이다. 그리고 네 후손에게 영원히 붙을 것이다." 그러자 게하지*는 눈 같이 흰 나병에 걸려 엘리샤* 앞에서 물러갔다.

교훈

1. 게하지*는 엘리샤*의 종으로서 주인이 하라는 일만 충실히 해야 하는 사람이었다. 그런데 주제넘게 주인이 시키지도 않은 일을 한 월권 행위자였다. 인간이 하나님 앞에서 월권행위를 해서는 안 된다. 그것은 주제넘는 일이고, 하나님께 책망들을 만한 일이다. 사람은 사람으로 할 일을 충실히 해야 한다. 하나님이 정해 주신 법도 안에서 살아야 한다.

2. 게하지*가 욕심을 부린 것은 어느 정도 이해할 수 있다. 물건을 보고 부러워할 수 있고 가지고 싶은 마음도 가질 수 있다. 그런데 그의 잘못은 거짓말을 한 데 있다. 거짓말하고 속이는 일은 근본적으로 하나님의 뜻을 어기는 것이며, 하나님의 심판을 받게 되어 있다. 게하지*가 주인을 속임으로써 결국 하나님을 속이는 죄를 지음으로 자기에게는 물론 자손까지 벌을 받게 하지 않았는가? 요한 계시록 저자가 누차 강조한 것은 거짓말하는 자가 결단코 새 하늘 새 땅에 들어가지 못한다는 것이다(계 21:8, 27; 22:15).

3. 엘리샤*는 게하지*의 행동을 보지 않아도 꿰뚫어 알고 있었다. 엘리샤*에게는 예언자의 영통(靈通)력이 있었다. 하나님은 진실된 당신의 종에게 고차원의 통찰력을 주셔서 세상 사람들이 보지도 듣지도 알지도 못하는 것을 능히 보고 듣고 알 수 있게 하신다. 영의 존재를 무시하는 사람들에게는 이런 말이 헛소리로 들릴 것이다. 하나님이 존재하심과 하나님이 높은 차원에서 일하심을 믿고 그 하나님께 복종하는 것이 성경 종교의 기본이 아닌가?

도끼 대가리의 기적(왕하 6:1-7)

해설

어느 날 엘리샤*의 지도를 받는 예언자 동아리[65]가 엘리샤*에게 말했다. "우리가 사부님과 살고 있는 이 집은 너무 비좁으니, 요단강으로 내려가서 각자 통나무를 하나씩 가져다가 우리가 살 집을 지읍시다!" 엘리샤*가 허락하자, 그 중의 하나가 엘리샤*더러 꼭 같이 가자고 요청했다. 그래서 엘리샤*도 그들과 함께 요단강으로 내려갔다. 거기서 한 사람이 나무를 찍는데, 그만 그의 도끼 대가리가 물에 떨어지고 말았다. 그래서 그가, "사부님, 야단났습니다. 그것은 내가 빌려가지고 온 것입니다." 하며 비명을 질렀다. 엘리샤*가 "그것이 어디에 떨어졌느냐?"고 묻자, 그가 그 장소를 가리켰다. 엘리샤*가 막대기를 하나 꺾어 가지고 거기에 던져 그 쇳덩어리가 떠오르게 했다. 그리고는 "잡아 올려라!"고 명령하였다. 그래서 그 예언자가 손을 뻗어 그것을 쥐었다.

---

[65] 열왕기하 6장 1절 개역한글판에서는 '선지자의 생도'로, 개역개정판에서는 '선지자의 제자들'로 옮겼다. 위 100쪽 각주 34와 174쪽 각주 58과 아래 228쪽 각주 74도 참고하라.

교훈

1. 예언자 동아리가 자신들의 거처가 좁은 것을 느끼고 자신들의 생활공간을 늘리려고 자발적으로 건설 작업을 시작하고 적극적으로 활동한 것은 매우 바람직한 일이었다. 사치를 위한 것이 아니라 필요한 것을 자급자족하는 마음은 누구에게나 있어야 할 마음이다.

2. 선한 일을 하다가 실수하기도 하고 차질이 생길 수도 있다. 도끼대가리가 깊은 물에 떨어져서 건질 수 없어 빌려온 도구를 잃었으니 더더욱 난감한 일이었다. 그러나 하나님은 선한 일을 하는 중에 인간의 힘으로는 해결할 수 없는 사태가 벌어졌을 때 그 문제를 어떤 방법으로든지 해결해 주신다. 그러므로 우리가 실수하여 어려움이 닥칠 것이라고 해서, 주춤하거나 포기해서는 안 될 것이다.

아람 군대의 공격을 막다(왕하 6:8-23)

해설

아람 왕 벤하닷이 이스라엘과 전쟁할 때였다. 그가 장교들에게, "어디 어디에 나의 진을 치라!"고 지시하면, 하나님의 사람 엘리사*가 이스라엘 왕에게 전갈을 보내어, "아람 군대가 이리로 내려오고 있으니, 조심하고 이곳을 지나가지 마십시오!"라고 일렀다. 그래서 이스라엘 왕은 엘리사*가 일러 준 장소로 정보를 전했다. 이런 일이 한 두 번이 아니어서 이스라엘 군이 사전에 경계를 하곤 했다. 이 때문에 벤하닷은 매우 당황해 하면서 장교들을 불러놓고 "우리 가운데 이스라엘 왕의 첩자가 있는데 그게 누군지 말해다오."라고 말했다. 그러자 장교 한 사람이 "오, 임금님! 한 사람도 없습니다. 전하께서 침실에서 하시는 말을 이스라엘 왕에게 전해주는 자는 바로 이스라엘의 예언자 엘리샤*입니다."라고 말했다. 그러자 벤하닷이 "가서 그자가 있는 곳을 찾아라! 내가 사람을 보내어 그자를 체포하겠다."라고 말했다. 그러자 "그가 도단에 있습니다."라고 아뢰었다. 그래서 벤하닷은 말과 병거와 많은 군인을 그리로 보냈고, 그들이 야간에 가서 도단 성을 포위했다.

엘리샤*를 시중드는 사람 하나가 아침 일찍 일어나 밖에 나가보니 말과 병거와 많은 군인이 그 성을 포위하고 있었다. 그래서 그가 엘리샤*에게 "어르신! 야단났습니다. 우리가 어쩌면 좋습니까?" 하고 황겁해 하자, 엘리샤*는 "무서워하지 말라! 우리 편의 수가 그들 편의 수보다 더 많다."라 하고는 기도했다. "오, 야훼여! 이 종의 눈을 열어 볼 수 있게 하십시오!" 그러자 야훼께서 그 종의 눈을 열어 주셨다. 그래서 그는 불 말과 불 수레가 산에 가득하여 엘리샤*를 옹위하고 있는 것을 보았다.

아람 군인들이 엘리샤*를 향하여 내려올 때, 엘리샤*는 야훼께 "부디 저 사람들을 치시되, 앞을 보지 못하는 재난을 내리소서!"라고 기도했다. 그래서 하나님은 엘리샤*가 바라는 대로 그들의 눈을 어둡게 하셨다. 그리고 엘리샤*는 아람 군인들더러, "이것은 길이 아니다. 이것은 그 성이 아니다. 나를 따라오라! 당신들이 찾는 그 사람에게 데려다주마."라고 하여 결국 그들을 사마리아로 유도했다.

아람 군인들이 다 사마리아 성에 들어갔을 때, 엘리샤*는 하나님께 "오, 야훼시여! 그들의 눈을 열어 사물을 볼 수 있게 하십시오!"라고 빌었다. 야훼가 그들의 눈을 뜨게 하셨고, 그들은 자기들이 사마리아 성 안에 있다는 사실을 알게 되었다. 이스라엘 왕은 아람 군인들을 보자 엘리샤*더러, "아버지, 제가 저들을 죽일까요? 죽일까요?"하고 재촉했다. 엘리샤*가 대답했다. "아니요. 임금이 그들을 죽이기를 원하지만,

그들을 임금이 임금의 칼과 활로써 생포했습니까? 그들 앞에 먹을 것과 물을 놓아 그들로 하여금 먹고 마시게 하십시오. 그리고 그들의 상전에게로 돌아가게 하십시오." 그러자 임금은 그들을 위하여 큰 잔치를 베풀었다. 그들은 막고 마신 다음 자기들의 길을 갔다. 그리고 그들의 상전에게로 갔다. 그래서 아람 사람들이 더는 이스라엘 땅을 공격하러 오지 않았다.

교훈

1. 대국이 소국을 침략하고 약탈하는 것은 인간 역사 도처에서 발견된다. 아람 국은 자기들이 이스라엘보다 강하다고 해서 계속 이스라엘을 침략했다. 이런 상황에서 이스라엘이 아람 군을 이겨내는 길이 어디 있겠는가? 상식적으로 생각할 때는 그런 길이 없었다. 그러나 이스라엘은 아람 군을 보기 좋게 피 한 방울 흘리지 않고 물리치고, 적군으로 하여금 부끄러움을 안고 돌아가게 했다. 엘리샤*가 여호람에게 말한 대로 이스라엘 왕이 칼과 활로써 적군과 싸워 이긴 것이 아니다. 이 승리는 하나님이 엘리샤*를 통하여 기적적으로 이루신 일이다. 전능자 하나님이 하시면 인간에게 불가능한 것도 가능함을 보여준 사건이다.

2. 그런 기적을 행하는 자가 하나님의 사람 엘리샤*라는 사실을 안 아람 왕이 엘리샤*를 없애려고 함은 당연하다. 그러나 하나님은 당신의 충성된 일꾼 엘리샤*를 백방으로 보호하셨고, 동시에 적군을 독 안에 든 쥐와 같은 상황으로 몰아서, 이스라엘이 상상할 수 없는 대승을 거두게 하셨다. 하나님은 당신의 사자를 감시하고 보호하신다. 무수한 불 말과 불 수레를 동원하여 보호하신다. 신령한 능력, 초월적인 능력으로 보호하신다. 동시에 당신의 사랑하는 선민을 보호하고 승리하게 하신다. 그것이 하나님의 원칙이다.

3. 이스라엘의 원수들이 온갖 수단과 방법을 다 써서 이스라엘에 맞서지만, 그것은 결국 하나님께 맞서는 것이다. 우리 그리스도인들은 새 이스라엘로서, 아람 국보다 훨씬 더 강한 사탄의 공격을 늘 받으며 살고 있다. 그래서 당황해하고, 때로는 낙심하고, 때로는 절망 중에서, 사탄의 하수인으로 전락하기 쉽다. 그러나 선민 이스라엘의 하나님은 선민인 새 이스라엘 백성 곧 그리스도인들을 무한한 능력과 놀라운 기적으로 보호하고 승리하게 하심을 믿고 용기를 내야 할 것이다.

4. 이스라엘과 하나님의 사자들을 공격하는 무리가 세상에 꽉 차 있다. 우리의 힘과 지혜와 물자와 준비를 가지고는 도저히 당해 낼 수 없는 거대한 세력이 우리를 포위하고 있으므로, 우리는 두려워하고 낙심할 수 있다. 그러나 믿음의 눈을 뜨고 전능자를 볼 수 있어야 한다. 하나님은 원수의 눈을 가리는 능력도 있고, 뜨게 하는 능력도 있다. 동시에 낙심 중에 있는 우리들의 눈을 떠서 전능자를 볼 수 있게도 하신다. 그러므로 우리는 "주여, 우리의 눈을 열어 하나님의 능력을 확실히 보게 하옵소서!"라고 늘 기도하면서 살아야 한다.

벤하닷이 사마리아를 포위하다(왕하 6:24-7:2)

해설

아람 왕 벤하닷이 군대를 총동원하여 이스라엘의 수도 사마리아를 공격하여 그 도시를 완전히 포위한 적이 있었다. 그 포위가 계속되고 너무도 철저했기 때문에 사마리아 성은 큰 기근 상태에 빠졌다. 나귀를 잡아먹고, 그 더러운 머리 하나가 은 80세겔에 팔렸으며, 비둘기 똥 1/4 캅*의 값이 은 5세겔이었다. (비둘기 똥은 소금 대신에 사용됐을 거라는 설이 있고, 혹은 어떤 잡초를 가리킨다는 설도 있다.)

　하루는 이스라엘 왕이 성벽 위를 거닐고 있었는데, 한 여인이 임금에게, "나의 주 임금님, 도와주십시오!"라고 소리를 질렀다. 임금은 "못하겠소. 내가 어떻게 돕는단 말이오? 야훼더러 도우라고 하시오. 타작마당이나 포도주 짜는 곳이라도 있어야 거기서 도움을 얻을 수 있을 것 아니오?"라고 말하고는 "당신의 불평거리가 무엇이오?"라고 물었다. 그녀가 같이 있는 여자를 가리키며 다음과 같이 말했다. "이 여자가 나더러 '당신의 아들을 내놓으시오! 오늘은 우리가 그 아이를 잡아먹고, 내일은 내 아들을 먹읍시다!'라고 했습니다. 그래서 우리가 내 아들을 삶아서 먹었습니다. 다음날 내가 그녀더러 '당신의 아들을 내놓으시오! 우리가 그 아이를 먹읍시다!'라고 했습니다. 그러나 그녀는 자기 아들을 숨겨 놓았습니다." 이 말을 들은 임금은 자기 옷을 찢었다. 깊은 탄식과 슬픔 때문이었을 것이다. 임금이 성벽 위를 걷고 있었으므로, 그가 상복 차림으로 있는 것을 백성이 보았다. 임금은 이것이 다 엘리샤* 때문이라고 생각한 모양이어서, 그를 체포하러 사람들을 엘리샤*에게 보내면서, "어디 엘리샤*의 머리가 제대로 붙어있다면, 하나님이 나에게 어떤 벌을 내려도 좋다."고 맹세했다. 즉 엘리샤*를 죽여 버리겠다는 것이었다. 엘리샤*가 아람 왕을 살려서 돌려보냈기 때문에 다시 이런 국난을 당한다고 생각했을 수도 있고, 엘리샤*가 하나님께 간구하여 적군을 당장에 물리쳐 주지 않고 있음을 탓하는 것일 수도 있다.

　엘리샤*의 머리를 베어가려고 임금의 부하가 오고 있는 동안, 엘리샤*는 자기 집에 앉아 있었고, 장로들도 같이 있었다. 왕의 부하가 도착하기 전에 엘리샤*가 장로에게 물었다. "이 살인자(임금)가 내 머리를 잘라가려고 누군가를 보낸 것을 여러분은 알고 계십니까? 그 사신이 오면, 여러분은 문을 닫고 그에게 문을 열어주지 마십시오! 그의 주인의 발소리가 그 사람 뒤에서 들리지 않습니까?"

그 말이 채 끝나기도 전에, 임금[66]이 내려와서 "이 어려움은 야훼에 게서 온 것이오. 어째서 이 이상 더 야훼께 바라겠습니까?"라고 말했다. 그러나 엘리샤*는 "야훼의 말씀을 들으십시오! 야훼께서 이렇게 말씀 하십니다. '내일 이맘 때에는 사마리아 성문에서 상품 밀 한 말[67]이 한 세겔에 팔릴 것이고, 보리 두 말이 한 세겔에 팔릴 것이니라.'"라고 했 다. 그러자 임금을 부축하고 온 고관이 엘리샤*에게 "야훼께서 하늘에 창문들을 만드신다 하더라도 그런 일이 일어날 수 있겠소?"라고 물었 다. 엘리샤*는 "당신 자신의 눈으로 그것을 보게 될 것이오. 그러나 당 신은 그것을 먹지 못 할 것이오."라고 대답했다.

교훈

1. 아람국은 배은망덕한 나라였다. 양심도 인정도 없는 나라였다. 엘리샤*를 통해 환대받았으면, 감사한 마음으로 이스라엘과 화친한 관 계를 유지할 법도 한데 곧 그 고마움을 잊어버리고 다시 이스라엘을 공 략했다. 하나님을 모르는 백성에게 양심이나 도덕을 기대하는 것이 잘 못일 것이다. 하나님을 믿는 이스라엘 백성도 하나님의 은혜를 잊고 배 신하는데 하물며 이방인들에게 그런 것을 기대할 수 있겠는가?

2. 아람 국의 벤하닷은 큰 결심을 하고, 사마리아를 함락하여 그 나

---

66) 이는 열왕기하 7장 2절에 비추어 히브리 마소라 본문의 '그 사자'를 '그 임 금'으로 고쳐 읽고 그렇게 번역한 NRSV 열왕기하 6장 33절을 따른 것이 다. 개역성경에서는 '그 사자'로 옮기고, 뒤이어 나오는 말을 '그 사자'가 왕 의 말을 전한 것으로 보아 "그 사자가 이르니라"와 "가로되"(개역한글판) 또는 "이르되"(개역개정판) 사이에 히브리 마소라 본문에 없는 '왕이'를 작은 글씨로 써 넣었다.

67) 개역성경 열왕기하 7장 1절에서는 그 히브리 낱말이 소리 나는 대로 '스 아'로 옮겼다.

라를 완전히 깨부술 작정을 하고 달려들었다. 오래 동안 사마리아를 포위하고 있는 바람에 성안에는 식량이 떨어져 심지어 마지막에는 여인들이 자기 자식들을 잡아먹을 정도가 됐다. 상황이 막다른 골목에 이른 것이다. 모두가 더는 버틸 힘이 없는 지경에 이르렀다.

국왕은 야훼와 엘리샤*에게 그 책임을 돌렸다. 보이지 않고 손에 잡히지 않는 야훼를 어떻게 할 도리가 없으니, 하나님의 사람 엘리샤*를 붙잡아 죽이면 해결될 것 같아서 그를 잡으러 사람을 보냈고, 아니 그가 직접 들이 닥쳤다. 정말로 최후의 발악이었다.

그러나 하나님이, 또 엘리샤*가 그런 인간에게 굴하겠는가? 막다른 골목에서 즉 아무도 그 문제를 타개할 수 없는 지경에서 하나님은 능력을 나타내시려 한다. 하나님의 능력과 그의 권위를 가장 극명하게 드러나는 것이 바로 이런 때가 아니겠는가? 인간 보기에 매우 어려운 일도 하나님은 쉽게 해결하실 수 있으므로, 이런 사건에서 하나님의 영광이 드러난다.

3. 야훼를 섬겨야 하는 이스라엘 나라에서 그 임금과 많은 백성이 이방신을 섬김으로써 대립 관계가 지속되고 있다. 하나님은 엘리샤*와 기타 예언자들을 보내어 그들이 야훼 종교로 돌아오게 하려 하시지만, 집권세력이 딴 짓을 하고 백성들이 그 영향을 받아 곁길을 가고 있는 것이다. 이처럼 하나님의 노선과 그를 반대하는 노선의 갈등과 싸움이 진행되고 있는 상황이 벌어졌다. 임금과 백성이 돌아오기를 고대하시는 하나님은 예언자들을 보내 그들을 달래고 가르치고 선도하심으로써 당신이 할 일을 다 하신다. 이제 그들의 장래는 소위 하나님의 백성이 하나님의 뜻에 복종하느냐 않느냐에 달려 있다.

4. 하나님의 사람 엘리샤*는 계속 집권자들에게 박해받아 목숨을 잃을 위기에 직면하고 있다. 그러나 엘리샤*는 미동도 하지 않는다. 하

나님과 교통하는 가운데 하나님의 계획과 섭리를 꿰뚫어 알고 있으므로 담대하고 위축됨이 없다. 하나님의 사람으로 당당하고도 용감하게 위험에 맞서는 모습을 그에게서 볼 수 있다.

아람 군이 패주하다(왕하 7:3-20)

해설

옛 이스라엘에서 나병 환자는 일반 사회에서 격리되어 있어야 하므로, 사마리아의 나병 환자 네 사람은 성문 밖에서 살고 있었다. 그들이 서로 "우리가 어찌하여 여기에 그냥 앉아서 굶어 죽기를 기다려야 하는가? 우리가 성 안으로 들어가자고 말해 봐도 성안에 기근이 있으니, 거기서도 죽을 수밖에 없고, 여기 그냥 앉아 있어도 죽을 것이니, 아람 군의 진영으로 귀순하세! 그들이 우리 목숨을 살려 두면 우리가 살고, 죽이면 그만 죽기로 하세!"라고 말하고는 일어나 새벽 미명에[68] 아람 군 진지로 향했다. 그런데 아람군의 한 진지에 가까이 갔는데, 거기에 사람이 하나도 없었다. 그것은 야훼께서 아람 군대로 하여금 병거와 말 소리, 큰 군대의 소리를 듣게 하셨으므로 그들이 서로, "이스라엘의 왕이 헷 족속의 왕과 애굽의 왕을 고용하여 우리와 싸우도록 했다."라고 하면서 새벽 미명에 그들의 막사와 말과 나귀를 진지에 버려둔 채 자기들의 목숨이라도 건질 작정으로 달아났기 때문이었다. 그 나병 환자들은 그 진영 가장자리에 이르러 막사로 들어가 먹고 마시고 은 금 옷을 들고 나가서 숨겨놓았다. 그리고는 다른 진지 막사로 들어가서 또 물건들을 꺼내어 숨겨놓았다.

---

[68] 열왕기하 7장 5절 개역한글판에서는 '황혼에'로, 개역개정판에서는 '해 질 무렵에'로 옮겼다.

그리고는 서로 말했다. "우리가 지금 하는 일은 잘못된 일이야. 오늘은 기쁜 소식이 있는 날인데, 우리가 날이 밝을 때까지 잠잠하고 있으면, 우리가 죄를 짓는 것이 되오. 그러니 가서 임금 집안에게 이 소식을 전하세!" 그래서 그들은 가서 성문지기들에게 사실대로 말했다. 그러자 문지기들이 임금님의 식구들에게 보고했다.

그러나 임금은 아직 어두운 시점인지라 일어나서 그의 신하들에게 말했다. "아람 군인들이 우리를 공격하려고 준비한 것으로 생각되오. 우리가 굶고 있는 것을 알고 일부러 자기들의 진지를 비우고 벌판에 가서 숨어 있는 것이오. 그들의 진지가 빈 것을 알고 우리가 성 밖으로 나가면, 그들이 우리를 생포하여 성안으로 진격하려는 것이오." 그러자 임금의 신하 하나가 말했다. "이미 많은 이스라엘 사람이 굶어 죽었고, 이제 남은 사람들도 다 같은 운명에 이를 것이 아닙니까? 그러니 몇 사람으로 하여금 남은 말 다섯 필을 끌고 나가서 아람 사람들을 찾아보게 하십시다!" 이래 죽으나 저래 죽으나 매 한 가지가 아니냐는 말이었다. 그래서 임금은 기마병 두 사람을 골라 아람 사람들을 찾아보라고 하며 내보냈다. 그들이 요단강까지 아람 군인들을 찾아보았지만, 아람 군인들이 황겁히 달아나며 던지고 간 옷과 장비들만 계속 널려 있을 뿐이었다. 그 사람들이 돌아와서 사실대로 보고했다.

그 소식을 들은 백성은 나가서 아람 군의 진영을 털었다. 그래서 상품 밀 한 말이 한 세겔에, 보리 두 말이 한 세겔에 팔렸다. 야훼께서 하신 말씀대로 된 것이다. 임금은 자기를 부축하고 다니는 장교에게 성문을 지키는 책임을 맡겼다. 그러나 백성이 그 사람을 성문에서 밟아 죽였다. 아마도 그가 임금이라는 배경을 믿고 세도를 부렸던 모양이다. 그렇게 됨으로써 엘리샤*가 그를 두고 예언한 것이 그대로 이루어졌다. 즉 그는 엘리샤*의 말을 믿지 않고 빈정댔으며, 엘리샤*는 그 사람이 풍성함은 보겠지만 먹지는 못하리라고 예언했던 것이다(왕하 7:2).

교훈

1. 상대할 수 없으리만큼 많은 수의 아람 군에게 포위된 사마리아 성민은 굶어죽을 날만 기다리고 있었다. 그런데 사마리아 사람은 아람 군을 향하여 손가락 하나 까딱하지 않았지만, 그 많은 적군이 순식간에 물러가고 말았다. 하나님이 만든 큰 군마의 습격 소리에 놀라서 혼비백산하여 달아나고 만 것이다. 우리는 여기서 다시 하나님의 놀라운 솜씨를 본다. 하나님이 하려고만 하신다면 못하실 일이 없다. 무기를 사용하지 않고서도 보이지는 않으나 이상한 소리를 만들어서라도 천군만마를 몰아내실 수 있다.

2. 이스라엘 왕은 적군이 보이지 않는다는 보고를 받고도 그들의 행동에 어떤 작전상 음모가 있을 것이라고 생각했다. 일국의 지도자로서 당연히 취할 태도였다. 그는 하나님이 하신 일을 알지 못하고 예측하지도 못했으며 오히려 야훼에 대한 혐오를 품고 있었다. 그런데도 이스라엘 백성을 사랑하시는 하나님은 놀라운 기적으로 그 백성을 위기에서 구출하셨다.

3. 사람도 막다른 골목에서는 결사적으로 대처한다. 사마리아의 나병 환자들은 이판사판이니 이래도 죽고 저래도 죽을 바에는 … 하는 생각으로 행동을 개시하였고, 이스라엘 왕의 부하들도 막다른 골목에서 정탐꾼을 내보냄으로써 해결의 실마리를 얻은 것이다. 만사에 결사적으로 일할 필요가 있다.

4. 야훼와 그의 사자를 훼방하거나 불신하는 죄가 얼마나 큰지 여기서 알 수 있다. 이스라엘 왕의 부관이 그런 죄를 지음으로 엘리샤*의 예언대로 남들이 다 누리는 기쁨을 맛보지 못하고 사람들에게 밟혀 죽

지 않았는가? 하나님의 뜻을 막아서지 말아야 한다. 하나님을 대행하는 일꾼들을 훼방하거나 방해해지도 말아야 한다. 이는 하나님의 징계를 자초하는 일이 된다.

슈넴* 여인이 자기 땅을 돌려받다 (왕하 8:1-6)

해설

열왕기하 4장 8-37절에는 엘리샤*가 슈넴* 여인의 죽은 아들을 살린 이야기가 들어 있다. 엘리샤*는 그 때부터 알고 지내는 슈넴* 여인을 계속 돌봐주고 있었다. 카르멜* 산 동남쪽의 슈넴* 마을에도 기근이 들었다. 야훼 하나님께서 7년 동안 기근을 내리실 것이므로 거기서 계속 살기가 어려우리라는 것을 알고 있었던 엘리샤*는 그녀더러 그곳을 떠나 가족과 함께 다른 지방으로 가서 기근을 피하라고 일러주었다. 그 여인은 엘리샤*의 말에 따라 고향을 떠나 지중해 연안 남쪽으로 가서 블레셋* 땅에 7년 간 기류(寄留)하였다. 7년 기근이 끝나자 그 여인은 고향으로 돌아가서 자기가 살던 집과 땅을 되찾으려고 임금에게 소청을 드렸다. 임자가 없는 버려진 땅은 으례 나라의 땅으로 되기 때문일 것이다. 엘리샤*의 명성이 널리 퍼져 있던 터라 임금이 엘리샤*의 종 게하지*하고도 대화하는 지경이 되었다. 그 둘의 대화에서 임금이 게하지*더러 엘리샤*가 한 위대한 일들을 말해 달라고 청했다. 게하지*가 말하는 중에 엘리샤*가 슈넴* 여인의 죽은 아들을 살린 이야기를 하게 되었다. 마침 그때 그녀가 자기 집과 땅을 돌려달라고 청원한 것이다. 게하지*는 임금에게 "임금님이시여! 그 여자가 여기 있습니다. 그리고 엘리샤*가 살려준 그녀의 아들이 여기 있습니다." 라고 말했다. 그러자 임금이 그 여인을 신문하였고, 여인은 임금께 아뢰었다. 임금은 그녀의 일을 관리에게 맡겨 해결하게 하면서, "그 여인의 것을 다 돌려주어라! 그녀가 떠날 때부터 오늘까지 그 땅에서 난 모든 수익도 계산해 주어라!"고 명령했다.

교훈

1. 엘리샤*는 예언자이면서 목회자의 정신으로 백성을 돌보았다. 슈넴* 여인을 돌보기 시작한 엘리샤*는 계속 그녀의 가정을 염려하며 지도했다. 이는 현대 목회자들이 배워야 할 점 중의 하나이다.

2. 슈넴* 여인은 하나님의 사람 엘리샤*의 말을 철석같이 믿고 순종하였다. 그것이 그녀가 복 받은 중요한 원인이었다. 결국 그녀는 하나님을 믿고 의지한 것이다.

3. 하나님의 사람인 예언자는 유능하고 호평을 받아 사회 각계각층에게 신뢰받는 사람이어야 한다. 예언자의 말, 아니 그의 종의 말도 먹혀들어갈 정도로 예언의 진실성이 증명되어야 한다.

4. 엘리샤*의 말이 어디서나 통하던 것처럼, 교회의 말이 권위가 있고 신빙성이 있어서, 사회가 교회를 믿고 따를 수 있어야 한다.

벤하닷의 죽음(왕하 8:7-15)

해설

아람 왕 벤하닷이 병상에 누웠다. 그 때 엘리샤*가 아람 국의 수도 다메섹에 갔다. "하나님의 사람이 여기 왔다!"는 소식이 벤하닷에게 전해지자, 그는 심복 하자엘*에게 "선물을 가지고 그 하나님의 사람을 만나 내가 병을 털고 회복 되겠는지 야훼께 묻도록 하라!"고 지시했다. 나아만 장군이 나병을 고친 이야기를 벤하닷이 알고 있었던 모양이다. 그래서 하자엘*이 다메섹에서 얻을 수 있는 온갖 좋은 것들을 낙타 40 마리에 가득 싣고 엘리샤*를 만나러 갔다. 그가 엘리샤*를 만나자 "어르신의 아들 벤하닷, 아람 국왕이 저를 어르신께 보내며 '내가 병에서 회복되겠습니까?'라고 여쭈어보라고 했습니다."라고 아뢰었다. 엘리샤*는 하자엘*에게 "가서 임금에게, '임금님은 분명히 회복됩니다.'라고 말씀드리십시오. 그러나 야훼께서는 그가 확실히 죽을 것을 저에게 보여주셨습니다."라고 대답했다. 그러고 나서 엘리샤*는 하자엘*을 응시하고 그가 부끄러움을 느낄 때까지 그를 바라보다가 울었다. 그래서 하자엘*이 "어르신, 어찌하여 우십니까?"라고 물었다. 엘리샤*가 대답했다. "당신이 이스라엘 백성에게 행할 악행을 내가 알기 때문이요. 당신이 그들의 요새들을 불사르고, 칼로 그들의 젊은이들을 죽이고, 그들의 어린 것들을 박살을 내며, 임신한 여인들을 내동댕이칠 것이기 때문이지요." 하자엘*은 "저, 당신의 종은 개에 불과한데, 제가 무엇이기에 그런 어마어마한 일을 한단 말입니까?"라고 대꾸했다. 그러나 엘리샤*가 대답했다. "야훼께서 나에게 보여주셨소. 당신은 아람의 왕이 된단 말이요." 하자엘*은 엘리샤*와 작별하고 상전 벤하닷에게로 갔다. "엘리샤*가 뭐라고 말하였소?"라고 임금이 묻자, "임금님은 분명 회복될 것이라고 제게 말했습니다."라고 대답했다. 그러나 다음 날 하자엘*은 침대보를 물에 적셔서 왕의 얼굴을 덮어 씌워, 벤하닷이 질식하여 죽게 하였다. 결국 하자엘*이 아람 국의 왕위에 올랐다.

교훈

1. 이스라엘처럼 선민의 나라는 아니지만 아람 국도 야훼 하나님의

통치 영역에 들어 있었음이 틀림없다. 그 나라와 임금 벤하닷의 생사도
야훼가 주관하시고 엘리샤*를 통하여 그 임금의 귀추를 간섭하셨다.
천지만물, 인간 역사 그 어느 구석인들 야훼의 손 안에 있지 않는 것이
있겠는가? 벤하닷도 하나님이 정하신 대로, 엘리샤*를 통하여 묘사하
신 대로 비명(非命)에 죽음을 맞이했다.

2. 인간이 큰 권세를 걸머쥐면 천년만년 세도를 부릴 것 같지만, 때
가 되면 죽고, 행한 대로 하나님의 심판을 받아야 한다. 아람 왕 벤하닷
이 크게 횡포를 부리며 세도를 부렸지만, 하나님과 하나님의 백성 이스
라엘을 괴롭힌 죄를 하나님은 간과하시지 않았다. 결국 신복(臣僕)인
하자엘*에게 질식사를 당하였다. 이리하여 벤하닷 왕조는 끝장났다.
하나님은 이렇게 공정하게 심판하신다.

3. 예물을 많이 바칠 수록 복을 많이 받을 수 있다는 기복 사상이 예
나 오늘이나 인간의 마음을 사로잡고 있다. 그러나 하나님과 하나님의
사람은 예물의 많고 적음에 좌우되지 않는다. 예물은 감사의 표시일 뿐
으로 그것으로 하나님의 마음을 사려고 해서는 안 된다. 만일 그 원리
가 통한다면 부자만이 복 받을 것이 아닌가?

여호람(주전 849-843년)이 유다를 다스리다(왕하 8:16-24)

해설

이스라엘 왕 아흡압*의 아들 요람(여호람의 약칭)의 치세 제5년에
유다에서는 여호샤팟* 왕의 아들 여호람*이 다스리기 시작했다. 사실
여호람은 그의 아버지 여호샤팟*의 섭정으로 이미 5년간 다스렸고, 이

제부터는 단독으로 통치하기 시작한 것이다. 그것이 바로 이스라엘 왕 요람의 제5년이다. 나이 32세에 왕위에 오른 여호람은 예루살렘에서 8년 간 통치했다. 여호람은 이스라엘 왕 아흐압*의 딸 아탈야후*와 결혼하고, 그 아내를 따라 이스라엘 왕이 가는 길을 걸었다. 즉 야훼 보시기에 악한 일을 행했다. 그래도 야훼는 당신의 종 다윗을 보아서 유다 국을 멸하시지 않았다. 그것은 야훼께서 다윗과 그의 후손에게 하나의 등불(왕권)을 약속하셨기 때문이었다.

여호람 시대에 에돔이 유다의 지배에서 벗어나려고 반기를 들고 자기들의 왕을 세웠다. 그러자 여호람이 그의 병거들을 전부 거느리고 에돔 땅 차이르*로 건너갔다. 그리고 밤에 진을 치고, 유다 군을 포위한 그들의 병거들을 공격했다. 그러나 역부족으로 여호람의 군인들이 패주하였다. 이렇게 해서 에돔은 유다의 통치에서 벗어났다. 그 무렵에 리브나* 역시 반기를 들었다. 여호람은 죽어서 다윗 성에 안장되었고, 그의 아들 아하즈야후*가 대를 이었다.

교훈

1. 악마의 세력은 거세게 남쪽 유다국에도 그 손을 뻗쳤다. 북쪽의 바알 종교가 남쪽에도 침투하였고, 정략결혼의 명목으로 이스라엘 왕 아흐압*의 딸을 황후로 맞아들임으로써 결국 바알 종교가 본격적으로 유다에 영향을 끼치게 되었다. 교묘한 악마의 술책을 언제나 경계해야 한다. 조금만 방심하면 정곡을 찌르고 치명적인 손해를 입힌다.

2. 야훼 하나님을 배반하고 그에 대한 신앙이 약해지면서 유다 왕국도 사양길에 들어서게 됐다. 봉신국이었던 에돔이 반역하고, 리브나도 등을 돌렸다. 하나님의 눈 밖에 나는 개인이나 나라가 흥할 수 없다. 결국 국왕도 요절하고 아무것도 한 것 없이 역사에서 사라졌다.

3. 정략결혼이라는 방법으로 국가를 튼튼하게 하려는 인간적인 발상은 그럴 듯하지만, 두 종류의 이질적인 종교가 하나 되는 것은 불가능하다. 바알 종교의 고단수에 넘어가는 결과가 되었던 것이다. 결혼은 신중해야 한다. 결혼은 두 몸의 결합이 아니라 생각과 영혼이 만나는 것이므로 심사숙고해서 해야 한다. 야훼와 바알이 한 자리에 있을 수는 없지 않는가?

아하즈야후*(주전 843-842년)가 유다를 다스리다(왕하 8: 25-29)

해설

이스라엘 왕 아흐압*의 아들 요람의 치세 제 12년에, 유다에는 여호람의 아들 아하즈야후*가 통치를 시작하였다. 그 때 아하즈야후*의 나이가 22세였다. 그는 예루살렘에서 일 년 동안 통치했다. 그의 어머니는 아탈야후* 곧 이스라엘의 오므리 왕의 손녀이었다. 아하즈야후*는 아흐압*의 외손자로서 아흐압* 왕가의 전철을 밟으며 악을 행하였으므로 야훼 보시기에 역겨웠던 것이다.

아하즈야후*가 아흐압* 왕의 아들 요람과 동맹하여 라못길르앗*에서 아람 국의 하자엘*과 전쟁하러 나갔다. 그 때 요람이 아람 군에게 상처를 입고 그 상처를 치료하려고 이즈르엘*로 돌아왔다. 그래서 아하즈야후*가 그의 외숙부인 요람의 병문안을 갔다.

교훈

이스라엘의 남과 북이 원래 한 핏줄기 단일 민족이 아닌가? 남과 북이 갈라진 후 서로 반목질시하고 살았지만 결혼관계를 맺어 동맹하고 화합한 것은 잘한 일이었다. 그러나 그 속에는 외국 종교를 끌어들인 이방 여인의 피와 사상이 작용하고 있었고, 그 이방 종교가 잠식하고 있었음은 간과할 수 없다. 겉으로 화친하거나 통합함이 문제가 아니라, 마음과 신앙의 순수성이 견지해는 것이 중요하다. 하나님의 뜻을 어기는 나라와 집안이 어찌 무사하기를 바랄 수 있을까?

예후(주전 843-815년)에게 기름을 붓다(왕하 9:1-13)

해설

예언자 엘리샤*가 예언자 동아리[69] 중의 한 사람을 불러서 말했다. "허리를 동이고 이 기름병을 들고 라못길르앗*으로 가거라. 거기에 이르러 여호샤팟*의 아들 예후를 찾아라. 그 집에 들어가서 예후의 동료들은 버려두고 예후만 안방으로 데리고 들어가서 이 기름병을 들어 그의 머리에 기름을 부으며 '야훼가 이렇게 말씀하십니다. 내가 네게 기름을 부어 이스라엘의 왕으로 삼는다.' 라고 말해라. 그리고는 문을 열고 지체하지 말고 달아나라."

그래서 이 젊은 예언자가 라못길르앗*으로 갔다. 아람군의 공격을 막으려고 그 국경지대인 라못길르앗*에 파견되어 있는 군인들의 사령부를 찾아간 것이다. 그가 도착했을 때, 참모들은 회의를 하고 있었다. 이 예언자가 "사령관께 전할 소식을 제가 가지고 왔습니다."라고 말하자, 예후가 "우리 중 누구에게 온 것이오?"라고 물었다. "사령관님 바

---

69) 열왕기하 9장 1절 개역한글판에서는 '선지자의 생도'로, 개역개정판에서는 '선지자의 제자'로 옮겼다. 위 100쪽 각주 34와 174쪽 각주 58과 201쪽 각주 65도 참고하라.

로 귀하에게 말입니다."라고 대답하자, 그가 일어나 내실로 들어갔다. 그 젊은 예언자가 따라 들어가서, 가지고 온 기름을 그에게 부으며 말했다. "야훼께서 다음과 같이 말씀하십니다. '내가 너에게 기름을 부어 나 야훼의 백성 이스라엘을 다스리는 왕으로 삼는다. 너는 네 상전 아흐압*의 집안을 때려 부수어야 한다. 그렇게 함으로써 내 종 예언자들의 피와 나 야훼의 모든 종들의 피를 흘린 이제벨*에게 내가 복수하련다. 아흐압*의 집안 전부가 망할 것이고, 아흐압* 집안의 남자들은 종이나 자유인을 막론하고 이스라엘에서 없애버리리라. 나는 아흐압*의 집안을 야롭암*의 집안과 같이, 또 바아사의 집안 같이 만들어 버릴 것이다. 개들이 이즈르엘* 경내에서 이제벨*을 먹을 것이고, 아무도 그 시체를 묻지 않을 것이다.'" 이렇게 말한 다음에 그 젊은이는 문을 열고 달아났다.

예후가 임금의 장교들이 모인 자리에 돌아오자, 장교들이 "별일 없습니까? 그 미친 놈이 무엇 때문에 장군께 온 것입니까?" 하고 물었다. 그러자 그는, "그런 사람들이 지껄이는 것은 여러분도 알고 있지요." 하고 대답하였다. 그래도 그들은 "에이, 거짓말! 어서 사실대로 말하셔요!"[70] 라고 물어댔다. 그래서 예후는 말했다. "이것이 바로 그가 나에게 한 말이요. '야훼께서 다음과 같이 말씀하신다. 내가 너에게 기름을 부어 너를 이스라엘 왕으로 삼는다.'"

이 말을 들은 사람들은 서둘러 그들의 외투를 예후 앞에 깔고 왕좌로 모셨다. 그리고 나팔을 불어, "예후가 임금이시다."라고 선포했다.

교훈

---

70) 이는 NRSV 열왕기하 9장 12절에 들어 있는 Liar! Come on, tell us!를 풀어 옮긴 것이다. 개역한글판에서는 '당치 않은 말이라 그대는 우리에게 이르라'로, 개역개정판에서는 '당치 아니한 말이라 청하건대 그대는 우리에게 이르라'로 옮겼다.

1. 하나님이 엘리샤*에게 예언하게 하신 말씀이 어김없이 이루어졌다. 역사를 처음부터 끝까지 계획하여 이루시는 하나님이 예후를 통하여 배교자들을 처단하시기로 하신 계획을 때가 되자 어김없이 이루신 것이다. 보통 사람의 눈에는 감지되지 않지만, 살아계신 하나님은 엄존하셔서 역사의 배후에서 당신의 뜻을 이루시고 계신다.

2. 아흐압*과 그의 아내 이제벨*은 야훼 하나님을 배반하고 이방 신 바알을 섬기고 하나님의 백성을 오도함으로 하나님께 큰 죄를 범했다. 그 죄는 아흐압*이나 이제벨* 개인만이 벌 받으면 될 만큼 경한 죄가 아니었다. 그의 일가가 몰살당하는 벌을 받아 마땅했다. 소자 하나라도 범죄하게 하는 죄는 영벌을 받아 마땅하다고 예수님이 말씀하셨는데(막 9:42), 아흐압*은 이스라엘 백성 전체를 오도한 죄인이 아닌가?

3. 예후가 젊은 예언자의 말을 그대로 발표했을 때, 다른 참모들이 이의를 제기하지 않고 당장에 예후를 왕으로 추대한 것으로 보아, 이미 대세는 기울고 있었던 것으로 보인다. 즉 아흐압* 가문이 저지르고 있는 종교적 배신과 폭정에 백성들은 진저리가 나고, 이미 마음이 떠나 있었던 것으로 보인다. 통치자가 백성의 마음을 읽지 못하고, 눈이 어두워지면 망한다. 하나님은 그런 임금을 오래 버려두시지 않는다.

이스라엘 왕 요람이 살해되다(왕하 9:14-26)

해설

이스라엘 왕 요람이 군대를 총동원하여 아람 국의 하자엘* 왕과 싸우다가 라못길르앗*에서 상처를 입고 이즈르엘*에 돌아와 치료받고 있을 때, 라못길르앗*에 잔류하여 있던 예후에게 하나님의 예언자가 가서 기름을 부어 그를 이스라엘의 왕으로 세웠다. 예후가 기름부음을 받고 왕권을 확보하기까지 그 경과를 보면 다음과 같다. 기름부음을 받은 예후는 자기 동료들에게 그 사실을 털어놓은 뒤에 그들더러 라못길르앗*성을 빠져나가지 말고 이즈르엘*에 있는 요람에게 알리지 말라고 당부했다. 요람은 이즈르엘*에서 치료를 받고 있었고, 유다 왕 아하즈야*가 병문안을 하러 거기 와 있었다. 예후는 그의 병거를 타고 이즈르엘*로 갔다.

　망대에서 보초를 서던 군인이 예후 일행이 오고 있는 것을 보고, "어떤 무리가 보입니다."라고 임금께 보고했다. 임금은 기병 한 사람을 보내어 그 사람에게, "전선이 평안하냐고 임금님이 묻습니다."라고 말하게 했다. 요람이 보낸 기병이 가서 임금이 시키는 대로 말했더니, 예후가 "평안이 너와 무슨 상관이 있느냐? 내 뒤를 따르라!"고 대답했다. 보초가 보고했다. "임금님이 보내신 기병이 그들에게 가기는 했는데, 돌아오지는 않습니다." 그래서 요람은 다시 기병 한 사람을 보내어, 꼭 같은 말을 하게 했다. 예후도 꼭 같이 대답하고 그 사람더러 자기를 따르라고 명했다. 보초는 다시 보고했다. "기병이 그들에게 갔지만, 돌아오지는 않습니다. 저기 오는 사람이 미친 듯이 달리는데, 그 말 달리는 솜씨를 보니 님시의 아들[71] 예후인 듯합니다."

　그 말에 놀란 요람은 병거를 준비하라는 명령을 내렸고, 그의 병거가 곧 준비되었다. 그러자 요람과 아하즈야*가 각각 자기 병거를 타고 예후를 맞으러 나갔다. 그들은 이즈르엘* 사람 나봇의 소유지에서 예후를 만났다. 요람이 예후를 보자 "예후, 전선이 평안한가?"라고 물었다. 그러자 예후가 "많은 창녀들과 당신의 어머니 이제벨*의 점쟁이들

---

71) 개역성경 열왕기하 9장 20절에서는 2절과 14절에 맞추어 보통은 '아들'을 뜻하는 히브리 낱말 〈벤〉을 이 경우에는 '손자'로 옮겼다.

이 계속 있는데, 무슨 평화가 있을 수 있습니까?"라고 대답했다.

이 말을 들은 요람은 말을 돌려 달아나며 아하즈야*에게, "아하즈야,* 역모(逆謀)야!" 하고 외쳤다. 예후는 힘껏 활을 당겨 요람의 어깨 사이를 쏘았다. 그 화살이 요람의 심장을 뚫었다. 요람은 병거에서 쓰러졌다. 그러자 예후가 그의 부관인 비드칼*에게 말했다. "그를 들어내어 이즈르엘* 사람 나봇의 소유인 밭에다 던져라. 너와 내가 나란히 그의 아비 아흐압*의 병거 뒷자리에서 앉아서 갈 때, 야훼께서 그를 두고 하신 말씀을 기억하게! '야훼가 말한다. 내가 어제 본 나봇의 피와 그의 자식들의 피를 두고 내가 맹세코 바로 이 땅에서 복수하리라!'고 하시지 않았는가? 그러니 그를 들어내어 저 밭에 던져라! 이는 야훼의 말씀대로 하는 일이다."

교훈

1. 아흐압* 가문에 대한 하나님의 계획과 말씀은 추호도 어김없이 이루어졌다. 자기가 지은 죄의 값은 자기 당대에 받지 않아도, 정한 때가 되면 그 후손에게라도 물리신다. 하나님의 심판을 면해보려고 무장으로 대항도 하고 달아나보기도 하지만, 날아가는 화살이 정통으로 죄인의 심장을 꿰뚫었다. 그 죽음이 어떻게 나봇의 땅 안에서 일어나, 하나님이 하신 말씀을 직접 들은 증인들에 의해 처단되었다. 하나님의 말씀은 한 마디도 땅에 떨어지지 않는 법이다. 하나님의 공의는 인간의 어떤 수단이나 꾀로도 어길 수 없다. 하나님은 만홀(漫忽)히 여김을 받으시는 분이 아니다.

2. 예후는 이스라엘 왕 요람의 심복으로서 군대 총사령관이라는 중책을 지고 있는 사람이었다. 따라서 임금께 충성을 다 해야 하는 사람이었다. 그러나 그는 하나의 자연인으로서, 또 국민의 한 사람으로서

국왕의 정책과 행정에 큰 문제가 있음을 깨달았고, 국가와 민족의 장래를 염려하였을 것이다. 그가 하나님의 부르심과 기름 부음을 받았을 때, 임금에게 충성하는 일과 하나님께 충성하는 일을 놓고 저울질해 보았을 것이다. 그는 결연히 하나님의 뜻을 따르기로 하고, 남이 보기에는 역모라고 할 수 있는 일을 단행했다. 사람을 섬기느냐 하나님을 섬기느냐의 기로에서 당연히 하나님의 뜻을 따르는 것이 순리다.

유다 왕 아하즈야*가 살해되다(왕하 9:27-29)

해설

이스라엘 왕 요람이 죽는 꼴을 본 아하즈야*는 벳학간 방향으로[72] 달아났다. 예후가 그를 추격하면서, "저놈에게도 쏴라!" 하고 명령했다. 예후의 부하들이 아하즈야*에게도 쏘았는데[73], 아하즈야*는 그 때 그의 병거를 타고 입르암* 옆에 있는 구르 오르막길에 있었다. 그는 므깃도로 달아났고 거기서 죽었다. 므깃도에는 요람을 지지하는 병사들이 있으리라 생각하여 그리로 간 것 같다. 결국 화살에 맞고 달아나다가 죽은 것이다.

부하들이 병거로 그의 시체를 예루살렘까지 운반하여 다윗 성에 묻었다. 예후가 아하즈야*를 죽인 것은 장차 자기의 정적이 될 것을 내다

---

72) 이는 NRSV 열왕기상 9장 27절에 들어 있는 in the direction of Beth-haggan의 번역이다. 이 부분을 개역한글판에서는 '동산 정자 길로'로, 개역개정판에서는 '정원의 정자 길로'로 옮겼다.

73) 이는 헬라어 구약성경 칠십인역과 시리아어 구약성경과 불가타 라틴어 구약성경을 고려한 NRSV를 따른 것이다. 히브리 마소라 본문 열왕기하 9장 27절에는 이 부분이 없고 개역성경에서도 이를 따랐다.

보았기 때문이었을 것이다. 요람과 아하즈야*는 친척 사이이므로 아하즈야*가 자기에게 복수하리라 예측했을 것이다.

아하즈야*가 유다를 다스리기 시작한 것은 이스라엘 왕 아흐압*의 아들 요람의 제11년의 일이다. 열왕기하 8장 25절에는 제 12년이라고 했는데, 그것은 아마도 두 나라의 계산법이 달랐기 때문일 것이다.

교훈

유다 왕 아하즈야*는 이스라엘 왕족과 인척관계를 유지하면서 자연히 사상적으로 정신적으로 서로 교류하였고, 따라서 이스라엘의 악한 영향을 받을 수밖에 없었다. 이스라엘 종교의 순수성을 바라시는 하나님은 아하즈야*를 속히 제거함으로써 그 악영향을 막으시려 한 것으로 보인다.

하나님 편에서는 어디까지나 그의 선민을 성결하게 보존하시려고 안간힘을 쓰시는데, 사람들은 눈이 어둡고 마음이 마비되어 하나님의 뜻을 깨닫지 못하고 계속 멸망의 길로 치닫는다.

이제벨*의 횡사(橫死) (왕하 9:30-37)

해설

요람을 죽인 예후는 황태후인 이제벨*을 향하여 가고 있었다. 이제벨*은 예후가 온다는 말을 듣자 눈 단장을 하고 머리를 다듬고 창문으로 내다보았다. 예후가 대문에 들어서자, 이제벨*이 말했다. "평안하냐, 지므리(왕상 16:9-10에서 엘라 왕을 죽인 군대 사령관) 같은 놈, 자기 상전을 죽인 놈아!" 예후가 창문 쪽을 올려다보면서, "누가 나와 함께 하겠느냐? 누가 내 편이냐?"라고 외쳤다. 그러자 두세 명의 내시가 창문으로 예후를 내다보았다. 예후가 그들더러, "그 여자를 내던져라!"고 하자, 그들이 그녀를 내던졌다. 그러자 예후의 말이 그녀를 밟았고, 그녀의 피가 벽에 튀고, 예후의 말들에게도 튀었다.

그 후에 예후는 왕궁으로 들어가 먹고 마시며 말했다. "그 여자는 한 임금의 딸이다. 저 저주받은 여자를 거두어다 묻어주어라!" 그러나 사람들이 그녀를 묻으러 갔더니, 그녀의 해골바가지와 발과 손바닥 밖에 남아 있지 않았다.

그래서 그들이 돌아와 예후에게 보고했더니, 예후는 다음과 같이 말했다. "야훼께서 그의 종 엘리야를 통하여 이렇게 말씀하셨다. '이즈르엘* 영내에서 개들이 이제벨*의 살을 먹고, 이제벨*의 시체는 이즈르엘* 영내 밭에 있는 똥과 같으리라. 그래서 아무도 '이것이 이제벨*이다.'라고 말할 수 없으리라." 즉 누구도 알아볼 수 없도록 시신의 형상이 사라진다는 말이었다.

교훈

1. 왕명이 무서워서 겉으로는 국왕의 지시를 따르지만, 국민 다수의 속마음에는 왕과 그 일가의 행동에 대한 불만이 있었던 것이다. 내시들도 겉으로는 이제벨*을 섬기고 있었지만, 속으로는 그녀에게 반감을 품고 있었을 것이다. 예후의 거사 소식을 들은 내시들은 형세가 위태로운 것을 감지했을 것이다. 결국 예후 편이 되어 상전인 이제벨*을 내동댕이치는 자들이 되었다. 결국 야훼의 예언대로 이제벨*은 처참한 최후를 맞아야만 했다. 이는 마땅한 심판이 아닌가? 결국은 야훼가 바알을 깨끗이 이긴 사건이다.

2. 야훼는 백방으로 이스라엘을 그 타락한 상태에서 건져내려고 노력하셨다. 예언자들을 대거 일으키고 직접 간접으로 악의 도사들을 제거하시고 벌하심으로써 개혁과 개선의 길을 열어주시려고 했다. 이스라엘이 깨닫든지 말든지 하나님은 당신이 할 일을 하셨다.

3. 사람의 죽음에는 여러 종류가 있다. 적어도 죽어서 평안히 무덤에 안장되는 정도는 되어야 하지 않을까? 여러 가지 사고로 죽을 수도 있지만, 이제벨*의 죽음은 그야말로 너무도 욕되고 처참하고 구차스러웠다. 누군지 알아볼 수 없을 정도로 형체가 사라진 것이다. 그만큼 그녀의 죄가 크고 심했음을 단적으로 보여주는 예라고 할 만하다. 죄의 값은 사망이고, 죄의 양만큼 그 질만큼 하나님의 심판도 무섭다.

아합의 모든 후손을 학살하다 (왕하 10:1-17)

해설

열왕기상 21장 21절에 의하면 엘리야후*가 아흐압* 가문의 몰살을 이미 예언한 바가 있다. 예후가 기름부음을 받고 이제 정식으로 집권하려면 처리해야 할 일들이 있었다. 정권을 계승하기 위해서는 무엇보다도 전임자와 잔당들을 없애야 했다.

예후는 이즈르엘* 평원에 이르러 수도 사마리아에 남아 있는 전임자의 부하장관들과 장로들과 왕가(아흐압*) 자손들을 돌보는 관원들에게 편지를 써 보냈다. "여러분이 섬기는 상전의 자식들이 여러분과 함께 있고 병거와 말과 요새와 무기들이 다 여러분의 수중에 있으니, 상전의 아들들 중에 가장 자격 있는 자를 골라서 그의 아비의 왕좌에 앉히고 상전의 집안을 위해서 싸우시오!"

　그러나 이미 정변(政變)이 일어나 예후가 득세하여 왕과 황태후를 죽인 사건을 다 알고 있는 그들이 예후의 말을 문자 그대로 받아들일 리가 없었다. 그래서 그 편지를 가지고 온 사신에게 "보십시오. 왕이 둘인들 어찌 그분을 당해내겠습니까? 우리에게는 지금 임금이 안 계시는데 어떻게 그를 대항하겠습니까?"라고 하면서, 왕궁 책임자와 사마리아 성주와 장로들과 대신들이 마음을 모아 예후에게 다음과 같은 내용의 서신을 보냈다. "우리는 귀하의 종들입니다. 무엇이든지 귀하가 하라는 대로 하겠습니다. 우리는 아무도 왕으로 세우지 않을 테니 좋으신 대로 하십시오!"

　그래서 예후가 다시 편지를 보냈다. "만일 여러분이 내 편이고 나에게 복종할 마음이 있다면, 여러분 상전의 아들들의 수급(首級)들을 가지고 내일 이맘때에 이즈르엘*에 있는 나에게로 오시오!"

　그 때 사마리아에는 왕손들의 양육을 책임 맡은 지도자들이 70인의 왕손을 데리고 있었다. 예후의 편지를 받은 지도자들이 왕손들을 죽여 그들의 수급들을 바구니에 담아 이즈르엘*에 있는 예후에게로 보냈다.

　그러자 예후는 그 수급들을 성문 입구에 두 무더기로 쌓고, 아침까지 두라고 지시했다. 그리고는 아침에 예후가 성문에 나가 서서 모든 백성에게 연설을 했다. "여러분은 죄가 없습니다. 내 상전에게 모반하고 그를 죽인 것은 나입니다. 그러나 이 모든 사람(왕손)을 때려 눕힌 자들이 누구입니까? 야훼께서 아흐압* 집안에 대해서 말씀하신 것은 하나도 땅에 떨어지지 않으리라는 것을 아십시오. 야훼께서 그의 종 엘리야후*를 통하여 말씀하신 것을 야훼께서 그대로 이루셨으니 말입니다."

　예후는 이즈르엘*에 남아 있는 아흐압*의 집안 식구들과 아흐압*을 섬기던 지도자들과 가까운 친구들과 제사장들을 하나도 남기지 않고 다 죽여버렸다.

그러고 나서 예후는 사마리아로 향하였다. 도중에 베드에케드74)라는 곳에서 유다 왕 아하즈야후*의 친척들을 만났다. 그들에게 "당신들은 누구요?" 하고 묻자, 그들은 "우리는 아하즈야후*의 친척입니다. 우리는 왕자들과 황태후의 아들을 방문하려고 내려왔습니다." 라고 대답했다. 이에 예후가 부하더러 "그들을 사로잡아라!"고 명령하였고, 그들 42명을 그 곳 베드에케드에 있는 구덩이에서 다 죽이게 했다.

예후는 자기를 환영하러 나온 레캅*사람 여호나답을 만나자 그에게 인사한 후에 "내 마음이 당신의 마음에 진실한 것처럼 당신의 마음이 내 마음에 진실합니까?"75)라고 물었다. 여호나답은 그렇다고 하였다. 그러자 예후가, "만일 그러시다면, 당신의 손을 내게 내미십시오!"라고 하였다. 여호나답이 손을 내밀자, 예후가 그의 손을 붙들어 자기의 마차에 올려 태웠다. 그리고 "같이 가셔서 야훼에 대한 나의 열정을 보십시오!"라고 말했다. 그들은 마차를 같이 타고 사마리아 성으로 들어갔다. 예후는 사마리아에 이르러, 야훼가 엘리야에게 말씀하신 대로, 아흐압*의 잔당을 말끔히 제거하였다.

여호나답은 레캅* 족의 지도자로서 야훼에게 철저히 헌신한 사람이었고, 사사기 1장 16절과 역대상 2장 55절과 예레미야 35장 1-11절 등에 의하면 레캅* 족은 이스라엘의 원시 광야 종교를 열정적으로 옹호하는 사람들이었다.

교훈

1. 한 나라의 정권을 쥔 사람이 자기 세력을 공고히 하려고 정적이

---

74) 개역성경 열왕기하 10장 12절에서는 '양털 깎는 집'으로 옮겼다.

75) 이는 헬라어 구약성경 칠십인역 열왕기하 10장 15절을 반영한 NRSV를 따른 것이다. 히브리 마소라 본문을 따른 개역 성경에서는 "내 마음이 네 마음을 향하여 진실함 같이 네 마음도 진실하냐"로 옮겼다.

라고 생각되는 모든 사람을 제거하는 것은 상식적인 일이며, 특히 야훼께서 엘리야를 통하여 자기를 왕으로 기름 부었고 아흐압* 집안의 멸망을 예고하신 사실을 안 예후로서는 별로 양심의 가책도 받지 않고 아흐압* 왕의 후손을 멸절시켰을 것이다. 결국 야훼께서 반역하는 아흐압* 집안을 예후를 통하여 전멸하신 것이다. 엄위하신 하나님, 약속을 지키시는 하나님, 반역하는 인간과 그의 집안을 전멸시키는 무서운 하나님을 우리는 여기서 만나게 된다. 여러 경로를 통해 귀가 닳도록 경고하였는데도 복종하지 않는 개인과 그의 집안을 하나님이 방치하신다면, 더 많은 사람들이 범죄하고, 하나님의 공의가 더 짓밟힐 것이다.

2. 하나님은 당신에게 충성하는 사람들을 남겨두어 그들을 통해 역사를 일으키신다. 여호나답 집안은 야훼 종교를 고집스럽게 수호하는 사람들이고, 하나님이 남겨둔 그루터기였다.

하나님은 완전히 실패하는 것처럼 보였지만, 결코 실패하실 수 없는 분이다. 엘리야후* 시대에 바알에게 절하지 않은 많은 예언자를 남겨두셨던 것처럼, 아흐압*의 암흑시대에도 야훼만을 섬기는 사람들을 보존해 두셨던 것이다. 아무리 암흑한 시대에도 우리는 하나님 안에서 희망을 잃지 않아야 한다.

3. 유다 왕 아하즈야*의 친척들이 자기들의 인척인 이스라엘 왕 요람의 죽음을 조문하러 가다가 예후를 만나 그 수행원들과 함께 변을 당하였다. 인간이기에, 또 혈족이기에 상종할 수밖에 없지만, 근묵자흑(近墨者黑)이라는 격언처럼 악한 사람을 사귀다가 자기도 악해지고 변을 당할 수 있다. 예후의 잔인성은 좋다고 할 수 없다. 아무리 친척일지라도 악을 동조하고 따르고 가까이 할 때는 그 대가를 치를 것을 각오해야 한다. 예후의 손에 그들이 죽은 것이 사실이지만, 그 배후에는 하나님의 심판의 손이 작용했다.

4. 아흐압*의 왕조가 그의 제3대에서 예후에 의해서 멸절되었다. 자기의 왕조가 길이길이 이어가고 끊이지 않을 줄 알았겠지만 아흐압*의 왕조도 끝장났다.

이스라엘을 사랑하시는 하나님은 공의의 하나님이시자 살아계신 하나님이셔서 악한 왕을 그냥 두실 수 없었다. 사람들은 어리석게도 자기의 척도로 사물을 재지만, 정의의 하나님은 역사의 배후에서 당신의 큰 손으로 역사를 다듬어가신다.

바알 숭배자들을 죽이다(왕하 10:18-31)

해설

예후는 아흐압* 왕조를 철저히 멸절하는 동시에 아흐압* 왕조가 섬기던 바알 종교를 말살하는 일에 과하다할 정도로 극성이었다. 그는 속임수를 썼다. 백성을 모아놓고 선포하기를 아흐압*이 바알에게 드린 제사보다 더 큰 제사를 자기가 드릴 것이라고 하면서, 바알 예언자들 전부와 바알 숭배자 전부와 바알을 섬기는 제사장들을 한 사람도 빠짐없이 불러 모으라고 했다. 그들을 다 죽일 생각이었던 것이다. 아흐압*이 지은 바알 신당에 그들이 다 들어가 가득했다. 그러자 예후는 제사 예복을 맡은 책임자더러 바알에게 예배할 때 입는 예복을 다 내오라고 명령했다. 예복을 다 내오자, 예후는 여호나답과 함께 바알 신당으로 들어가서, 바알에게 예배하는 사람들에게 "여기에 야훼께 예배하는 사람이 있으면 그를 색출하여 내보내고 바알 숭배자만 남게 하라."고 말했다. 사람들은 바알에게 제사하고 번제를 드리기 시작했다.

그 때 예후가 그 신당 바깥에 80명을 배치해놓고 그들에게 "내가 너희들의 손에 붙인 이 사람들 중 한 사람이라도 빠져나가게 하는 사람은

죽을 줄 알아라!" 하고 단단히 일렀다. 번제를 바치는 순서가 끝나자
마 예후는 그 파수꾼들과 장교들에게, "들어와서 그들을 죽이고, 한 사
람도 도망하지 못하게 하라!"고 명령했다. 그러자 그들이 들어와 그 안
에 있는 사람들을 다 칼로 쳐죽였다. 또 바알 신당에 세웠던 돌기둥[76],
즉 바알을 상징하는 것과 아세라 여신을 상징하는 나무기둥을 끌어내
어 부수어 버렸다. 그뿐만 아니라 그 신당을 헐어서, 열왕기상하를 기
록한 그 시대까지도 변소로 쓰게 했다.

이렇게 예후는 이스라엘에서 바알을 쓸어내었다. 그러나 예후는 야
롭암*의 죄에서 돌아서는 일을 하지 않았다. 즉 벧엘과 단에 둔 금송아
지를 섬기는 일은 계속했다. 그 일로 인해서 이스라엘 백성이 계속 죄
를 짓고 있는 것인데도 말이다. 그러나 야훼께서는 예후에게 "너는 내
가 옳게 여기는 일을 잘 실천하고 내가 생각하는 대로 아흐압* 집안을
처리했으므로, 네 자손이 4대까지 이스라엘의 왕좌를 차지할 것이다."
라고 말씀하셨다. 그렇지만 예후는 전심으로 야훼의 법을 따르려고 애
쓰지 않았고, 야롭암*의 죄에서도 돌아서지 않았다. 그리하여 결국 이
스라엘로 하여금 범죄하도록 했다.

교훈

1. 예후는 기름부음을 받은 왕으로서 하나님의 뜻을 따르노라 상당
히 애를 쓴 셈이다. 그러나 그는 자기의 권력을 공고히 하려고 정적을
소탕하느라 많은 사람을 죽이고 종교 혁명을 위해서도 무수한 생명을
죽였다. 결국 자신을 위해서 절반, 하나님을 위해서 절반, 많은 사람의

---

76) 이는 NRSV 열왕기하 10장 26절에 들어 있는 pillar의 번역이다. 이 경우
에 NRSV는 헬라어 구약성경 칠십인역과 불가타 라틴어 성경과 시리아어
구약성경과 아람어 성경 탈굼을 따라 히브리 마소라 본문에 나오는 복수형
명사를 단수로 고쳐 읽었다. 그 낱말을 개역성경에서는 '목상들'로 옮겼다.

목숨을 죽였다. 하나님을 섬긴다는 미명 아래 무참히 많은 사람을 죽여도 되는 것일까? 자기 욕심이 개입된 충성이 진정한 충성일까? 야훼는 예후의 공로를 그런대로 인정하여 제4대까지 그의 후손이 왕위를 지키도록 허락하셨다. 여기서 하나님의 공정하심을 엿볼 수 있다. 하나님은 공로를 인정하시는 동시에 악은 악으로 판단하신다.

2. 예후의 결점은 하나님께 대한 충성이 철저하지 않았다는 것이다. 바알 숭배를 청산한 것은 잘 한 일이지만, 금송아지를 섬기도록 내버려 둔 것은 잘못이었다. 예후는 이스라엘 나라의 최고 통치자로서 유다 국과는 구별된 주체성을 유지하려고 했을 것이다. 즉 종교적인 면에서 주체성을 지키려고 했을 것이다. 그러나 야훼를 섬기는 일에서 국수주의(nationalism)는 허용할 수 없다. 한 분이신 야훼께서는 모든 나라의 하나님이시므로, 유다 국의 종교와 다른 종교를 가지려고 하는 일 자체가 잘못된 착상이었다. 적어도 야훼 신앙에서는 통일을 꾀했어야 한다. 그러나 그 당시로서는 매우 난해한 일이 아닐 수 없었을 것이다.

우리나라에서도 일본 점령 시대에 일본 정부가, 야훼 하나님은 유대인의 하나님이니까 섬기지 말라고 교회에 종용한 일이 있었다. 그러나 야훼는 만인, 만국의 하나님이시므로 그들의 요구에 따를 수 없었던 것이다.

예후의 죽음 (왕하 10:32-36)

해설

구약성경 역사에서는 언급하지 않지만 앗시리아* 나라의 역사에 의하면, 앗시리아* 왕 샬만에셀* 3세(Shalmaneser III)가 예후를 굴복시키고 이스라엘 영토를 상당 부분 빼앗았다. 그리고 아람 왕 하자엘*이 요단강 동쪽의 많은 성읍들을 점령하여, 야롭암* 2세 때까지 다스리고 있었다(왕하 14:25). 즉 길르앗 땅 전부, 갓 지파와 르우벤 지파와 므낫세 지파의 땅 전부, 다시 말해서 길르앗과 바샨* 곧 아르논 계곡의 아로엘 이북을 점령하였던 것이다. 신명기 역사가의 해석에 의하면, 예후의 범죄에 대한 하나님의 벌로서 그의 영토가 축소되었다는 것이다. 즉 그 역사의 배후에 하나님이 개입하셔서 벌을 내리셨다는 말이다. 예후는 결국 외국의 침략을 받고 많은 영토를 빼앗기는 아픔을 겪었다. 그런대로 그는 28년이라는 긴 세월 동안 왕위에 있다가 죽어서 수도 사마리아에 안장되었고, 그의 아들 여호아하즈*가 그 뒤를 이었다.

교훈

1. 인간 역사에서 사사건건 그 배후에는 하나님이 계시고, 하나님은 그의 계획과 뜻대로 나라들의 흥망을 좌우하신다. 야훼 하나님을 의식하지 못한 앗시리아*나 아람 국 사람들과 통치자들은 자기들이 이스라엘을 공격하여 그 땅을 점령할 때 자기들의 계획과 행동으로 그리된 줄 알았겠지만, 신앙의 눈으로 볼 때 그 모든 사건의 배후에는 역사의 주이신 하나님이 계시고, 그의 작업에 의해서 모든 것이 진행된 것이다.

2. 신명기 역사가들이 보기에 예후는 비교적 선한 임금이었다. 그가 28년이라는 긴 세월을 통치했다는 것은, 그만한 공로를 인정받았기 때문이었다. 세상에는 완전한 사람이 있을 수 없다. 우리가 비록 부족하여 완전에서는 너무도 멀지만, 하나님은 우리의 작은 선도 무시하지 않고 그 가치를 인정하신다. 우리가 행한 대로 갚아 주신다.

아탈야후*가 유다를 다스리다(왕하 11:1-3)

해설

인척인 이스라엘 왕 여호람을 방문하러 간 유다 왕 아하즈야후*가 예후 군대의 화살에 맞고 달아나다가 죽었다. 아하즈야후*가 죽자 그의 어머니 아탈야후*는 야심을 품기 시작했다. 이스라엘 왕 아흐압*의 딸인 아탈야후*는 그의 어미 이제벨*처럼 야심이 많고 잔인한 여자여서, 아들 아하즈야후*의 사후에 스스로 왕권을 쥐고 여왕이 되어 유다 왕가의 모든 권속을 살해했다. 자기의 왕권에 방해가 되리라고 생각되는 자들을 몽땅 제거하려 한 것이었다.

그러나 죽은 아하즈야후*의 누이이며 이스라엘 왕 여호람의 딸인 여호세바*가 아하즈야후*의 갓난 아들 요아스를 빼내어, 그에게 유모를 붙여 어떤 침실에 숨겨놓았다. 여호세바*의 남편이 대제사장 여호야다였는데(대하 22:11), 그 둘이 합력하여 아탈야후*가 죽이려는 요아스를 숨겨 놓음으로 죽음을 피하게 하였다. 아탈야후*가 통치하는 6년 동안 요아스는 야훼의 성전에서 숨어서 살아 남았다.

교훈

1. 아탈야후*는 그의 어머니 이제벨*의 피를 받고 사상을 물려받은 여자로서 이방 전통을 버리지 못하고 유다 왕궁에서 난동을 부렸다. 그리하여 야훼 전통에 큰 방해물이 되었고 큰 오점을 남겼다. 결국 사람은 자기가 타고난 전통과 가문의 영향에서 벗어날 수 없다. 여기서 배우자를 바로 택한다는 것이 얼마나 중요한지 깨닫게 된다.

2. 아탈야후*의 난동으로 유다 왕가의 혈통이 끊어질 뻔 했다. 그러나 하나님은 유다 왕가의 대가 끊어지지 않게 하시려고 여호세바*로

하여금 요아스를 숨기게 하셨다. 하나님의 백성을 보호하시는 하나님의 섬세한 계획과 활동을 여기서 볼 수 있다. 사람은 하나님의 뜻을 거슬러 자기 뜻대로 하려고 지만 하나님은 그것을 허락하시지 않는다.

여호야다가 요아스에게 기름을 붓다(왕하 11:4-12)

해설

아탈야후*가 유다를 다스린 지 6년이 지나 제7년으로 접어들 무렵에 대제사장 여호야다가 정변(政變)을 획책했다. 열왕기상 1장 38절, 사무엘하 8장 18절, 15장 18절, 20장 7절, 23절에 의하면 다윗이 케레트* 사람들(〈크레티〉 כְּרֵתִי)[77])을 용병으로 삼아 측근에 두었다. 그들이 대대로 왕의 호위병으로 있었는데, 여호야다가 그들과 다른 경호대의 장교들을 야훼의 성전으로 불러들였다. 그리고 앞으로 할 일을 철저히 함구하여 발설하지 않기로 다짐하고 야훼 앞에서 맹세를 하게 한 다음에 그가 숨겨놓았던 왕자 요아스를 그들에게 내보였다.

그리고 그들에게 지시를 내렸다. 그 날은 안식일이었고, 그 시간은 바로 파수병들이 교대하는 시점이었다. 군인들이 이동하는 것을 당연지사로 여길 시점이었다. 일직을 끝내고 돌아가야 하는 삼분의 일의 군인들에게 집으로 돌아가지 말고 왕궁을 지키라고 했다. 그 당시에 경호대는 삼교대 제도였는데, 다른 삼분의 일은 수르 문에 있고, 다른 삼분의 일은 경호대들이 머무는 막사 뒷문에 있었다. 그리고 안식일에 당번이 되어 들어와서 야훼의 성전을 경호하는 군대는 각각 무기를 들고 왕을 둘러싸고 그 대오에 접근하는 사람은 누구나 다 죽이라고 했다. 그리고 임금이 출입할 때 꼭 붙어 있어야 한다고 지시했다.

---

77) 개역성경에서는 '그렛 사람'으로 옮겼다.

장교들은 그 지시를 따라서 행동했다. 각 장교들이 안식일에 비번이어서 돌아가는 군인들과 안식일에 근무할 군인들을 데리고 대제사장 여호야다에게 왔다. 여호야다는 다윗 왕 때부터 왕의 소유로서 성전에 보관되어 있던 창과 방패를 장교들에게 나누어 주었다. 그래서 파수꾼들이 각각 무기를 들고 성전의 남쪽으로부터 북쪽까지 파수를 서고 제단과 성전을 온통 둘러쌌다. 그리하여 왕을 사방에서 호위하였다. 그러고 나서 여호야다가 왕자 요아스를 데리고 나와 머리에 왕관을 씌우고, 그에게 언약문(왕이 지켜야 할 조문들 아니면 하나님의 율법서)을 전하고, 그들이 함께 그를 왕으로 선포한 다음에 그의 머리에 기름을 붓고 손벽을 치며 "왕이시여, 만수무강하소서!" 라고 소리 질렀다.

교훈

1. 아탈야후*라는 이방 여자가 유다 국의 왕이 되어 하나님이 택하신 거룩한 백성의 역사에 먹칠을 하였지만, 하나님은 그 부끄러운 역사를 방치하시지 않았다. 여호세바*를 통하여 왕자를 숨겨두게 하셨고, 여호야다를 통하여 왕자 요아스를 왕으로 세워 유다 왕국의 혈통을 다시 잇게 하셨으니, 참으로 놀라운 역사가 아닐 수 없다. 아탈야후*는 전혀 예상하지 못한 일을 해내셨다. 하나님만이 하실 수 있는 기묘한 사건이었다. 아탈야후*는 거룩한 선민의 나라에서 왕이 되어 이방신 바알을 섬기는 한편 야훼 종교도 공식 종교로 인정했다. 이리하여 두 종교 사이에 많은 마찰과 알력이 있었다. 그러나 결국은 여호야다의 정변을 통해 야훼의 승리로 낙착된 것이다. 때가 되면 하나님이 승리하시게 되어 있다.

2. 군대 장교들이 여호야다의 계획에 동의하고 흔쾌히 거사에 참여한 것은 아탈야후*가 순리에 어긋나게 행동한 데 대한 그들의 반감이

컸기 때문이었을 것이다. 상식적으로 이해할 수 없는 일에 대한 반감이 작용한 것이다. 모든 장교들은 내심에 바라던 일을 여호야다가 하자고 할 때 목숨을 내걸고 그 거사에 몸을 던진 것이다. 옳은 일에는 위험을 무릅쓰고 용기를 내어 참가해야 하는 것이 도리다. 지금까지 용기가 없어서 거사를 하지 못한 것을 오히려 뉘우쳐야 할 것이다. 여호야다의 용기와 슬기와 용단은 치하할 만하다. 그는 정의를 위하여 위험을 무릅쓰고 행동한 위대한 인물이었다.

아탈야후*의 죽음(왕하 11:13-21)

해설

요아스를 왕으로 모신 경호대와 백성의 고함 소리가 야훼의 성전에서 갑자기 터져 나오자, 아무 낌새를 알지 못하던 여왕 아탈야후*가 백성이 모여 있는 성전으로 들어갔다. 여왕이 성전 경내에 들어서서 보니, 풍속을 따라 왕이 기둥 옆에 서 있고, 장교들과 나팔수들이 왕 옆에 있고, 온 땅의 백성이 기뻐하며 나팔을 불고 있었다. 아탈야후*는 자기의 옷을 찢으며 "역모다, 역모다!" 하고 소리 질렀다. 그러나 아무도 호응하지 않았다.

대제사장 여호야다가 군대를 통솔하라고 세운 장교들에게 명령을 내렸다. "저 여자를 대오(隊伍)에서 끌어내고 그녀를 따르는 사람은 누구를 막론하고 베어죽여라!" 제사장은 그녀를 성전 안에서는 죽이지 말라고 했다. 그래서 그들은 그녀를 붙잡아 말들이 드나드는 현관을 거쳐서 왕궁으로 데리고 가 거기서 죽였다.

그 후에 여호야다는 야훼와 왕과 백성 사이에, 이스라엘 백성은 야훼의 백성이어야 한다는 언약을 세웠다. 또 왕과 백성 사이에도 그런 언약을 세웠다. 즉 왕과 백성이 다 야훼의 것이 되어야 한다고 한 것이다. 이렇게 언약을 세운 후에 온 백성이 바알의 신당으로 몰려가서 그집을 헐고 바알의 제단들과 형상들을 박살내고 바알 제사장 맛탄*을 그 제단 앞에서 죽였다. 그리고 제사장이 야훼의 집을 지키는 파수꾼을 세웠다. 장교들과 특전대원들과 경호대원들과 모든 백성과 함께 임금을 모시고 성전을 떠나 경호대들의 문을 지나서 왕궁으로 행진했다. 그리고 요아스를 왕좌에 앉혔다. 그러자 온 백성은 기뻐하였고, 예루살렘은 아탈야후*가 죽은지라 조용하였다. 요아스가 통치하기 시작한 것은 그가 일곱 살 때였다.

교훈

1. 아탈야후*는 사필귀정으로 자기가 판 구덩이에서 죽고 말았다. 인간의 꾀와 권력이 아무리 크고 묘해도, 야훼 하나님의 힘을 당할 수는 없다. 때가 되면 하나님이 당신의 뜻을 이루어 승리하신다. 이방 신 바알을 믿고 만행을 부리던 아탈야후*는 야훼가 일으키신 바람 앞에 초개같이 사라지고 말았다.

2. 여호야다는 바알 신당을 부수고 바알의 제사장을 제거하였고, 성전을 견고히 파수하게 하였으며, 임금을 성공적으로 등극시켰다. 하나님의 뜻대로 된 세상에는 기쁨이 충만했다. 하나님의 뜻이 이루어진 곳에 평화가 찾아왔다. 문자 그대로 예루살렘은 평화의 도시가 되었다.

3. 하나님의 계획과 능력으로 말미암아 유다의 왕통은 회복되었고, 비록 약관이지만 요아스 왕을 통하여 유다의 다윗 왕조는 명맥을 이어갈 수 있었다. 하나님은 꾸준히 선민 이스라엘을 붙드시는데, 과연 그 선민이 얼마나 하나님께 충성하고, 그의 복을 누리게 되는지가 문제다.

복이 하나님께로부터 오는 것이지만, 그것을 받는 사람의 태도에 따라서, 그 복의 수명이 좌우되는 것이다.

성전을 수축하다(왕하 12:1-16)

해설

요아스 왕(주전 837- 800년)이 등극한 것은 이스라엘 왕 예후의 치세 제7년의 일이다. 이스라엘 역사에서 임금의 어머니를 소개하는 것은, 한 임금에게 아내가 여럿이어서 새 왕이 선왕의 어느 아내에게서 태어났는지를 밝혀야 했기 때문이었다. 요아스는 불과 일곱 살에 왕이 되어 예루살렘에서 약 40년 간 통치를 하였다. 그는 대제사장 여호야다의 자문을 받으며 대과(大過) 없이 야훼께서 보시기에 올바르게 통치했다. 한 가지 결점은 솔로몬 성전이 건축되기 전에 생겼던 풍속, 곧 산마루에서 제사와 예물을 드리는 풍속을 근절하지 못하여 백성들이 여전히 높은 곳에 올라가서 제사하는 일이 계속된 점이다.

요아스의 치적 중에 특기할 만한 것은 아탈야후* 여왕 시대에 방치함으로 퇴락한 예루살렘 성전을 수축한 일이다. 제사장들에게 들어오는 수입에는 세 가지가 있다. (1) 첫째는 사람들이 하나님께 드리기로 맹세한 돈을 성전에 바치는 것이다(레 27장). (2) 둘째는 20세 이상의 이스라엘 사람이 바쳐야 하는 인두세 반 세겔이다(출 30:11-16). (3) 셋째는 각자가 자발적으로 바치는 헌금이다(레 22:18-23; 신 16:10). 요아스는 제사장들을 불러놓고 그들에게 "제사장들이 받아들이는 모든 돈을 다 성전 수리에 사용하라!"고 말했다. 그런데 요아스가 즉위한 지 23년이 되었을 때 성전을 크게 수리해야 했다. 요아스가 대제사장 여호야다와 제사장들을 불러놓고 따졌다. "어째서 여러분이 성전을 수리하지 않습니까? 그러니 여러분은 더 이상 헌납자들로부터 돈을 받지 말고, 그 돈을 직접 성전 수리하는 일에 돌리십시오!"제사장들은 그 명령에 복종하여, 더는 백성으로부터 수리비를 받지 않고, 수리하는 일도 하지 않기로 했다.

　대제사장 여호야다가 궤 하나를 가져다가 그 뚜껑에 구멍을 내어 사람들이 성전에 들어올 때 거기에 돈을 넣으라고 제단 우편 가에 놓았다. 그리고 현관을 지키는 제사장들이, 야훼의 전에 바친 돈을 모두 그 상자에 넣었다. 제사장들이 그 상자에 돈이 많이 모인 것을 보면, 임금의 비서와 대제사장이 올라가서 그 돈을 계산하였다. 그리고는 그것을 자루에 넣어 묶어가지고는 그 중량을 달아 성전 수축을 감독하는 공장(工匠)들에게 넘겨주었다. 그러면 그 감독들이 성전을 짓는 목수들과 공인(工人)들과 석수(石手)들과 돌을 자르는 사람들에게 품삯으로 주고 목재와 돌 값을 지불하게 했다. 그리고 기타 성전 수리에 드는 비용으로 쓰게 했다. 그 돈은 오로지 성전 수리에만 쓰게 하고 성전 기물을 만드는 데는 쓰지 않았다. 즉 은 대야, 심지 끄는 도구, 사발, 나팔, 금 그릇이나 은 그릇 등을 만드는 데는 그 돈을 쓰지 않았다. 돈은 맡은 자들이 정직하게 하였으므로 회계보고를 요구하지 않았다. 백성이 속건제물(레 4장)과 속죄제물(레 5장)로 바치는 돈은 야훼의 전으로 가져오지 않았다. 즉 성전 수리를 위하여 바친 것이 아니었다. 그것은 제사장들의 몫이었다. 그 제물은 완전히 하나님께 드리는 것이므로 제사장의 몫이 되는 것이었다. 그 시대에는 주화(鑄貨)를 사용하지 않았기 때문에 귀금속들을 대신 돈으로 사용했던 것으로 보인다.

　교훈

　1. 솔로몬이 성전을 정식으로 짓기 전에 이스라엘에는 성막이 있어서 이스라엘 사람들은 거기서 예배했다. 그렇지만 많은 경우에 산마루

에 올라가서 천지의 주재이신 하나님께 제사하고 예배하는 풍속이 생겼다. 이는 사실 이미 가나안 본토인들에게 있던 풍습이어서 이방 종교와 혼합된 것이었다. 따라서 성전이 건축된 이후에는 그 풍습을 철저히 폐지하기로 했다. 그런데도 요아스 시대까지 그 풍습을 완전히 없애지 못해 계속 그 풍속을 따르는 사람들이 있었다. 요아스가 바알 종교를 배격하면서 이것까지 폐지했더라면 참으로 성군이라는 이름을 얻을 수 있었는데, 그 점에서 철저하지 못한 것이 그의 흠이었다. 하나님 앞에서 철저히 신앙으로 행동한다는 것이 그처럼 어려운 것이다. 그러나 하나님은 완전한 것을 원하신다.

2. 요아스가 왕위에 오른 후에도 퇴락한 하나님의 성전이 오래 동안 방치되어 있었다. 뒤늦게나마 요아스가 성전을 수축하려는 마음을 먹은 것은 다행한 일이었다. 퇴락한 성전을 수수방관한 것은 그 당시 제사장들에게 책임이 있었다고 보아야 할 것이다. 제사장들이 정신을 차리지 못하고, 자기들의 본분을 잊고 있었던 것이다. 그런 상황에서 임금 요아스가 그 사업을 들고 나온 것은 참으로 기특한 일이며, 요아스의 영성을 엿볼 수 있는 면이다.

하나님의 전을 수축하고 하나님께 올바로 예배하는 것이 하나님께 복 받는 첩경인데, 제사장들의 정신이 해이해졌던 것은 참으로 위험하고 탄식할 만한 일이었다. 종교인의 타락, 사제들의 타락은 국가와 민족의 존폐가 달린 일이므로, 사제들의 각성이 언제나 요구된다.

3. 백성들의 성금을 요령 있게 사용하여 훌륭한 결과를 이루어야 할 제사장들이 소극적이고 그들에게 지략이 모자랄 때, 성전 수축을 지혜롭게 잘 해낸 임금 요아스는 칭송을 받을 만하다. 제정(祭政) 일치를 꾀하여 하나님이 주시는 복이 임하는 나라를 만드는 것이 이상적이다.

4. 제사장들에게 돌아갈 몫을 제대로 돌아가게 한 것은 역시 요아스의 현명한 처사였다. 사제들이 교회와 국가를 위하여 물질적인 희생을 할 수도 있지만, 요아스 시대에는 제사장들의 사기(士氣)가 크게 떨어지고 기강(紀綱)이 무너진 것으로 보아, 그들에게 희생을 요구할 수는 없던 것으로 보인다. 오히려 그들을 달래는 편이 나았던 것으로 보인다. 즉 그들에게 돌아갈 몫을 다 주면서, 그들의 임무 수행을 독려한 것이다. 그것이 현명한 처사였을 것이다.

아람 왕 하자엘*이 예루살렘을 위협하다(왕하 12:17-18)

해설

아람 왕 하자엘*은 서진(西進) 정책의 일환으로 지중해 연안으로 진출하여 불레셋* 땅인 갓*을 점령하였다. 그리고는 방향을 돌려 예루살렘을 향하여 진격하였다. 그 때 유다 왕 요아스는 겁을 내어 여호샤팟*과 여호람과 아하즈야* 등 그의 조상들이 하나님께 바친 예물은 물론 자기가 드린 예물까지 전부, 즉 야훼의 성전 창고에 들어 있는 모든 금을 하자엘*에게 가져다 바쳤다. 그것을 받은 하자엘*은 예루살렘을 공격하지 않고 물러갔다.

그 시대에는 정치와 종교가 분리되어 있지 않은 상태여서, 임금이 성전의 재산을 마음대로 취급할 수 있었고, 그런 국난을 당할 때 종교도 국가와 운명을 같이 할 수밖에 없었을 것이다.

교훈

요아스 왕의 훌륭한 치적도 있었지만, 이렇게 아람 왕에게 치욕적으로 굴복함으로써 하나님 앞에서나 인간 역사에서 큰 치부를 드러냈다.

만일 요아스 왕에게 전능자 야훼를 의지하는 믿음이 있었더라면, 그가 그런 굴욕을 당했을까? 그 나라에 엘리야후*나 엘리샤* 같은 예언자가 있었더라면, 이스라엘이 그런 치욕을 당했을까? 만일 골리앗에 맞섰던 다윗과 같은 믿음이 요아스에게 있었더라면, 요아스가 그런 수모를 당했을까? 하나님이 힘이 없어서 당신 성전의 보화를 아람 왕에게 그냥 내주신 것인가? 결국 야훼 신앙이 약해지고 사라진 상태의 선민이 당할 수밖에 없는 결과가 이렇게 나타난 것이다.

요아스의 죽음(왕하 12:19-21)

해설

요아스는 그의 신하들에게 살해되는 비극적인 죽음을 맞이했다. 그의 신하 요자밧[78]과 여호자밧*이 모의하여 왕 요아스를 실라로 가는 길에 있는 밀로의 집으로 초대하여 거기서 시해했다. 그는 다윗 성에 안장되었고, 그의 아들 아마츠야*가 왕위를 계승했다.

교훈

국록을 먹고 사는 대신들이 모의하여 자기들의 임금을 시해했다. 이런 일은 인간 역사에서 흔히 볼 수 있다. 요아스의 경우에는 요아스의 아들이 왕통을 계승한 것으로 볼 때, 그들이 사리사욕으로 왕을 시해한 것 같지는 않다. 그렇지 않다면, 그들이 섣불리 일으킨 정변이 실패작으로 돌아가고, 왕을 옹호하는 세력에 의하여 그들이 반역자로 판단되었을 수도 있다.

---

78) 개역성경 열왕기하 12장 21절에서는 히브리 마소라 본문과는 다른 사본들을 따라 '요사갈'로 옮겼다.

어쨌든 선민 이스라엘 역사에 이런 불미스러운 사건이 일어났다는 것은, 일반 역사와는 다른 요소 즉 야훼 하나님의 역사 개입이라는 면에서 볼 때, 요아스와 이스라엘 백성에 대한 하나님의 심판과 경고라고 볼 수 있다. 야훼 신앙이 사라지고 약해질 때 일어나는 비극의 일면이 아닐까? 야훼를 섬기고 그의 법도를 지키는 백성이라면 그런 일이 있을 수 없기 때문이다. 하나님이 기름부어 세우신 왕을 신하들이 시해한다는 것은 선민의 생활 속에는 있을 수 없기 때문이다.

여호아하즈*가 이스라엘을 다스리다(주전 815-802년)(왕하 13:1-9)

해설

유다 왕 요아스 치세 제23년에 예후의 아들 여호아하즈*가 사마리아에서 이스라엘을 통치하기 시작하여, 17년 간 다스렸다. 그는 야롭암*의 전철을 밟아 야훼 보시기에 악한 일을 행하고 이스라엘 백성을 죄의 길로 인도했다. 그리하여 야훼께서 이스라엘에게 진노하셔서 이스라엘이 아람 왕 하자엘*과 그의 아들 벤하닷의 지배를 받게 하셨다. 그러나 왕 여호아하즈*가 야훼께 호소하자, 야훼께서는 그의 호소를 들어주셨다. 즉 하나님께서 당신의 백성이 아람 사람들에게 압박받는 것을 보고 그들을 불쌍히 여기신 것이다. 그래서 야훼께서 이스라엘에게 구원자를 보내 그들을 아람 사람들의 손에서 벗어나게 해 주셨다.

이리하여 이스라엘 사람들은 전과 같이 평안히 살 수 있었는데, 그 구원자가 누구였는지는 분명하지 않다. 앗시리아* 역사 기록에 의하면 아닷니라리 3세(Adad-nirari III)가 다메섹으로 진군할 때 아람 군이 앗시리아* 군을 막으려 했지만 패하여 앗시리아* 왕에게 무거운 조공을 바칠 수밖에 없었다고 한다. 앗시리아*의 이런 간접적인 도움으로 이스라엘이 아람 사람들의 압박에서 풀려났을 것이다.

이런 국난을 야훼 하나님의 도움으로 이겨낸 여호아하즈*는 하나님의 은덕을 잊고 야롭암*의 악을 다시 행하여 백성을 죄의 길로 인도하고 아세라의 목상을 남겨두었다. 결국 여호아하즈*와 그의 나라는 점점 쇠약해져서 기병 50명와 병거 10대와 보병 1만 명만 남은 상태에 이르렀다. 그것은 아람 왕이 이스라엘 군을 파멸하고 그들을 타작마당의 먼지처럼 만들었기 때문이었다. 마침내 여호아하즈*는 죽어서 사마리아 선영(先塋)에 묻혔고, 그의 아들 요아스가 그 대를 이었다.

교훈

1. 이스라엘 왕 여호아하즈*가 조상들의 죄를 답습하여 야훼 하나님을 잊고 이방 신을 섬기며 악을 행하였고 백성을 오도하였으므로, 하나님은 진노하여 그들로 하여금 아람 사람들의 손아귀에 붙들리게 하셨다. 하나님은 당신의 선민일지라도 반역하는 자들은 원수들의 손에 붙여 고통당하게 하시고 단련시키신다.

2. 하나님께 큰 죄를 지은 자라도 회개하고 하나님의 자비를 간구할 때, 하나님은 그 호소를 들어주신다. 그런데 하나님의 자비와 긍휼을 입은 사람이 또 다시 옛날로 돌아가 하나님께 죄를 범하는 일이 많다. 여호아하스*가 그러했다. 결국 그도 무덤을 스스로 판 사람이라고 할 수 있다. 국력은 쇠진하고 자신은 허수아비 같이 되고 말았다. 나라와 민족을 책임진 임금이 지도력을 발휘하지 못할 때, 나라와 민족이 같이 망한다. 하나님이 그들의 배후에서 도우려고 해도 더는 도울 수 없을 정도로 자기들의 무덤을 팠기 때문이다.

요아스가 이스라엘을 다스리다(주전 802-789년)(왕하 13: 10-13)

해설

유다 왕 요아스의 치세 제37년에 북쪽 이스라엘에는 여호아하즈*
의 아들 요아스가 사마리아에서 등극(登極)하였고, 16년 간 통치하였
다. 그 역시 선왕들의 악한 전철을 밟았으며 야훼 보시기에 옳지 않은
길을 가면서 백성을 오도하였다. 그의 치세 16년 간 후세에 남길 만한
치적 하나 없이 살다가 죽어 사마리아에 묻혔다. 그리고 그의 아들 야
롭암*이 대를 이었다.

교훈

신명기 역사가들의 척도로 잴 때 요아스는 앞서간 많은 왕들과 마찬
가지로 야훼 하나님 보시기에 악한 왕이었다. 인간적으로 볼 때는 그
나름대로 치적이 있었겠지만, 삶의 참 가치는 하나님이 보시기에 선한
데 있다. 하나님 보시기에 무(無)에 지나지 않는 삶을 살았다면, 이는
허무한 삶이다. 하나님을 섬기고 그의 영광을 나타내고 그의 뜻을 이룸
이 참으로 값진 삶인데, 과연 우리의 삶을 어떠한가?

엘리샤*의 죽음(왕하 13:14-21)

해설

약 60년 동안이나 예언자로 활동한 엘리샤*가 노환으로 세상을 떠
날 기미가 보이자, 이스라엘 왕 요아스가 엘리샤*의 거처까지 내려가

울면서, "나의 아버지, 나의 아버지, 이스라엘의 병거들이여! 기병들이여!"라고 부르짖었다. 이것은 엘리야가 승천할 때 엘리샤*가 소리 질러 부른 내용의 말이다. 엘리샤*는 죽는 순간까지도 예언자의 역할을 수행했다. 즉 요아스더러 활과 화살을 가져오라고 한 후에 활과 화살들을 들라고 하였다. 왕이 활과 화살들을 들자, 엘리샤*가 두 손을 임금에게 얹고 "동쪽으로 난 창문을 여시오!"라고 했다. 그가 창문을 열자, 엘리샤*는 그더러 "활을 쏘시오!"라고 했다. 원수의 나라 다메섹을 향하여 쏘라는 것이고, 이는 승리를 예고하는 예언적인 행동이었다. 요아스가 활을 쏘자 엘리샤*가 말했다. "야훼의 승리의 화살, 아람을 이기는 승리의 화살이요. 임금께서 아펙*에서 아람 사람들과 싸우게 될 것이고 마침내 그들을 멸망시킬 것이오." 그리고는 엘리샤*가 요아스더러 화살들을 들라고 했다. 요아스가 화살들을 들자, "그것들을 가지고 땅을 치시오!" 하고 명령했다. 요아스는 세 번 땅을 친 다음에 멈추었다. 그러자 하나님의 사람 엘리샤*가 요아스에게 화를 내면서, "임금께서 다섯 번이나 여섯 번을 쳤더라면 아람 사람들을 쳐서 끝장낼 수 있었는데, 세 번만 쳤으니 세 번만 이길 것이오."라고 말했다.

그런 말을 하고 나서 엘리샤*는 숨을 거두었고 매장되었다. 그의 무덤은 알려져 있지 않다. 봄이 되면 해마다 모압 사람들의 무리가 이스라엘을 침범하여 노략질하곤 했다. 어떤 사람이 죽어서 장례를 지내고 있었는데, 마침 모압의 비적(匪賊)들이 그 현장에 나타나자, 사람들이 당황한 나머지 그 시체를 엘리샤*의 무덤에 같이 던져 넣었다. 그 시체가 엘리샤*의 뼈에 닿자 기적이 일어나 그 죽었던 사람이 살아나서 제 발로 섰다.

교훈

1. 예언자의 가치가 무엇인가? 엘리야와 엘리샤*는 이스라엘 백성

에게 아버지와 같은 존재였다. 아버지가 그의 자식들에게 가지는 권위와 사랑이 오늘의 목사들에게 있는가? 목사들이 신도들에게 아버지와 같은 존경과 신뢰를 받고 있는가? 예언자들은 이스라엘 백성에게 하나님의 병거와 기병의 역할을 했다. 예언자가 나타나는 곳에 하나님의 승리가 있었다. 하나님의 능력을 받은 예언자들에게는 하나님을 대행할 정도로 권위가 있었다. 오늘의 예언자들 곧 목사들에게 그런 능력이 있어야 한다. 그 추락한 권위를 되찾아야 하지 않을까?

2. 엘리샤*는 죽는 순간까지도 그 영력이 쇠하지 않았다. 그 마지막 순간에도 불변의 영력을 가지고 요아스에게 앞날을 예고해 주었다. 상징 행동을 통하여 이스라엘의 장래를 미리 알려 주었다. 아니 그가 죽은 다음에도 이적을 일으킬 수 있을 정도로, 하나님과 그의 연결과 교통이 밀접했다. 그런 영력을 가지는 것이 우리의 바람이지만, 우리는 어찌하여 그렇지 못할까? 하나님은 살아계시고 불변하시는 분이시기에, 필요하다면 그런 능력을 우리에게도 주실 수 있을 것이다.

3. 동쪽으로 난 창문을 열고 쏜 화살과 화살들을 가지고 땅을 치는 행동은 이스라엘과 아람 국의 관계를 상징적으로 묘사한 것이었다. 즉 이스라엘이 아람 국을 이길 것을 암시한 것이다. 이스라엘 왕 요아스가 엘리샤*의 예언을 들으며 야훼께 더 큰 신뢰를 두었더라면, 더 큰 승리가 있었을 것이다. 하나님은 예언자들을 통하여 우리에게 승리의 길을 보여주신다. 우리는 하나님을 굳게 믿어 승리하는 자가 되어야 할 것이다. 하나님은 당신 백성의 승리를 원하시기 때문이다. 우리의 믿음이 약하면 우리가 거둘 승리도 그에 비례하여 보잘 것 없을 것이다.

이스라엘이 아람에게 빼앗겼던 마을들을 되찾다(왕하 13: 22-25)

해설

여호아하즈*가 이스라엘을 다스리는 시대에 아람 왕 하자엘*이 줄곧 이스라엘을 압박하고 침략하며 이스라엘의 도성들을 점령하기도 했다. 이스라엘의 왕들이 야훼 하나님께 충성하지 못했지만, 하나님은 아브라함과 이삭과 야곱과 맺은 언약 때문에 이스라엘에게 은혜와 자비를 베풀어주셨다. 이스라엘을 멸망시키거나 그 어전에서 말살하시지 않고, 사람들이 열왕기상하를 쓰고 있는 그 시간까지도 남겨두셨다.

이스라엘을 괴롭히던 하자엘*은 죽고 그의 아들 벤하닷이 대를 이었다. 여호아하즈*의 아들 요아스는 그의 아버지 여호아하즈*가 아람 왕 하자엘*에게 빼앗겼던 동네들을 되찾았다. 즉 엘리샤*가 상징적으로 보여준 대로, 요아스는 세 번에 걸쳐 아람 군과 싸워서 그들을 이기고 이스라엘의 마을들을 되찾은 것이다.

교훈

1. 야훼 하나님은 언약의 하나님이시다. 이스라엘과 언약을 맺어 그들의 하나님이 되셨다. 하나님은 결코 그 약속을 어기시지 않는다. 이스라엘은 계속 그 언약을 잊고 제멋대로 살았지만, 하나님은 언제나 언약을 기억하셔서, 이스라엘이 번번이 반역해도, 그들을 불쌍히 여기시고 그들에게 자비를 베풀어 그들을 도탄에서 건져내시곤 하셨다. 그냥 내버려 두셨더라면 멸망하고도 남을 그런 불충한 이스라엘이지만, 하나님은 그 언약을 기억하여 계속 이스라엘을 지키시고 그들의 멸망을 막으신 것이다. 그 은혜를 이스라엘이 깨달아야 할 텐데 그렇지 못한 것이 문제다. 이스라엘은 결국 자멸의 길을 갔다.

2. 엘리샤*가 마지막 병석에서 예언한 대로 요아스는 세 번에 걸쳐 아람군과 전쟁을 하여, 선대에 빼앗겼던 마을들을 되찾았다. 하나님이 같이 하시는데 어찌 승리하지 않을 것인가? 하나님의 예언은 정확히 이루어졌고, 하나님의 신실성은 입증되었다. 하나님을 무시하는 적군이 제아무리 훌륭한 전략과 무기와 군대를 가지고 달려들어도 그들과 견줄 수 없이 약한 이스라엘이 하나님을 힘입어 그들을 이겨낼 수 있다는 것은 역설이면서도 진리다.

아마츠야후*가 유다를 다스리다 (주전 800-783년) (왕하 14: 1-22)

해설

이스라엘 왕 요아스 제2년에 유다 왕 아마츠야후*가 등극하였다. 그 때 아마츠야후*의 나이가 25세였다. 그는 29년간 예루살렘에서 통치했다. 그 29년에는 그가 부왕 여호아하즈*의 섭정으로 일한 햇수도 포함되어 있다. 그가 야훼가 보시기에 옳은 정치를 했지만 다윗을 따라갈 수는 없었다. 부왕 요아스의 전철을 밟아 산마루 예배 처소들인 산당들을 방치하였으므로, 백성들은 계속 산마루에서 제사를 드리고 예물을 바쳤다. 왕으로서 자리가 잡히자 아마츠야후*는 자기 부왕을 살해한 신하들을 죽였다. 그러나 그 신하들의 일가를 몰살하는 전례를 따르지 않고, 모세의 법(신 24:16)을 따랐다는 점에서 특이하였다. 아마츠야후*는 소금 계곡에서 에돔 사람들 1만 명을 죽이고 셀라를 습격하여 점령했다. 그리고 그 곳을 욕테엘*이라 불렀다. 그 이름은 사람들이 열왕기상하를 쓰는 시대에도 그대로 남아 있었다.

아마츠야후*는 이스라엘 왕 요아스에게 사신을 보내어 "오십시오!

우리 서로 얼굴을 봅시다!"고 화친을 청했다. 그런데 요아스는 아마츠야후*에게 회신하면서, 그에게 잠자코 집에 있고 공연한 일을 꾸며 화를 자초하는 짓을 하지 말라는 식으로 핀잔주었다. 즉 사사기 9장 7-15절에 나오는 이야기 비슷한 비유를 사용하여 아마츠야후*의 망상을 비꼬았다. 아마츠야후*는 진심으로 화친하고자 사신을 보냈을 텐데, 상대는 그 진의를 몰라주었던 것으로 보인다.

아마츠야후*는 요아스의 회신을 받자 반발하여, 양국은 전쟁 상태로 접어들었다. 요아스는 화친이 아니라 전쟁을 하려고 군대를 이끌고 남진하여 유다 땅 벳세메쉬*에서 유다 군과 대치하였다. 유다 군은 역부족이어서 패전하고, 군인들은 각자 자기 집으로 달아나버렸다. 요아스가 아마츠야후*를 생포하고, 예루살렘으로 쳐 올라와 예루살렘 성을 400큐빗* 정도 헐어버렸다. 성전과 왕궁에서 금과 은과 그릇들을 노획하고 사람들을 포로로 잡아 사마리아로 돌아갔다.

그 전쟁에서 아마츠야후*는 그런대로 살아남아 이스라엘 왕 요아스가 죽은 후에도 15년을 더 살았다. 그러나 아마츠야후*가 이스라엘과 싸워 짐으로써 나라의 위신을 추락시킨 일을 두고 분개한 사람들이 변란을 일으켰으므로, 아마츠야후*는 남쪽에 있는 라키쉬*성으로 피신했는데, 모사(謀事)한 사람들은 자객을 보내어 라키쉬*에서 아마츠야후*를 살해했다. 그 시체는 예루살렘으로 옮겨져서 다윗 성 선영에 매장되었다. 유다의 온 백성은 아마츠야후*의 아들로 열여섯 살 된 아자르야*를 왕으로 삼아 아마츠야후*의 후계자로 세웠다. 아자르야*는 아마츠야후*가 죽은 후에 엘랏 항구를 다시 유다 국 소유로 만들고 재건하여 먼 나라들과 무역을 할 수 있는 길을 열었다.

열왕기하 14장 15-16절에는 북쪽 나라 이스라엘 왕 요아스가 죽어서 사마리아의 안장되고, 그의 아들 야롭암*이 그 대를 이었다는 사실을 말한다. 그것은 12장 끝에 붙어야 할 내용이다.

교훈

1. 아마츠야후*는 비교적 선한 왕으로 간주되지만 이상형인 다윗에게는 미치지 못했다. 여러 유다 왕들의 공통적인 약점은 예루살렘 성전이 지어진 다음에도 옛 습관을 버리지 못하고 산마루 예배를 방치했다는 점이다. 중앙 성전에서만 예배함으로써 야훼 신앙의 통일을 모색했지만, 백성들은 잘 따르지 않고 종전대로 산마루에 올라가 제사하기를 즐겼다. 예루살렘 성전을 유일한 예배처소로 삼는 것이 임금들과 종교 지도자들에게는 유리하고 편리하기도 했을 것이다. 가나안 본토인들이 산마루마다 그들의 신당을 짓고 종교행위를 했으므로 그것을 정죄하는 입장에서도 금지하는 것이 타당하였을 것이다. 그러나 하나님은 사람이 만든 성전에 갇혀 계시는 분이 아닌 이상, 산마루에서 야훼를 예배하는 것이 악하다고만 말할 수는 없었을 것이다. 그러나 신명기 역사가들의 표준은 예루살렘 단일 성전에서만 예배해야 한다는 것이었으므로, 그 척도에 따라 여러 왕들이 정죄 받은 것이다. 하나님은 과연 어떻게 판단하셨을까?

2. 아마츠야후*는 자기 아버지를 시해한 신하들을 처단하였다. 그러나 그 신하들의 일가를 몽땅 죽인 전례를 따르지 않고, 율법서의 법을 따라서 당사자들만 처단하는 아량을 베풀었다. 이렇게 법을 지켰다는 점에서 아마츠야후*에게 후한 점수를 줄 만하다. 그리고 그가 에돔에게 빼앗겼던 땅을 되찾은 일이라든가, 형제의 나라인 이스라엘과 화친을 도모한 점 등도 높이 평가할 만하다. 그러나 자신의 실력을 모르고 무모하게 전쟁을 일으켜 자기와 국가에 손해를 끼치고 국가의 위신을 실추시킨 점은 두고두고 책망 받을 일이다. 결국 일부 백성들이 분노하여 내란을 일으키는 데까지 이르렀고, 마침내는 자기 생명을 잃어야 했으니, 실패한 왕으로 간주될 수밖에 없다.

3. 이스라엘 왕 요아스가 죽은 후에도 유다 왕 아마츠야후*는 15년이나 더 살았다는 사실은, 하나님의 배려가 아마츠야후*에게 각별했음을 뜻한다. 이는 비교적 나라를 잘 다스린 임금을 하나님이 그런대로 어여삐 보시고 그에게 복 주셨음을 말한다. 하나님은 세밀한 점까지 알고 간섭하신다. 벌할 자를 벌하시고 상 주실 자에게는 상 주신다.

야롭암*2세가 이스라엘을 다스리다(주전 786-746년)(왕하 14:23-29)

해설

유다 국왕 아마츠야후* 치세 제15년에 이스라엘에는 야롭암* 2세가 사마리아에서 등극하여 41년이라는 긴 세월 동안 그 나라를 다스렸다. 그는 이스라엘 역사에서 매우 많은 치적을 남긴 훌륭한 임금이었지만, 신명기 역사가들은 그의 생애를 아주 간략하게 소개할 따름이다. 그는 한 마디로 악한 왕이었다는 것이다. 그것은 그가 야롭암* 1세의 전철을 밟아 하나님 보시기에 옳지 않은 일을 하고 백성을 오도했기 때문이다. 그러나 그가 이룬 치적은 굉장하다.

첫째로, 야롭암* 2세는 아람 국의 침략으로 빼앗겼던 땅들을 환수했다. 북쪽으로는 다윗과 솔로몬 시대의 경계선이었던(민 13:21; 34:8; 왕상 8:65) 르보하맛79)에서부터 남으로는 사해80)(수 3:16)까지 영토로 회복시켰다. 이스라엘 백성은 아람(10:32-33; 13:3-7)과 모압(13:20)과 암몬(아모스 1:13) 사람들에 의해서 어려움을 많이 겪었는데, 그것

---

79) 이는 NRSV 열왕기하 14장 25절을 따른 것이다. 개역성경에서는 '하맛 어귀'로 옮겼다.

80) 개역성경 열왕기하 14장 25절에서는 '아라바 바다'로 나온다.

은 이스라엘에 대한 야훼 하나님의 심판이기도 했지만, 하나님의 의도
는 이스라엘을 파멸하려는 것이 아니므로 하나님은 야롭암* 2세를 통
하여 그 백성을 구원하신 것이다.

둘째로, 예언자 요나의 예언에서 엿볼 수 있는 바와 같이 원수의 나
라 이방에까지 야훼를 선전하려는 정신을 따라 야롭암* 2세는 유화정
책을 써서 평화와 번영을 이루었다. 그는 강력하여 잘 싸웠고, 국위를
선양했다. 그는 평안히 세상을 떠나고, 아들 즈카르야*가 대를 이었다.
열왕기하 10장 30절에서 예후의 후손이 4대까지 왕위에 오르리라고
하나님이 하신 말씀이 그대로 이루어졌다. 예언자 호세아와 아모스가
이스라엘에서 활동한 것도 이 시대인데, 열왕기하에서 그들에 대한 언
급을 하지 않는 점은 이상하다.

교훈

1. 선민 이스라엘이 하나님을 배반하고 그의 법도대로 살지 않음으
로써 하나님께 벌 받아, 주위의 여러 민족이 이스라엘을 습격하여 약탈
하고 점령했다. 그리하여 이스라엘은 심히 약해지고 궁지에 빠졌다. 그
것이 하나님의 징계며 벌이지만, 하나님은 이스라엘을 멸망시키려 하
지 않았다. 오히려 긍휼과 자비를 베푸셔서 야롭암*2세라는 임금을 통
하여 재건의 복을 주셨다. 이스라엘이 하나님의 그 자비를 깨닫고 그의
뜻을 따르는 백성으로 달라져야 했는데, 그렇지 못함으로 결국은 망하
고 만다. 하나님은 하실 일을 다 하셨는데, 인간이 그 뜻을 몰라보는 것
이 아쉽다.

2. 하나님은 예후에게 약속하신 대로 그의 후손 4대까지 왕위를 차
지하게 하셨다. 역사를 주관하시는 하나님은 너무도 정확하시다. 사람
은 하나님의 뜻을 철저히 추구하고 하나님께 복종해야 한다.

3. 열왕기상하는 이스라엘이 망하고도 오랜 세월이 지난 후에 유대인들에 의해서 기록된 역사이므로, 그들의 색안경에 비친 역사일 수 있다. 또 북왕국 이스라엘을 차별하거나 얕잡아 보고 쓴 역사일 수 있다. 그렇지만 하나님이 남왕국과 북왕궁의 두 나라를 차별한 것은 아니었다. 차별은 그 두 백성 자신이 취한 태도와 행동에서 드러난 것이지, 따지고 보면 두 나라는 대동소이하여 망하는 것은 시간문제로 유다가 조금 뒤에 망했을 따름이다. 하나님 앞에서는 누구를 막론하고 행한 대로 심판을 받는 법이다.

4. 거짓 예언자가 판을 치는 때에 호세아와 아모스 같은 예언자를 보내주심으로써, 야롭암* 2세 시대의 이스라엘이 그런대로 평화를 유지하고 안정된 생활을 할 수 있었던 것으로 생각된다. 하나님은 이모저모로 선민을 사랑하여 그들을 잊지 않고 그들의 삶을 돕고 계셨다.

아자르야*가 유다를 다스리다(주전 783-742년) (왕하 15:1-7)

해설

이스라엘 왕 야롭암* 2세의 치세 제27년에 아자르야*가 유다를 다스리기 시작했다. 그는 웃지야*라고도 한다. 그 때 그는 16세였고, 예루살렘에서 52년 간 다스렸다. 부왕 아마츠야*처럼 야훼 보시기에 옳은 일을 행했으나 산마루 예배를 방치하였으므로, 백성들이 산마루에서 제사하고 예물을 바쳤다. 그 죄 때문에 야훼께서 벌을 내려, 그는 나병환자가 되어 죽을 때까지 별궁에서 살았으며, 아들 요담이 섭정했다. 그는 죽어서 다윗 성 선영에 묻혔으며, 요담이 대를 이었다.

교훈

1. 아자르야*는 52년이라는 긴 세월 유다 국의 왕위를 차지하고 있었지만, 하나님이 나병으로 징계하실 만큼 흠이 있고 부족했던 왕이다. 그런데도 아들 요담을 섭정으로 삼고 국사를 이끌어갈 수 있는 복을 받았다. 그의 흠은 선왕들이 대대로 해결하지 못해 내려온 산마루 예배를 방치한 것이다. 야훼 하나님을 순수하게 섬긴다는 것이 그렇게도 중요하고 하나님이 원하시는 일인데, 왕들이 그 산당 예배를 과감하게 금지하지 못한 것은 이해하기 어렵다. 뿌리 깊은 전통을 일조일석에 폐지한다는 것이 그렇게도 어려운 모양이다. 양심이 마비되어 그것의 잘못을 깨닫지 못하고 있기 때문이었을 수도 있다.

2. 하나님은 선민이 깨닫고 악을 멀리하기를 고대하며 참고 또 참으며 번번이 책임자인 왕을 벌하면서 각성을 촉구하셨다. 그런데도 이스라엘 민족이 하나님의 뜻을 완전히 깨닫거나 순종하지 않으므로 더 큰 벌을 받게 된 것이다. 이는 이스라엘 역사의 패턴(pattern)이요, 인류 전체가 살아가는 모습이기도 하다.

즈카르야후*가 이스라엘 왕이 되다(주전 746-745년)(왕하 15:8-12)

해설

유다 왕 아자르야후* 치세 제38년에 이스라엘에서는 즈카르야후*가 사마리아에서 왕이 되었다. 즈카르야후*는 겨우 여섯 달 통치했다. 야훼 보시기에 옳지 않은 행동을 하고 초대 왕 야롭암*의 길을 버리지 않아 이스라엘 백성으로 하여금 죄악의 길을 가게 했다. 샬룸*이라는 사람이 역모를 꾸며 공중 앞에서 그를 때려 눕혀 죽이고 왕좌에 올랐다. 예후의 자손이 4대까지만 왕좌를 차지하리라고 야훼께서 예후에게 말씀하신 대로 되었다.

교훈

즈카르야후*는 이스라엘 나라의 왕이 되었지만 6개월 만에 신하의 역모로 죽고 말았으니, 그 때 이스라엘 나라의 기강이 완전히 무너져 있었음을 알 수 있다. 임금에게 권위가 없고 임금에 대한 백성의 충성심이 전혀 없어서 누구든지 조금만 힘을 쓰면 왕위를 찬탈할 수 있는 무법천지였던 것이다. 공중이 지켜보는 앞에서 신하인 샬룸*이 임금을 때려눕혀도 백성은 아무 말도 하지 못하고 하지 않는 시대였다. 군주정치의 약점이 여기에 있다. 왕위를 세습하는 시대에 아무 능력도 없는 사람이 왕이 되어 백성을 다스린다면 결국 백성이 어려움을 당하는 것이 아닌가? 하나님은 기울어가는 이스라엘을 부흥시키려고 애쓰셨지만, 하나님의 뜻에 부응하지 않는 왕조이기에 끝장나게 하신 것이다. 그 상황을 예견하시고 예후에게 말씀하신 대로 제4대에서 그 왕조를 끝내신 것이다. 하나님은 역사의 미래를 내다보시는 분이시며, 계획하신 것을 여지없이 이루시는 분이시다.

샬룸*이 이스라엘을 다스리다(주전 745년)(왕하 15:13-16)

해설

샬룸*이 자기의 임금 즈카르야후*를 죽이고 이스라엘 왕좌에 오른

것은 유다 국 왕 웃지야* 곧 아자르야* 치세 제39년의 일이다. 샬룸*
은 겨우 한 달 동안 왕좌에 있었다. 사마리아 동쪽 마을 티르차*에서
살던 므나헴이 사마리아로 와서 역모를 꾸며 샬룸*을 죽이고 그의 자
리를 차지했기 때문이다. 므나헴은 잔인한 약탈자로서 티프사흐*라는
마을을 털고 그 성 안에 있는 모든 사람을 죽이고 티르차*로부터 티프
사흐* 사이에 있는 모든 땅을 갈취하였다. 자기 말을 듣지 않는다고 그
런 짓을 했는데, 심지어 그 경내에 있는 임신한 여인들의 배를 가르기
까지 했다.

교훈

1. 사양길에 들어선 이스라엘의 형세는 말이 아니었다. 자기 임금을
죽이고 왕좌를 찬탈한 샬룸*과 같은 사람이 있는가 하면, 그 행동을 고
스란히 닮은 므나헴이 꼬리를 물고 나타났다. 신하로서 자기 임금을 죽
인 사람이 다시 백성의 역모로 인해서 시해되었으니 마땅한 응보를 받
은 것이라고 할 만하다. 하나님을 믿는 신앙을 완전히 떠나서 인간적인
욕심과 인간적인 사고와 계획을 따라 돌아가는 세계는, 결국 인간의 본
성인 죄가 드러난 세계요, 죽이고 죽는 악순환이 거듭되는 세계일 수
밖에 없다.

2. 시골 사람 므나헴이 욕심을 품고 과대망상에 빠져 잔인하게 왕권
을 찬탈했다. 그만큼 임금의 권력이 약했고, 나라의 기강이 해이했던
것이다. 므나헴 같은 사람이 왕이 되는 나라가 어찌 평안할 수 있겠는
가? 그런 사람에게 어찌 하나님을 두려워하는 마음을 기대할 수 있었
겠는가? 하나님이 선택하신 백성의 나라에 그런 왕이 생겼다는 것은
그 나라에 망조(亡兆)가 들었음을 뜻한다. 하나님을 떠난 개인과 사회
는 점점 더 멸망의 구렁텅이로 치닫기 마련이다.

므나헴이 이스라엘을 다스리다(주전 745-737년)(왕하 15: 17-22)

해설

유다 왕 아자르야* 치세 제39년에 이스라엘에서는 므나헴이 사마리아에서 왕위에 올라 10년 동안 통치했다. 이스라엘의 제16대 왕으로 등극한 것이다. 그는 선왕들과 마찬가지로 야훼 보시기에 악한 일을 하고 초대 왕 야롭암*의 전철을 밟으며 백성을 죄악의 길로 인도했다. 그 시대에 앗시리아* 왕 풀* 곧 티글랏 필레셀 3세(Tiglath-Pileser III)가 이스라엘을 침노하여 므나헴은 풀*에게 은 1천 탈란트*를 바치고 자기의 왕위를 보존할 수 있었다. 그는 자기 나라의 모든 부자들에게서 각각 은 50세겔을 징수하여 앗시리아* 왕 풀*에게 진상(進上)하였다. 그 덕에 풀*이 이스라엘에 머물지 않고 돌아갔다. 그가 죽은 후 그의 아들 프카흐야*가 대를 이었다.

교훈

폭력배인 므나헴이 이스라엘의 왕이 되었으니 백성들이 어찌 편할 수 있었으랴? 하나님과 하나님의 법도를 모르는 지도자가 계속 왕권을 잡고 있으니, 어찌 하나님의 축복이 있을 수 있겠는가? 국력이 쇠진한 이스라엘은 마침내 앗시리아* 대군의 침략을 받을 수밖에 없었다. 이는 야훼 하나님께서 이스라엘을 벌하시는 방법의 하나였다. 므나헴은 국난을 당하였을 때 하나님을 의지하여 하나님께 도움을 청하려는 생각은 하지 않고 세상 인간이 흔히 쓰는 방법을 사용했다. 뇌물공세로 1천 탈란트*나 되는 엄청한 은을 원수의 손에 넘겨주고 자기의 왕위를 보존했다. 그 은은 자기의 것이 아니고 백성의 것을 강탈한 것이었다.

임금이 이기적으로 자기의 권좌를 지키려고 백성을 착취한 것이다. 하나님은 그래도 그의 왕위를 10년이나 허락하셨고, 자연사를 하게 하셨으니, 이스라엘에 대한 하나님의 인내와 사랑이 매우 큼을 알 수 있다.

프카흐야*가 이스라엘 왕이 되다(주전 737-736년)(왕하 15: 23-26)

해설

유다 왕 아자르야* 치세 제50년에 이스라엘에서는 므나헴의 아들 프카흐야*가 사마리아에서 왕위에 올라 2년 동안 왕 노릇하였다. 그러나 그도 선왕들과 같이 야훼 보시기에 악한 일을 행하며 야롭암*의 전철을 따라 백성들을 죄악의 길로 인도하였다. 그런데 그 왕의 군대 장관이었던 르말야후*의 아들 페카흐*가 길르앗 사람 50명과 작당하여 역모를 꾸며 사마리아에서 즉 왕의 성채에서 왕을 시해했는데, 거기에는 아르곱과 아르예*라는 장군들도 동조했다.[81] 그들은 앗시리아*에 조공을 바치는 왕을 못 마땅히 여기는 애국 동지들이었을지 모른다.

교훈

하나님의 절대적이고 초월적 능력이 아니고서는 약소국 이스라엘이 주변의 강대국 틈에서 살아남을 길이 없었다. 신앙을 잃은 왕이 다스리

---

81) 이는 NRSV를 비롯한 여러 번역본의 열왕기하 15장 25절을 따른 것이다. 이 부분을 개역성경절에서는 '베가가 … 왕과 아르곱과 아리에를 죽이되'로 옮겼다. 즉 베가가 당시 이스라엘 왕 브가히야를 시해할 때, 왕궁에서 함께 죽인 것으로 되어 있다. 이런 차이는 히브리 마소라 본문의 의미가 명확하지 않은 데서 생긴다.

는 이스라엘은 결국 앗시리아*의 속국이 되어 이방 나라에 조공을 바쳐야만 했고, 백성은 왕의 시책을 따르며 착취와 압박을 당해야만 했다. 부왕 므나헴의 친 앗시리아* 정책을 물려받은 프카흐야*는 어쩔 수 없이 그 노선을 따라야 했고, 아마도 그것을 당연하게 여겼을지 모른다. 자연히 애국지사들의 반대를 받을 수밖에 없었고, 정변이 일어나 왕이 시해되는 지경에 이르렀다. 모든 것이 사필귀정이니 그럴 수밖에 없는 것이 아닌가? 그 악순환에서 벗어날 길은 오직 하나님께 돌아와 전능자의 도움을 받는 데 있다.

페카흐*가 이스라엘 왕이 되다(주전 736-732년)(왕하 15: 27-31)

해설

유다 왕 아자르야* 치세 제52년에 이스라엘에서는 르말야후*의 아들 페카흐*가 사마리아의 왕좌에 올라 20년 동안 다스렸다. 그가 실제로 왕 노릇한 것은 5, 6년에 지나지 않는데도 20년이라고 한 것은 아마도 스스로 왕이라고 떠벌린 시간을 합산한 것인 듯하다. 어쨌든 그는 많은 선왕들과 같이 악한 왕에 속한다. 애국 충정을 가지고 정변을 일으켜 왕을 시해하고 왕권을 찬탈했지만 강대국 앗시리아* 앞에서는 그라고 별 수가 있는 것은 아니었다. 그의 통치 시대에 앗시리아* 왕 티글랏 펠레셀*이 이스라엘을 침범하여 이욘과 아벨벳 마아카*와 야노아흐*와 케데쉬*와 하촐*과 길르앗과 갈릴리와 납달리 땅 전부를 점령하고 백성을 사로잡아 앗시리아*로 데려갔다. 그러자 설상가상으로 엘라의 아들 호셰아*가 역모를 꾸며 왕을 공격하여 죽이고 왕좌에 올랐다. 그것은 유대 왕 웃지야*의 아들 요담 치세 제20년에 된 일이다.

교훈

역모를 꾸며 선왕 프카흐야*를 죽이고 왕이 된 페카흐*도 기울어가는 국운을 회복시킬 수는 없었다. 오히려 앗시리아*의 대대적인 침략을 받아 국토를 거의 전부 잃었다. 하나님께 철저하게 심판받은 것이다. 게다가 신하 호세아*의 역모에 희생되고 말았다. 결국 자기가 저지른 악의 대가를 고스란히 받은 셈이다. 하나님을 배반한 이스라엘과 그 임금들이, 하나님의 도구로 사용된 앗시리아*에 의하여 철저히 징계를 받은 것이다. 영토를 거의 다 빼앗기고 지도층이 서로 죽이고 죽는 혼란에 빠졌으니, 그 나라의 장래에는 희망이 없었다. 이스라엘을 구원하는 힘은 인간의 무력이나 전략이나 노력에 있지 않고, 전능자 하나님 앞에 바로 서서 하나님 보시기에 합당한 왕과 나라가 되는 데 있다.

요담이 유다를 다스리다 (주전 742-735년) (왕하 15:32-38)

해설

이스라엘 왕 페카흐* 치세 제2년에 유다 국에서는 웃지야*의 아들 요담이 제11대 왕으로 등극했다. 그 때 나이가 25세였던 요담은 예루살렘에서 16년 동안 다스렸다. 부왕 웃지야*가 나병으로 앓고 있었으므로 섭정으로 이미 10년을 다스렸고, 단독으로 다스린 기간은 6년이었다. 페카흐*가 부왕 웃지야*처럼 하나님 보시기에 옳은 통치를 했으나 역시 산마루 예배 처소들은 없애지 못해, 백성은 여전히 산마루에서 제사하고 예배했다. 그의 공적으로 특기할 만한 것은 성전의 윗 대문을 세운 것이다. 이는 예레미야 20장 2절와 에스겔 9장 2절에 언급된 벤야민* 대문을 가리키는 듯하다. 그 때 앗시리아*의 압력에 시달리고 있는 북왕국 이스라엘이 거기서 벗어나기 위해 르친*이 다스리는 아람 국과 동맹을 하고는 남왕국 유다를 그 동맹에 가담시키려고 했다. 그러나 요담은 그 제안을 거부하였고, 그들이 유다를 침공하기 전에 죽고 말았다. 그는 다윗 성 선영에 안치되었고, 그의 아들 아하즈*가 대를 이었다.

교훈

요담 왕은 부왕을 도와 섭정으로 오랜 동안 나라를 다스리다가 제 때가 되자 정식으로 왕위를 이어 받았다. 여기서 그의 효성을 엿볼 수 있다. 요담 왕은 또한 하나님 성전에 필요한 부분을 건설하는 공을 세웠다. 그 시대의 대세를 따라 이스라엘과 아람과 동맹하여 앗시리아*에 맞서려는 움직임에 가담할 만도 한데, 그것이 오히려 원수의 마음을 자극하게 될까 염려하여 현명하게도 어려운 거절을 한 것이다. 그러나 열왕기상하 저자들은 아람 왕 르친*의 거동을 야훼의 지휘 아래서 이루어진 것으로 해석하였다. 역사의 배후에는 하나님이 계셔서 선민의 역사이든 다른 나라의 역사이든 역사는 하나님의 간섭이 아니고서는 이루어질 수 없다고 본 것이다. 아무튼 하나님은 유다 국왕 요담으로 하여금 각성하여 난국을 타개할 계획과 방도를 모색하게 하셨다. 위기를 알려주심으로써 정신을 차리게 하셨다. 요담이 한 일은 완전히 하나님의 뜻을 이해하여 산마루 예배처소들을 제거하고 하나님의 능력을 철저히 믿고 의지하는 일이었다. 다행인지 불행인지, 요담은 국난이 심해지기 전에 세상을 떠났다.

아하즈*가 유다 왕이 되다(주전 735-715년)(왕하 16:1-20)

해설

이스라엘 왕 페카흐*의 치세 제7년에 유다 국에서는 요담의 아들 아하즈*가 왕으로 등극했다. 20세에 왕위에 오른 아하즈*는 예루살렘에서 16년을 다스렸다. 아하즈*는 하나님 보시기에 옳은 일을 하지 않았고, 이스라엘 왕들이 걸은 길을 걸었다. 특히 야훼께서 가나안에서 몰아내신 원주민들이 행하던 역겨운 풍습을 따라 자기 아들을 불사르기까지 한 사람이다. 그리고 그 스스로 산당과 모든 상록수 밑에서 제사하고 예물을 바쳤다.

그 시대의 국제 정세는 매우 급박했다. 아람 국왕 르친*과 이스라엘 왕 페카흐*가 동맹을 하여 예루살렘을 공격하며 아하즈*를 포위하였다. 그러나 아하즈*를 정복하지는 못했다. 이런 위기를 이용하여 에돔82) 왕은 유다에게 빼앗겼던 엘랏 항구를 다시 그들의 것으로 만들고 유다인들을 엘랏에서 몰아냈다. 이런 위기에 당면한 아하즈*는 앗시리아* 왕 티글랏 필레셀*에게 사신을 보내어 "나는 임금님의 종이요 아들입니다. 어서 올라와 아람 왕과 이스라엘 왕의 손으로부터 저를 구출해 주십시오!"라고 요청했다. 그리고는 야훼의 전과 자기 왕궁에서 은과 금을 앗시리아* 왕에게 선물로 바쳤다. 앗시리아* 왕은 아하즈*의 청을 들어 다메섹으로 진군하여 그 성을 점령하고 그 백성을 사로잡아 키르*로 데려가고 아람 왕 르친*을 죽였다. 아하즈*가 앗시리아* 왕 티글랏 필레셀*을 만나러 다메섹에 갔을 때 거기에 있는 제단을 보았다. 아하즈*는 제사장 우리야에게 그 제단의 모형들과 그 세밀한 도본을 보냈다. 그러자 우리야는 임금이 다메섹에서 돌아오기 전에 그 모양 그대로 제단을 만들었다.

---

82) 이는 NRSV 열왕기하 16장 6절을 따른 것이다. 개역한글판에서는 히브리 마소라 본문을 따라 '아람 왕 르신'으로, 개역개정판에서는 '아람의 왕 르신'으로 옮겼다.

아하즈*가 돌아와서 그 제단을 구경하고 가까이 가서 그 제단에 올라가 그의 번제와 곡물제와 포도주를 붓는 제사도 드렸다. 화목제물의 피를 제단 측면에 뿌리는 의식까지 행했다. 그리고 야훼 앞에 만들어 놓았던 놋 제단 즉 성전 정면에 있던 제단을 옮겼다. 새로 만든 제단과 야훼의 전 사이에 있던 놋 제단을 새 제단의 북측에 놓았다. 그리고는 우리야에게 명했다. "그 큰 제단에서 아침 번제와 저녁 곡물제와 왕의 번제와 곡물제와 백성의 모든 번제와 곡물제와 포도주 제를 드리고, 번제물의 피와 다른 희생재물의 피를 다 그 큰 제단 측면에 뿌리시오! 다만 놋 제단은 내가 하나님의 뜻을 묻는 제단으로 사용하겠소." 우리야는 모든 것을 왕명대로 하였다. 아하즈*는 물두멍 받침의 테두리를 잘라내고, 대야83)를 받치는 놋 소들을 없애고 돌 받침에 얹어놓았다. 아마도 놋을 다른데 사용하기 위함이었을 것이다.또 성전 안에 건조되었던 안식일 용 앞대문과 왕 전용의 바깥 현관을 제거했다. 이는 앗시리아* 왕의 비위를 맞추기 위함이다. 이렇게 앗시리아* 왕에게 굽실거려야만 했다. 아하즈*가 죽어 다윗 성 선영에 묻히자 아들 히즈키야후*84)가 대를 이었다.

교훈

1. 아하즈*는 여러 가지로 하나님께 범죄했다. 다윗 왕의 본을 따르

---

83) 개역성경 열왕기하 16장 17절에서는 '놋바다'로 옮겼다.

84) 개역성경에서 한결같이 '히스기야'로 음역한 이름이 히브리 마소라 본문 열왕기하에서는 주로 긴 꼴 〈히즈키야후〉로(16:20; 18:9, 17, 19, 22, 29, 30, 31, 32, 37; 19:1, 3, 5, 9, 10, 14, 14, 15, 20; 20:1, 3, 5, 8, 10, 12, 12, 13, 13, 14, 14, 15, 16, 19, 20, 21; 21:3), 몇 번은 짧은 꼴 〈히즈키야〉로 나온다(18:1, 10, 13, 14, 14, 15, 16, 16). 아래 274쪽 각주 86과 275쪽 각주 87과 277쪽 각주 88과 각주 89와 281쪽의 각주 90도 참고하라.

지 않고 하나님의 법도를 어겼을 뿐만 아니라, 북왕국 이스라엘의 왕들처럼 바알과 아세라를 섬겼고, 가나안 본토인들이 행하던 끔찍한 이방예식을 치러 자기 아들을 불사르는 제사까지 지냈다. 또 스스로 산마루 예배와 각종 상록수 그늘 밑 예배를 드렸다. 임금이 앞장서서 말려야 할 일을 오히려 앞장서서 장려했으니, 백성을 어디로 끌고 간 것인가? 임금이 그 모양이니 그 백성과 나라의 운명을 가히 짐작할 수 있다. 하나님을 의지하고 그의 힘을 빌어 외적을 막아야 할 판국에 임금이라는 사람이 하나님을 저버리고 우상을 섬겼으니 참으로 한심하지 않은가?

2. 아람과 이스라엘 연합군이 침공하고 예루살렘을 포위했을 때, 하나님은 아하즈*를 지켜주시고 극적으로 예루살렘을 보호하여 주셨다. 그런데도 아하즈*는 야훼 하나님께 돌아와 하나님의 힘을 구하지 않고 앗시리아* 왕 티글랏 필레셀*의 원조를 청하며 그에게 뇌물을 진상했다. 티글랏 필레셀*은 아하즈*의 청을 들어주어 아람을 공격하여 혼쭐을 내주었으므로, 아하즈*는 한시적인 평안을 얻을 수 있었다. 그러나 그것은 일시적인 것이고 근본적인 해결책은 아니었다. 어디까지나 제한된 인간을 의지하는 데 불과했다. 이처럼 아하즈*는 위기에서 벗어나려고 인간을 기쁘게 하고 아부했다. 이는 결코 참된 해결책이라기보다는 더 큰 화를 자초하는 행동이었다. 아하즈*는 어디까지나 하나님 앞에 나와 하나님께 도움을 구했어야 했다.

3. 아하즈*는 종교개혁을 제대로 단행했어야 하는데, 하나님이 모세를 통해 주신 해묵은 전통을 손쉽게 마음대로 뜯어고치고 겉보기로 크고 좋은 외국 것을 모방하였다. 종교의 겉모습을 고친다고 해서 무슨 특별한 성과가 있겠는가? 또 아하즈*는 종교를 사유화하고 제사장과 예배를 제멋대로 지배하는 우를 범했다. 하나님의 영역을 침범하는 것

은 어리석은 일이다. 정치와 종교는 서로 상대의 영역을 침범하지 않아야 한다. 아하즈*는 하나님보다 인간 티글랏 필레셀*을 더 무서워하여 그의 환심을 사려고 노심초사했다. 우리도 다 그런 사람들이 아닌가?

호세아*가 이스라엘 왕이 되다(주전 732-724년)(왕하 17: 1-4)

해설

유다 왕 아하즈* 치세 제12년에 엘라의 아들 호세아*가 사마리아에서 이스라엘의 제19대 왕이 되어 9년 동안 통치했다. 호세아*가 야훼 보시기에 악한 일을 했지만 선왕들과 비교한다면 그리 심한 편은 아니었다. 앗시리아* 왕 샬만에셀* 5세, 곧 티글랏 필레셀*의 아들이 호세아*를 공격하자, 호세아*는 그의 봉신(封臣)이 되어 해마다 그에게 조공을 바치는 신세가 되었다. 호세아*는 애굽 왕 소에게 사신을 보내어 원조를 청하고, 앗시리아* 왕에게 해마다 바치던 조공을 바치지 않았다. 결국 앗시리아* 왕은 호세아*를 구금하고 가두었다. 이렇게 호세아*는 앗시리아* 왕의 심기를 건드려 앗시리아*가 대대적으로 공격해 오는 빌미를 주었다. 호세아*는 샬만에셀*을 피하여 달아나다가, 아니면 그를 만나러 가다가 체포되어 감금되었고, 마침내 사마리아 성이 앗시리아*군에게 포위되는 지경으로 발전하였다.

교훈

호세아*는 이스라엘 나라의 마지막 왕으로서, 살아남기 위해 사력을 다하여 몸부림쳤다. 신명기 역사가들의 평가에 의하면, 호세아*도 야훼 보시기에 악하기는 했지만 선왕들보다는 나았다. 죽음을 앞에 놓은 사람은 무언가 반성도 하고 필사적인 노력을 하는 법이 아닌가? 대국 앗시리아*의 젊은 통치자가 야심만만하게 침략해 왔을 때 호세아*는 힘이 모자라 어쩔 수 없이 투항하고 봉신이 되어 조공을 바치기 시작했지만 그대로 있을 수는 없다는 생각으로 애굽에게 손을 내밀어 원조를 청하고 앗시리아*에 조공 바치는 것을 그만두기도 했다. 그것은 호세아*의 충정에서 나온 의거(義擧)였다고 할 수 있다. 그러나 야훼 하나님의 계획은 그 나라를 앗시리아*에게 붙이는 것이어서, 호세아*의 노력으로 그 나라를 살릴 수는 없었다. 하나님을 배반한 민족과 나라는 망한다는 교훈을 주시려고 하나님은 호세아*의 적은 노력을 무효화하신 것이다.

이스라엘 백성이 앗시리아*로 사로잡혀가다 (왕하 17:5-23)

해설

사마리아 성은 오므리 왕이 높은 산에 건조한 난공불락의 성채로서 매우 견고한 성이었다. 앗시리아* 왕 샬만에셀* 5세가 그 성을 포위한 지 3년 만에, 즉 주전 722년에 비로소 함락되었다. 샬만에셀*은 사마리아 성을 함락시킨 후(왕하 18:9-10)에 곧 죽었고, 앗시리아*의 역사 기록에 따르면, 그 후계자인 사르곤 2세가 이스라엘 귀족과 고관들과 장교들과 제사장들 2만 7천 290명을 앗시리아* 여러 지방으로 끌어다가 분산시켰다. 즉 할라흐*, 고잔* 강가 하보르* 지역과 마다이*의 여러 도시에 분산시켰다. 신명기 역사가들은 이 사건을 신학적으로 풀이하였다. 그렇게 이스라엘 백성이 패망한 원인은 자기들을 애굽 왕의 손에서 구출하신 그들의 하나님 야훼에게 죄를 지은 데 있다는 것이다. 구체적으로 말하자면, 그들이 다른 신들에게 예배하고, 야훼께서 이스라엘 백성 면전에서 쫓아낸 여러 본토인들의 습관을 따르며, 이스라엘 왕들이 소개한 이질적인 습관을 추종했기 때문이라는 것이다. 즉 그들은 야훼께서 보시기에 합당치 않은 짓을 숨어서 행하였다. 그들은 자기들의 마을 어디든지 제일 높은 곳에다 자기들을 위하여 산당을 세우고, 본토인들이 하던 대로 산마루마다 또는 모든 상록수 밑에 남신 바알과 여신 아세라를 상징하는 기둥을 세우거나 나무를 심고 거기서 제사를 드렸다. 이렇게 야훼께서 금하신 우상을 섬김으로 그를 노엽게 했다.

야훼께서는 예언자들과 선견자들을 통하여 이스라엘과 유다에게, "너희들의 악한 길에서 돌아서라! 내가 너희 조상들에게 명하고 나의 종들과 예언자들을 통하여 너희에게 보낸 나의 계명과 율례를 지키라!"고 하셨지만, 그들은 야훼 하나님을 믿지 않은 그들의 조상들처럼 완고하여 그 말씀을 들으려 하지 않았다. 그들은 하나님의 법도를 무시했고, 그들의 조상들과 맺은 언약과 그들에게 준 경고를 아랑곳하지 않았다. 그들은 거짓된 우상을 따르다가 거짓된 자들이 되었으며, 인근 나라들이 하는 짓을 따르지 말라고 야훼께서 이르셨는데도 그 나라가 하는 대로 했다. 하나님의 명을 거슬러 금송아지 둘과 소위 거룩한 기둥85)을 만들고 하늘의 별들에게 절하고 바알을 섬겼다. 그들의 아들과 딸은 불살라 이방신에게 바쳤고, 점을 치고 신수를 보았다. 그들 자신은 악에 내맡겨 야훼의 진노를 샀다. 그래서 야훼는 너무도 화가 나서, 그들을 하나도 남기지 않고 보이지 않는 곳으로 옮겨버리셔서 결국 유다 지파만 남았다는 것이다. 실은 유다도 야훼 하나님의 명령을 지키지 않고 이스라엘이 소개 해주는 풍습을 따랐다. 야훼는 이스라엘(야곱)의 모든 후손을 거부하시고 벌하셔서 약탈자들의 손에 넘겨주셨다. 그의 어전에 얼씬거리지 않게 모두 다 쫓아버리셨다.

---

85) 이는 NRSV 왕하 17:16에 들어 있는 a sacred pole의 번역이다. 개역성경에서는 '아세라 목상'으로 옮겼다. 아래 304쪽의 각주 101도 참고하라.

야훼가 이스라엘을 다윗에게서 떼어 내셨을 때, 그들은 야롭암*을 왕으로 삼았고, 야롭암*은 이스라엘이 야훼를 따르지 않는 큰 죄를 짓게 만들었다. 이스라엘 백성은 야롭암*이 지은 모든 죄를 계속하여 지으며 그 죄에서 떠나지 않았으므로, 야훼께서 그의 종들과 예언자들을 통하여 예고하신 대로 그의 눈에 띄지 않는 곳으로 옮겨 놓으셨다. 그들이 열왕기상하가 기록되는 그 시대까지 앗시리아* 땅에서 유배 생활을 하는 이유가 거기에 있다는 것이다.

교훈

1. 앗시리아*가 이스라엘 나라를 공격하여 사마리아 성을 함락하고 그 백성을 다 끌어다가 앗시리아* 여러 곳에 분산 거주하게 한 것은 앗시리아* 정부의 서진정책의 일환으로 이루어진 결과였다. 그들은 야훼를 알지 못한다. 그들은 무적의 강력한 군대를 움직여 약소국가인 이스라엘을 점령하고 당당히 그 땅의 물건과 사람을 노획해 간 것이다. 그러나 하나님의 사람으로 영감어린 눈으로 역사를 바라보는 이스라엘의 예언자들과 역사가들은, 그렇게 보이는 역사 배후에서 역사의 주로서 움직이고 지휘하시는 야훼의 모습과 그의 솜씨를 보았다. 보통 사람의 육안에는 보이지 않는 신령한 세계가 있다. 영의 세계와 물질의 세계를 아울러 지배하고 계시는 존재 곧 하나님이 계시므로, 사람들은 하나님이 당신의 행보를 알려주시는 만큼만 알 수 있다. 그것이 성경이 말하는 존재론이고 우주관이고 역사관이다.

2. 하나님은 이스라엘 민족을 택하셔서 당신이 인류에게 베푸실 복의 근원으로 삼으시려는 목적을 세우셨다(창 12:2-3). 그러나 이스라엘 백성도 다른 모든 사람과 다름없이 죄인이므로, 선민이라는 특수한 자격이 그들에게 있는데도 그들은 죄를 지어 마침내 그 죄값으로 나라

가 망해 타국의 포로가 되어 갈 수밖에 없었다. 하나님은 그 역사를 통하여 공정하게 가르치신다. 즉 누구를 막론하고 하나님의 명을 어기면 벌을 받는다는 것을 역사적 실물로써 가르치신다. 인간은 어리석기에 실례를 보여주면서 말해야 어느 정도 효과가 있는 모양이다. 우리는 이스라엘의 멸망이라는 엄연한 사실을 보면서, 하나님의 엄위하심과 그 심판의 공정성을 깨닫고 우리의 전감을 삼아야 할 것이다.

3. 이스라엘 나라가 패망한 역사를 통해서 우리는 하나님이 싫어하신 것이 무엇이고 원하시는 것이 무엇인가를 알 수 있다. 당신 외에는 어떤 다른 신도 섬기지 않고, 우상을 만들어 거기에 절하거나 그것을 섬기지 않으며, 인간의 안녕과 행복을 위하여 마련해 주신 하나님 법을 따라 살기를 하나님은 원하신다.

4. 하나님은 이스라엘을 먼 나라인 앗시리아*로 흩으셨으나 영원히 멸망시키신 것은 아니다. 이스라엘은 하나님께 계약의 백성이고 선민이므로, 하나님은 그들에게 회복의 기회를 주실 것이다. 그래야 하나님의 신실하심이 입증될 것이다. 개인은 자기의 죄로 인해 멸망하지만, 이스라엘의 수많은 백성이 다 꼭 같은 죄인이겠는가? 유다 국이 철저히 망했다가 재생의 기회가 얻은 것처럼, 이스라엘도 그런 복을 받을 수 있을지 모르지 않는가?

앗시리아*가 사마리아에 식민(植民)하다(왕하 17:24-41)

해설

앗시리아*가 사마리아 성을 점령하고 그 백성을 앗시리아* 여러 곳으로 분산 이주시킨 후에는 이스라엘 땅 전체를 사마리아라는 이름으로 부르기 시작했다. 그리고 앗시리아* 왕(사르곤 2세?)은 자기 나라 여러 곳으로부터 사람들을 끌어다가 사마리아 여러 도시에 두어 살게 했다. 바빌론*과 쿠타*와 아우아*와 하맛과 스파르와임*에서 사람들을 데려다가 이스라엘 사람들이 살던 자리에 살게 한 것이다. 그래서 그들이 이스라엘 땅을 차지하고 거기에 정착했다.

정착 초기에 그들은 물론 야훼께 예배하지 않았다. 그래서 야훼께서 사자를 그들 가운데 보내어 몇 사람을 물어죽이게 하셨다. 그러자 앗시리아* 왕에게 보고가 들어갔다. "임금님께서 데려다가 사마리아 여러 도시에 살게 하신 자들은 이 땅의 신의 법을 알지 못합니다. 그래서 그 신이 그들에게 사자들을 보내었고, 그 사자들이 그들을 죽이고 있습니다. 그들이 이 땅의 신의 법을 모르기 때문입니다." 이 말을 들은 앗시리아* 왕은 명령을 내렸다. "당신들이 거기서 데려온 제사장들 중의 하나를 그리로 보내어 살게 하고, 그로 하여금 그 땅 신의 법을 그들에게 가르치도록 하시오!" 그래서 그들이 사마리아에서 데려갔던 제사장 한 사람이 와서 벧엘*에 살면서 야훼께 예배하는 방법을 그들에게 가르쳤다.

그러나 앗시리아* 여러 지방에서 사마리아로 온 백성들이 각각 자기 신들을 만들고, 본래 사마리아 사람들이 높은 곳에 지어 놓은 산당에 안치했다. 바빌론*에서 온 사람들은 수콧브놋*이라는 신을, 쿳* 사람들은 네르갈이라는 신을, 하맛에서 온 사람들은 아쉬마*라는 신을, 아우아* 사람들은 니브하즈* 신과 타르탁* 신을 만들었으며, 스파르와임* 사람들은 자기들의 신인 아드람멜렉 신과 아남멜렉 신을 만들어, 자기들의 자식들을 그 신들에게 불살라 바쳤다. 그러면서 동시에 야훼에게도 예배했다. 그리고 자기들끼리 마구 제사장을 세워서 그들의 산당에서 자기들을 위해 제사하게 했다. 이런 이중(二重) 예배 습관이 열왕기상하를 기록하는 시대까지 이어지고 있었다는 것이다.

그들은 지금 야훼께 예배하지 않으며, 야훼께서 야곱(이스라엘)의 자손에게 명하신 율례(〈훅콧〉 חֻקּוֹת)와 법도(〈미쉬팟〉 מִשְׁפָּט)와 율법

(〈토라〉 תּוֹרָה)과 계명(〈미츠옷〉 מִצְוֹת)을 따르지 않고 있다. 야훼는 이스라엘과 언약을 맺으시고 이렇게 명하셨다. "너희는 다른 신들을 섬기지 말고, 그들에게 절하거나 그들을 섬기거나 그들에게 제사하지 말며, 큰 능력으로 팔을 벌려 너희를 애굽 땅에서 구출하신 야훼께 예배하고 절하며 제사해야 한다. 그가 너희를 위하여 기록해 주신 율례와 법도와 율법과 계명을 언제나 잘 지켜야 한다. 다른 신들에게는 예배해서는 안 된다. 내가 너희와 맺은 언약을 잊지 말아야 한다. 다른 신들을 예배하지 말고 너희 하나님 야훼께 예배하여야 한다. 그러면 그가 너희의 모든 원수들의 손에서 너희를 구출하실 것이다." 야훼께서 이렇게 명령하셨는데도 그들은 그 말씀을 들으려 하지 않고 계속 종전의 습관을 따르고 있다. 사마리아에 이주한 여러 나라 사람들은 야훼께 예배하면서도 그들이 새긴 형상들도 섬겼다. 열왕기 상하를 기록하고 있는 그 시대까지도 그들의 자손들이 대대로 그들의 조상들의 전철을 밟고 있다.

교훈

1. 하나님이 택하신 백성의 나라, 그 선민의 땅을 점령하고 그 땅에 이방 사람들을 옮겨다가 살게 한 앗시리아*의 사르곤 왕은 불순종하는 선민을 징계하시려는 야훼 하나님의 도구였다. 이방인들이 이스라엘 땅에 온 이상 하나님은 그들도 야훼 신앙을 가지고 구원받기를 원하셨을 것이다. 그러나 그것이 어떻게 가능하겠는가? 선민 자신인 이스라엘 백성도 하지 못한 일을 이방 백성들이 한다는 것은 기대할 수 없는 일이었다. 그러나 하나님은 미물의 짐승 사자들을 동원하여 그들 몇 사람을 물어죽이게 하는 일을 통해서 이스라엘의 제사장을 다시 불러오게 하여 야훼 예배의 방식을 그들에게 가르치게 하셨으니 참으로 기묘한 일이 아닐 수 없다. 완전하지는 않지만 이방인들이 야훼 신앙을 희미하게나마 가질 수 있게 하신 것은 하나님 자신이셨다.

2. 앗시리아* 사람들은 용맹하면서도 잔인해서 인근의 많은 약소국들을 점령하고 모두 자기 고장에서 빼내어 다른 곳에 보내어 섞어놓는 정책을 썼던 것이다. 이스라엘 땅에 온 잡다한 이방 백성들이 거기 남아 있는 소수 이스라엘 사람들과 혼혈족을 이루고 사는 동안, 그들은 두 가지 종교가 뒤섞이는 것을 경험하면서 살았다. 즉 한편으로는 그런대로 남아 있는 야훼 신앙을 따라 살고 다른 한편으로는 각자가 자기 고향에서 섬기던 신앙을 따라 살게 된 것이다. 그러나 하나님이 원하시는 것은 그런 혼합 신앙이 아니라 순수한 야훼 신앙이었다.

사마리아 종교가 그런 혼합종교였고, 열왕기를 기록하는 시대의 사마리아의 실정이 바로 그런 것이었던 모양이다. 열왕기 저자들의 의도는 이미 패망하여 바빌론*에 잡혀와 있는 유대인들이든, 이미 가나안으로 귀환한 유대인들이든 그들에게 과거 이스라엘의 역사를 말해 주어 그들이 그 전철을 밟지 않게 하려는 데 있었으므로, 그 혼합종교의 불가함을 지적하고 야훼께서 명하신 정당한 종교의 내용을 재삼재사 강조해 설명해 준 것이다. 여기서 우리는 야훼 하나님만 섬기고, 그의 법도를 따르고, 이방 신과 우상에게 질하거나 그런 것들을 섬기는 일은 일체 배제해야 한다는 철칙을 명심해야 할 것이다.

히즈키야*86)가 유다 왕이 되다(주전 715-687년)(왕하 18: 1-12)

---

86) 히브리 마소라 본문에서 이 이름의 짧은 꼴이 나오는 열왕기하 18장 1, 10절 해당 부분에서는 히즈키야*로 음역하지만, 긴 꼴이 나오는 9절 해당 부분에서는 히즈키야후*로 음역하기로 한다. 18장 1-12절에는 긴 꼴이 한 번, 짧은 꼴이 두 번 나오므로, 이 단락의 제목에서는 짧은 꼴로 적기로 한다. 위 265쪽 각주 84와 아래 275쪽의 각주 87과 277쪽의 각주 88과 각주 89와 281쪽의 각주 90도 참고하라.

해설

이스라엘 왕 호셰아*의 치세(주전 732-724년) 제3년부터 유다 나라에서는 아하즈*의 아들 히즈키야*가 부왕의 섭정으로 통치를 시작하였다. 그러나 그가 정말 왕의 실권을 가지게 된 것은 주전 715년이었다. 히즈키야*는 25세에 왕이 되어 29년간 예루살렘에서 통치했다. 그는 다윗처럼 야훼의 눈에 드는 옳은 정치를 했다. 산마루 예배처소들을 폐지하고 바알과 아세라 목상들을 부숴버렸다. 모세가 만든 구리 뱀도 부수었다. 그것을 느후스탄*이라고 불렀는데, 그 시대의 이스라엘 사람들이 거기에 예물을 드렸기 때문이다. 히즈키야*는 이스라엘의 하나님 야훼를 의지하였는데, 유다 왕 중에는 그런 왕이 전무후무하였다. 그는 야훼만을 붙들고 야훼를 따르는 길에서 떠나지 않았으며, 야훼께서 모세에게 명하신 계명들을 지켰다. 그래서 야훼께서 그와 같이 하셨고, 그는 어디를 가든지 성공하였다. 그는 앗시리아* 왕에게 항거하였여 그를 섬기려하지 않았다. 그 일이 주전 701년 앗시리아* 왕 산혜립의 침공의 원인이 되었을 것이다. 히즈키야*는 부왕 아하즈* 때 불레셋*에게 빼앗겼던 망대들과 요새들을 공격하고 앗자*(오늘의 가자)에까지 손을 뻗었다.

히즈키야후*[87] 제4년 곧 이스라엘 왕 호셰아* 제7년에 앗시리아* 왕 샬만에셀*이 사마리아 성을 포위하여 포위한 지 삼 년 만에 함락했다. 그리고는 이스라엘 사람들을 앗시리아* 여러 지방으로 이주시켰다. 그것은 이미 전 장(왕하 17장) 5-6절에서 설명한 대로였다. 열왕기상하 저자들은 그런 역사적 결과를 12절에서 신학적으로 해석하였다. "그 원인은 그들이 자기들의 하나님 야훼의 음성을 순종하지 않고 그의 언약 곧 야훼의 종 모세가 명령한 모든 것을 어긴 데 있다. 그들은 듣지 않고 복종하지 않았다."

---

87) 바로 앞 각주를 보라.

교훈

1. 열왕기상하 저자들(신명기 역사가들)은 유다 왕 히즈키야*와 이스라엘 호세아*를 대조하며, 하나는 흥하고 하나는 망한 역사의 원인을 밝혔다. 히즈키야*는 다윗을 닮은 선왕으로서 하나님 보시기에 올바른 행동을 하였다. 구체적으로 말한다면, 선왕들이 하지 못한 일, 산당들을 허는 일, 바알과 아세라 예배를 금지한 일, 특히 구리뱀을 섬기는 숨은 풍속까지 찾아내어 그 물체를 제거한 일, 야훼의 계명을 각근히 지킨 일, 외세에 의지하는 사대주의를 막은 일, 원수에게 빼앗겼던 땅 특히 불레셋* 사람들에게 점령된 땅들을 환수하는 일 등을 성공적으로 해 냈다는 것이다. 그것은 결국 야훼 하나님이 그와 동행하고 그를 도우셔서 형통하게 하셨기 때문이라는 것이다. 하나님을 바로 섬기면 하나님이 도우셔서 성공한다는 것, 이것이 야훼 신앙의 원칙이다.

2. 그러나 이스라엘 나라는 그들의 하나님 야훼 곧 동일하신 하나님의 말씀에 복종하지 않고 언약을 어겨서, 곧 모세를 통해서 주신 하나님의 법을 어겼기 때문에 망했다. 그 사실을 지적하는 데서 끝날 수 없고, 어느 시대이거나 독자들이 그 원리를 알아서 판단해야 한다. 이는 바빌론*에 잡혀가 있는 이스라엘 백성과 이미 예루살렘으로 귀환한 백성과 그 이후의 모든 백성에게 다 같이 해당되는 교훈이다.

앗시리아* 왕 산헤립이 유다를 침공하다(왕하 18:13-37)

해설

유다 왕 히즈키야*[88] 치세 제14년 곧 주전 701년에 앗시리아* 왕 산헤립(사르곤 2세의 아들)이 유다 국을 침범하여 우선 46개 도성과 많은 마을을 점령했다(다음의 사건은 이사야 36장 1-22절에서도 취급했다). 그가 유다 남서쪽에 있는 라키쉬*를 점령하여 그곳을 본영(本營)으로 삼고 있을 때, 다급함을 느낀 히즈키야*는 그에게 사신을 보내어, "소신이 잘못했습니다. 왕께서 물러가 주시기만 한다면, 저에게 과(科)하시는 것이 무엇이든지 감당하겠습니다."라는 말을 전하게 했다. 그러자 산혜립은 유다 왕에게 은 300 탈란트*와 금 30 탈란트*를 요구했다. 그래서 히즈키야*는 하나님의 성전과 자기 왕궁의 창고에 있는 모든 은을 바쳤고, 성전 문과 궁전 문에 씌웠던 금을 다 떼 내어 산혜립에게 갖다 바쳤다.

산혜립은 그것으로 만족하지 않고, 군사령관 타르탄*(사 20:1)과 우두머리 내시(內侍) 랍사리스와 최고 외교관 랍샤케*를 라키스에서 예루살렘의 히즈키야후*[89]에게 파견했다. 그들이 예루살렘에 올라와서는 예루살렘 성으로 들어가는 수로 가에 서서(성안에 물이 절대적으로 필요한데 그리로 들어가는 수로를 점령한 셈이다), 임금을 불러냈다. 그러나 히즈키야후*는 왕궁 총책 엘야킴*과, 비서관 셰브나와 문서기록관 요아흐*가 대신 내 보냈다. 그러자 산혜립의 대변자인 랍샤케*가 앗시리아* 왕을 대신하여 히즈키야*에게 말한다고 하면서 다음과 같이 말을 꺼냈다. "네가 어디에 근거를 두고 자신만만하냐? 전쟁에서 이기는 전략이나 힘이 단순한 말에 있는 줄 아느냐? 무엇을 믿고 네가 나에게 반역하느냐? ⑴ 보자 하니, 네가 그 부러진 갈대 지팡이 같은 애굽을 의지하고 있는데, 누구든지 그것을 의지하다가 그 지팡이가 그 손을 찌를 것이다. 애굽 왕은 그 정도 밖에 안 되는 존재다. ⑵ 아

---

88) 히브리 마소라 본문에서 이 이름의 짧은 꼴이 나오는 18장 13-16절 해당 부분에서는 히즈키야*로, 긴 꼴이 나오는 17-37절에서는 히즈키야후*로 음역하기로 한다. 위 265쪽 각주 84와 274쪽 각주 86과 275쪽 각주 87과 아래 277쪽의 각주 89와 281쪽의 각주 90도 참고하라.

89) 바로 앞 각주를 보라.

니면 네가 나에게 '우리는 우리 하나님 야훼를 의지합니다.'라고 말한다 하자. 그러나 히즈키야후* 네가 유다 백성과 예루살렘 사람더러 '예루살렘에 있는 이 제단에서 예배하라!'고 말하면서 그의 산당들과 제단들을 제거한 장본인이 아니냐? 즉 야훼가 너 때문에 화가 나지 않았느냐? ⑶ 아니면 이제 한 번 나의 상전 앗시리아* 임금님과 내기를 해 보아라! 내가 너에게 말 2천 마리를 준다면, 네가 그 말 부릴 사람들을 마련할 수 있겠느냐? 네가 병거와 말이 없어 애굽에 의존하는 주제인데, 네가 어떻게 내 상전의 가장 하찮은 부하들 중에서 단 한 사람의 장교인들 네가 물리칠 수 있겠느냐? ⑷ 게다가 내가 이곳을 파괴하려고 올라온 것이 야훼의 허락 없이 된 일인 줄 아느냐? 야훼가 나더러, '올라가서 이 땅을 공격하여 부수라!'고 하셨다." 이렇게 조리 있게 말한 것이다. 그러자 히즈키야후*를 대신하여 나온 그 세 사람은 랍샤케*에게 간청했다. "당신의 종 우리는 아람 말을 알아들으니, 제발 아람 말로 말해 주십시오! 성벽에 앉아 있는 우리 백성이 들을까 걱정이니, 히브리 말로 말하지는 말아 주십시오!" 그러나 랍샤케*는 그들에게 쏘아붙였다. "나의 상전이 이 말을 내가 너희 상전과 너희에게만 하고 성벽 위에 앉아 있는 백성 곧 너희와 함께 자기 똥과 오줌을 먹을 운명의 사람들에게는 하지 말라고 나를 보내셨겠느냐?" 그러고는 랍샤케*가 히브리 말로 모든 사람이 들으라고 크게 말하였다. "앗시리아*의 위대하신 임금의 말씀이니 들으라! 그 임금님이 말씀하신다. 너희는 히즈키야후*에게 속지 말라! 그는 너희를 내 손에서 건져내지 못하리라. 히즈키야후*는 너희에게, '야훼께서 우리를 구출하실 것이 분명하다. 이 도성은 앗시리아 왕의 손에 들어가지 않을 것이다.'고 하면서 야훼를 의지하라!'고 하지만, 그 말을 믿지 말라! 앗시리아*의 임금님이 말씀하신다. 너희는 나와 화친하라! 나에게 나아오라! 그러면 너희는 각기 자기 포도나무와 무화과나무 열매를 따먹고 너희 자신의 물통의 물을 마시

게 되리라. 그러노라면 내가 와서 너희의 땅과 같은 땅, 곧 곡식과 포도
주가 나고 빵과 포도밭이 있는 땅, 올리브 기름과 꿀이 있는 땅으로 데
려갈 것이고, 너희가 거기서 죽지 않고 살게 되리라. 그러니 '야훼께서
우리를 건지시리라.'고 하면서 너희를 오도하는 히즈키야후*의 말을
귀담아 듣지 말라! 어느 나라의 신들이 그 땅을 앗시리아* 임금의 손에
서 구출한 일이 있느냐? 하맛과 아르팟*의 신들이 어디 있느냐? 스파
르와임*과 헤나와 아우아의 신들이 어디 있느냐? 그들이 사마리아를
내 손에서 건진 적이 있느냐? 그 여러 나라의 신들 가운데 그들의 나라
를 내 손에서 건진 신이 도대체 어디 있느냐? 야훼가 예루살렘을 내 손
에서 구출할 수 있단 말이냐?" 랍샤케*가 히브리 말로 외쳤으므로, 백
성이 다 알아들었다. 그러나 히즈키야*가 그들에게 이미 주의를 주었
다. 조용히 하고 아무 대구도 하지 말라고 한 것이다. 히즈키야후*의
사신 세 사람은 분통이 터져 옷을 찢고 임금께 나아가 랍샤케*의 말을
그대로 전하였다.

교훈

1. 히즈키야후*는 유다 국에 있어서 다윗을 제외하고는 전무후무하
게 의로운 왕이었지만, 지금까지 그의 전임 왕들이 저지른 죄로 말미암
아 하나님의 징벌과 심판은 점점 다가오고 있었다. 앗시리아*의 서진
정책에 따른 정벌 계획에는 유다도 들어 있어서, 이미 유다의 많은 요
새들과 도성들이 산헤립의 수중에 들어가고 말았으며, 예루살렘을 향
한 공격만이 남아 있는 실정이었다. 그래서 이미 히즈키야후*도 산헤
립의 위협에 못 이겨 원수가 요구하는 물품을 갖다 바친 상황이었다.
그런데도 산헤립은 그것으로 만족하지 않고 예루살렘까지 삼키려는
욕심을 버리지 않고 있었다. 이제 유다는 나라의 존폐가 달려 있는 초
미의 위기를 맞은 것이다. 악한 세력의 욕심은 한이 없다. 완전히 만족

할 때까지, 염치도 없고 도리도 없이 달려든다. 이스라엘을 점령한 앗시리아*가 유다까지 점령하려는 데에 어떤 정당성이 있는가? 자기들이 하나님이나 된 듯이 자기 욕심만 채우면 된다는 식으로 달려들고 있을 뿐이다. 하나님을 모르는 인간들에게는 약육강식의 원리 밖에 없다. 자기만 알고, 자기 배만 채우면 되는 것이다. 그것이 타락한 인간의 모습이다.

2. 모욕적인 언사까지 쓰면서 랍샤케*를 통해 투항을 강요한 산헤립이 한 말의 내용은 나름대로 질서정연하다. 물량주의의 입장에서는 그의 말이 그럴 듯하고 설득력이 있다. 사람들이 만들어 낸 신들은 그 힘과 영향력이 상대적이어서, 역시 물량적인 차이가 있다. 결국 그 신들은 허깨비이어서 사람을 유혹하여 악한 길로 인도할 뿐, 절대적인 능력이 그들에게 있는 것이 아니므로, 랍샤케*도 그 신들을 무시하고 있다. 그러나 야훼를 폄하하는 그의 행동은 전능자이신 야훼를 모독하는 짓이 아닐 수 없다. 랍샤케*의 말은 야훼 하나님도 자기 마음대로 할 수 있다는 망상에서 나온 것이다. 자기가 하나님이나 된 듯이 유다 백성의 미래 행복까지 보장해 주겠다고 말했다. 그런 것이 다 철없는 인간의 어리석음에서 나오는 것이다.

여기서 히즈키야후*는 야훼 하나님을 믿는 자여서, 결국은 야훼 하나님께 도움을 청하는 슬기가 그에게 있었다. 히즈키야후*는 해결책이 그것밖에 없다는 것을 아는 신앙의 사람이었다. 그래서 그는 그 다급한 위기 속에서도 백성을 안정시키고 백성에게 부화뇌동하지 말고 조용히 하라고 당부했다. 떠든다고 될 일이 아니다. 겁을 집어먹고 소란을 피운다고 해결 될 일도 아니다. 오직 야훼 하나님의 손을 바라볼 뿐이다.

히즈키야후*[90])가 예언자 여샤야후*와 상의하다(왕하 19:1-7)

해설

히즈키야후*는 자기 사신들의 보고를 듣자, 통분하여 자기 옷을 찢고 상복을 입고 야훼의 전으로 갔다. 거기서 기도하고는 왕궁 책임자 엘야킴*과 비서관 셰브나*와 원로 제사장들에게 상복을 입혀 예언자 여샤야후*에게 보내어 다음의 말을 전하게 했다. "히즈키야후* 임금님이 말씀하십니다. '오늘은 고뇌와 책망과 치욕의 날입니다. 여인들이 아기들을 낳으려고 하는데, 낳을 힘이 없습니다. 앗시리아* 왕이 살아계시는 하나님을 조롱하려고 보낸 랍샤케*의 말을 어르신의 하나님 야훼께서 다 들으셨을 것입니다. 그리고 그 들으신 말씀을 책망하실 것입니다. 그러니 남은 우리 남아 있는 사람들을 위해서 기도를 올려주십시오!'"

이 말을 하려고 사신들이 여샤야후*에게 갔더니, 여샤야후*는, "당신들의 상전에게 가서 이렇게 말씀드리시오. 야훼께서 말씀하십니다. '앗시리아* 왕의 종들이 나를 모욕한 말들을 네가 들었지만 그것 때문에 두려워하지는 말아라! 내가 손수 그 왕에게 한 영(靈)을 넣어주리라. 그러면 그가 무언가 소문을 듣고, 자기 땅으로 돌아가리라. 내가 그로 하여금 자기 손에 든 검으로 자기를 죽이게 하리라.'"

교훈

1. 나라가 위기를 처하고 적국의 왕이 망발을 하며 온 나라를 극도로 자극하였을 때, 히즈키야후*는 마음이 아프고 속에서 울분이 솟구

---

90) 히브리 마소라 본문 열왕기하 19-21장에서는 히스기야의 이름이 긴 꼴로만 나오므로 히즈키야후*로 음역하기로 한다. 위 265쪽의 각주 84와 274쪽의 각주 86과 275쪽의 각주 87과 277쪽의 각주 88과 각주 89도 참고하라.

쳐 올랐지만 자제하고 하나님의 성전으로 가서 기도했다. 이는 보통 사람에게서 찾아볼 수 있는 모습이 아니다. 일상생활에서 야훼에 대한 기본 신앙이 그에게 있었기 때문이었을 것이다. 전능자 하나님을 믿고 붙드는 자에게 어찌 승리가 오지 않겠는가?

2. 그 때의 상황은 아기를 낳으려는 여자가 진통하는 상황과 같았다. 아니 그보다 더한 상황이었다. 그러나 그 난제를 해결할 길은 하나님께만 있다는 신앙이 있었기에, 히즈키야후*는 하나님의 사람 여샤야후*에게 사람을 보내어 남은 자들을 위하여 하나님께 기도해 달라고 부탁했다. 자기도 기도했지만, 하나님의 사람에게도 기도해 달라고 부탁한 것이다. 백방으로 노력한 셈이다. 마침내 그의 기도와 염원은 이루어졌다. 여샤야후*를 통하여 하나님의 응답을 받은 것이다. 즉 하나님이 해결주시겠다는 약속하신 것이다. 걱정할 필요가 없다는 것이다. 하나님이 산헤립의 마음에 이상한 환상을 나타내어, 그가 무서워 달아나며 자중지난을 일어나 서로 찔러 죽이는 이상한 현상을 일으키시겠다는 것이다. 하나님이 하시려는데 못 할 일이 어디 있겠는가? 인간은 상상도 할 수 없는 일을 하나님이 하셔서, 선민의 원수를 패주시켜 초미의 위기에서 건져주시겠다는 것이다.

산헤립의 협박 (왕하 19:8-13)

해설

앗시리아* 왕 산헤립의 사자 랍샤케*는, 임금 산헤립이 라키스*를 떠났다는 소식을 들었다. 그리하여 돌아가 보니, 왕이 유다 고원 지대의 가나안 사람들, 리브나* 사람들과 싸우고 있었다. 산헤립이 갑자기 그들과 싸우러 나간 이유는 알 수 없다. 짐작컨대 에티오피아[91] 왕 티르하카*가 리브나* 사람들과 동맹하여 자기를 치러 온다는 소식을 듣고 이를 막으려고 맞받아 나가 싸웠을 수 있다.

그 일은 그렇고, 산헤립은 다시 히즈키야후*에게 사신을 보내어 그를 협박했다. "네 하나님은 예루살렘을 앗시리아* 왕의 손에 넘어가게 하지 않겠다고 약속하지만 그 말에 속지 말라! 보아라, 앗시리아* 왕이 모든 땅을 어떻게 했는지 듣지 않았느냐? 그것들을 말끔히 파괴해 버렸단 말이다. 그런데 네가 구출 받는다고? 열방의 신들이 그 열방을 어디 구출했느냐? 내 선왕들이 파괴한 나라들, 고잔*과 하란과 레체프와 트랏사르*에 있던 에덴 백성이 구출을 받았더냐? 하맛 왕과 아르팟* 왕과 스파르와임* 왕과 헤나 왕과 아우아* 왕이 지금 어디 있느냐?"

교훈

1. 칼을 쓰는 자는 칼로 망한다. 산헤립은 정복욕에 사로잡혀 남의 땅 빼앗기를 일삼고 있었으므로, 그 일로 일생을 마칠 수밖에 없었다. 이기려면 언제나 방위가 필요하다. 자기 신변에 위험이 있다면 헛소문을 듣고도 싸움에 나서게 된다. 산헤립은 에티오피아 왕이 다가온다는 소문을 듣고 싸우러 나갔던 듯한데, 결국 싸우다가 죽었다. 사람으로 태어나서 싸움만 하다가 죽어도 되는 것일까?

2. 산헤립은 예루살렘 점령에 성공하려고 계속 노력하였다. 두 번째 사신을 보내어 히즈키야후*를 협박하고 투항을 종용하였다. 그는 야훼 하나님을 아랑곳하지 않았다. 얼마든지 자력으로 성공하리라 자신했다. 선왕들과 자기가 한 일에서 드러난 결과를 증거로 삼고, 그런 일이

───────

91) 개역성경 열왕기하 19장 9절에서는 그 히브리 이름의 소리를 따라 '구스'로 음역했다.

계속 일어날 것으로 착각하고 있었다. 사람들은 어리석게도 자기들의 경험과 지식을 척도로 하여 만사를 판가름한다. 하나님이 설 자리를 허락하지 않는다. 이는 어리석은 짓이다. 전능자 하나님을 앞세우고 그의 판결을 기다릴 줄 알아야 하지 않을까?

히즈키야후*의 기도(왕하 19:14-34)

해설

히즈키야후*는 산헤립이 보낸 사신으로부터 편지를 받아 읽고는 야훼의 집 곧 성전으로 올라가 그 앞에 그 편지를 펴놓았다. 그리고 야훼께 기도하기 시작했다. 우선 그는 기도를 들어주실 그의 하나님을 불렀다. 이스라엘의 하나님 야훼를 불렀다. 히즈키야후*는 너무도 다급한 상황이기에 아마도 대제사장이 일 년에 한 번 들어가는 지성소 즉 법궤가 있는 자리까지 들어간 것 같다. 법궤 뚜껑에는 그룹 들이 날개를 펴고 법궤를 내려다보고 있는데, 히즈키야후*는 하나님을 부르며, 그 그룹들 밑이 아니라 그들 위에 있는 왕좌에 앉으신 분이라고 불렀다. 하나님은 이 땅 모든 나라의 하나님이시고, 하늘과 땅을 만드신 분이심을 고백했다. 그런 하나님을 향하여 기도하며, 그 살아 계시는 하나님을 욕되게 하려고 보낸 산헤립이 한 말을 들어 보시라고 애원했다. 앗시리아* 왕 산헤립은 열국과 그들의 땅을 황폐케 했고, 비록 사람들이 손으로 돌과 나무를 가지고 만든 것에 지나지 않는 신(神)들이지만, 그 열국의 신들을 내동댕이쳐서 부숴 버렸다는 것이다. 어쨌든 그 세력은 어마어마하여 누구도 당할 수 없다는 말이다. 그러니 그를 당해낼 분은 야훼 하나님뿐이라는 믿음으로 기도한 것이다. "우리 하나님 야훼시여, 비옵건대 우리를 그의 손에서 구출하옵소서! 그리하여 이 땅의 모든 나라가, 당신 야훼만이 홀로 하나님이시라는 것을 알게 하옵소서!"

임금이 이렇게 간절히 기도하고 있을 때, 영 안에서 서로 통하는 여샤야후*도 야훼 하나님의 음성을 들었다. 그리고 그가 들은 하나님의 말씀을, 사람을 보내어 히즈키야후*에게 전했다. "이스라엘의 하나님 야훼가 이렇게 말한다. '네가 앗시리아* 왕 산헤립에 관해서 나에게 기도하는 것을 내가 들었다. 야훼가 그 자를 두고 한 말은 다음과 같다.

> 그녀(예루살렘)가 너를 멸시한다. 너를 조롱한다.
>   처녀 딸 시온이 말이다.
> 그녀는 네 등 뒤에서 머리를 젓는다.
>   딸 예루살렘이 말이다.

> 네가 도대체 누구를 조롱하고 욕하는 거냐?
>   네가 도대체 누구를 향하여 목청을 높였느냐?
> 누구를 향하여 건방지게 눈을 치떴느냐?
>   이스라엘의 거룩한 자를 향한 것이로다.
> 네 사신들을 통하여 네가 야훼를 모욕하였고,
>   너는 말하기를, '나의 많은 병거를 가지고
> 그 높은 산 고지들을 올랐고,
>   레바논 깊고 으슥한 곳에도 갔다.'고 하지만
> 나는 거기의 가장 큰 백향목들을 꺾었고,
>   가장 빼어난 실삼나무92)도 꺾어버렸다.
> 나는 가장 깊은 골짜기에도 들어갔고
>   가장 빽빽한 삼림 속에도 들어갔다.

---

92) 개역성경 19장 23절에서는 '잣나무'로 옮겼다.

나는 우물들을 팠고
　외지의 물을 마셨다.
나는 나의 발바닥으로 밟아서
　애굽의 모든 강들을 말리기도 했다.

너는 듣지 못했느냐?
　벌써 오래 전에 결정했다는 사실들을.
내가 지금 일으키는 일들을
　나는 이미 오래 전부터 계획하였다.
네가 요새 성채들을 만들 것과
　그것들이 허물어져서 폐허더미가 될 것을 말이다.
그 성들의 주민들이 맥이 빠지고
　당황해하고 황겁해 하게 될 것과
그들이 들의 나무들처럼 되고
　가냘픈 풀처럼 되고
지붕 위에 있는 풀처럼
　자리기도 전에 말라버리게 한다는 것 말이다.

그러나 나는 네가 서고[93] 앉는 것[94]
　들고 나는 것
　네가 나에게 대드는 것을 알고 있다.
네가 나에게 대들었고

---

[93] 이는 열왕기하 19장 27절 헬라어 구약 성경 칠십인 역과 사해사본 이사야 37장 28절을 참고한 NRSV를 따른 것이다. '네가 서고'에 해당하는 말이 히브리 마소라 본문에는 없고 개역성경도 이를 따른다.

[94] '네가 앉는 것'에 해당하는 부분을 개역 성경에서는 '네 거처'로 옮겼다.

네 오만함이 내 귀에 들려왔으니
나는 네 코를 갈고리로 꿰고
네 입에 재갈을 물릴 것이며
너로 하여금 네가 온 길로 해서
돌아가게 할 것이다.

이것이 너(히즈키야후*)에게 주는 표징이 될 것이다. 금년에는 네가 땅에 자라는 것을 먹고 내년에도 거기서 돋아나는 것을 먹으며 셋째 해에는 뿌리고 거두고 포도 밭을 만들고 그 열매를 먹으리라. 유다 집 안에 살아남은 자들이 다시 뿌리를 내리고 열매를 내리라. 그것은 예루살렘에서 남은 자들이 나오고, 시온 산에서 한 떼의 살아남은 자들이 나올 것이기 때문이다. 만군의 야훼의 열정이 이렇게 해내리라.

앗시리아* 왕에 관해서는 야훼가 이렇게 말한다. 그가 이 도성에 들어오거나 이 도성을 향하여 활을 쏘거나 방패를 들고 오거나 누벽을 쌓는 일이 없으리라. 그는 자기가 온 길로 돌아가고 도성 안으로 들어오지 못하리라. 이것은 야훼가 하는 말이다. 내가 이 성을 방어하여 구출하리라. 이는 나 자신을 위하는 일이고 내 종 다윗을 위하는 일이기 때문이다."

교훈

1. 히즈키야후*는 과연 성군다웠다. 산헤립의 두 번째 편지를 받아 읽고는 스스로 어떻게 해 보려고 하기 전에 야훼 하나님께로 나가서 그에게 호소하기 시작했다. 사실 그는 이미 해볼 대로 다 해보았으므로 의지할 곳은 하나님 밖에 없다는 것을 절실히 느끼면서 하나님께 나온 것이다. 돌아서 갈 길이 아니다. 이런 경우에는 하나님께 직행하는 것이 가장 현명하다.

2. 히즈키야후*의 신앙은 본받을 만하다. 그는 하나님을 바로 인식하고 있었다. 그의 하나님은 최고의 신이다. 지성소 안에 상징적으로 만들어 놓은 그룹들을 보면서 성전 안에 갇혀 있는 신으로 여기지 않고, 시공을 초월한 세계의 드높은 왕좌에 계시는 하나님으로 알고 있다. 세상의 어떤 왕도, 아니 모든 왕을 지배하실 수 있는 분이 곧 하나님이심을 알고 있다. 즉 천지를 만드신 분이시고, 그러면서도 인간의 기도를 들어주시고, 형편을 살피시는 분으로 믿고 있다. 역사 속에서 일어나는 모든 것을 낱낱이 아시는 분이심을 믿고 있다. 당신을 모독하고 업신여기는 자를 버려두지 않고 징계하실 분임을 알고 있다. 그리고 그는 반드시 승리하여 만국이 그만이 참 하나님이심을 알게 하실 것이심을 알고 믿었다. 이런 신앙이 우리에게도 필요하다.

3. 히즈키야후*의 간절한 기도를 하나님은 당장에 들어주셨다. 영을 통하여 하나님의 사람 여샤야후*에게 말씀하셨고, 여샤야후*로 하여금 그것을 전하게 하셨다. 여샤야후*는 충실하게 예언자의 책임을 다했다. 국가의 책임자 임금이 초미의 위기를 어떻게 타개할 것인가를 놓고 번민하고 고통당하고 있는 상황에서 예언자가 격려가 되고 희망을 주는 하나님의 말씀을 전했을 때, 히즈키야후*는 생기를 얻을 수 있었을 것이다. 예언자의 역할이 그런 것이다. 하나님의 말씀을 받아 정확하게 전달하여 상황을 바르게 처리하게 하는 것이다.

4. 여샤야후*를 통해 주신 하나님의 말씀의 요지는 명확하다. 산헤립이 의기양양하며 히즈키야후*를 협박하고 있지만, 그것은 어리석은 행동이라는 것이다. 결국 믿음의 눈으로 보는 사람들에게는 산헤립의 행동이 가소롭다. 선민을 농락하는 것은 결국 선민을 택하신 하나님을 모욕하는 일이다. 산헤립이 자기 생각과 힘으로 유다와 예루살렘을 공

격하고 있는 줄 알지만, 하나님은 산헤립이 태어나기도 전부터 그와 그의 장래를 알고 계셨고, 무엇을 어떻게 할 것까지 다 알고 계셨으며, 사실은 하나님의 재가가 없이는 산헤립이 일보도 전진할 수 없었다는 것이다. 결국은 산헤립도 하나님의 손 안에 있으며, 하나님이 가라면 가야하는 존재라는 것이다. 산헤립은 하나님이 그의 코를 꿰고 입에 재갈을 물려서 말이나 소처럼 끌어 왔던 길로 돌려보내기로 되어 있다는 것이다. 이런 예언의 말씀을 듣는 히즈키야후*는 얼마나 통쾌했겠는가!

5. 비록 오래 동안 앗시리아* 군에게 시달리며 밟혀서 국토가 황폐해지고 만신창이가 되었지만, 선민에 대한 만군의 야훼 하나님의 열정은 살아 있어서, 마침내 그 남은 자들이 빛을 보게 될 날이 온다. 남은 자들에게 대한 하나님의 사랑과 자비로 인해서 세상은 새로워지고 희망찬 세계가 된다.

산헤립의 패전과 죽음(왕하 19:35-37)

해설

여샤야후*가 히즈키야후*에게 하나님의 말씀을 전한 그 날 밤에 야훼의 천사가 발동하여 앗시리아* 군인 18만 5천 명을 죽였다. 날이 밝아서 보니 모두가 시체가 되어 있었다. 산헤립은 떠나서 집으로 돌아가 니느웨에서 살았으나 신 니스록에게 예배하다가 그의 아들 아드람멜렉과 살에첼*의 칼에 목숨을 잃었다. 그들은 아라랏 땅으로 도망갔고, 다른 아들 에살핫돈이 산헤립의 대를 이었다. 산헤립이 섬기는 신이 그를 구출하지 못했다. 앗시리아* 역사에 따르면, 산헤립이 돌아가서 곧 죽은 것이 아니고, 상당한 시간이 지나서 주전 681년에 죽었다.

교훈

1. 밤에 나타나 앗시리아* 군 18만 5천 명을 죽인 하나님의 천사는 누구일까? 출애굽기 12장 23절과 사무엘하 24장 9-16절에서 그랬듯이 페스트와 같은 급성 전염병이었을까? 하나님이 하시려면 못할 것이 무엇인가? 여샤야후*를 통하여 주신 예언이 당장에 이루어졌다. 시간도 방법도 문제가 아니다. 하나님은 성실하게 당신의 계획을 이루신다.

2. 남은 군인들을 이끌고 간신히 고국으로 돌아간 산헤립은 뜻밖에도 자기 아들들에게 살해되었다. 그 얼마나 망신스럽고 허망한 일인가! 천하를 호령하는 대국의 왕이 그렇게 무참히 패하고, 자기 아들들의 칼에 죽을 줄을 누가 알았겠는가? 역시 하나님의 계획과 말씀대로 이루어진 사건으로서, 그 하나님만이 참 하나님이심을 잘 드러내 준다.

히즈키야후*의 질병(왕하 20:1-11)

해설

지금까지 앗시리아* 왕 산헤립의 패전과 그의 시해 사건과 그의 아들의 왕위 승계를 말했는데, 여기서는 조금 역사를 거슬러 올라가서 산헤립이 유다를 침공하기 이전에 히즈키야후*에게 있었던 사건 두 가지를 삽입한다.

히즈키야후*가 병에 걸려 거의 죽을 지경에 도달했다. 예언자 여샤야후*가 그에게 와서 야훼의 말씀을 전했다. 즉 이제는 히즈키야후*가 회복될 희망이 없으니, 집안일을 다 정리하고 죽을 준비를 하라는 것이었다. 그 말을 들은 히즈키야후*는 벽을 향하여 돌아서서 야훼께 기도

하며, 자기가 하나님 앞에서 진심으로 충성한 일과 하나님 보시기에 옳은 일을 한 사실을 기억하셔서 살려달라고 하며 눈물을 흘리며 간절히 호소하였다. 여샤야후*는 하나님의 말씀을 전하고 나오다가 왕궁 중정(中庭) 쯤에 이르렀을 때, 야훼의 말씀이 그에게 임했다. "돌아가서 내 백성의 주권자인 히즈키야후*에게 이렇게 말하여라. '네 조상 다윗의 하나님 야훼가 말한다. 내가 네 기도를 듣고 네 눈물을 보았다. 네가 이제부터 사흘 되는 날 야훼의 집에 올라가면, 정녕 내가 너를 낫게 하겠다. 그리고 수명을 15년을 연장해 주겠다. 그리고 나는 너와 이 도성을 앗시리아* 왕의 손에서 건지겠다. 나 자신과 내 종 다윗을 위하여 이 성을 지키겠다.'" 이런 말씀을 전한 다음 여샤야후*는 무화과 한 뭉치를 가져다가 종처에 바르면 병이 나을 것이라고 말해 주었다. 히즈키야후*가 여샤야후*에게 말했다. "야훼께서 나를 낫게 해 주신다고 하시고, 이제부터 사흘 되는 날 야훼의 집에 올라가라고 하셨는데, 무슨 표징을 보고 그 말씀을 믿을까요?" 여샤야후*의 대답은 이러했다. "야훼께서 약속하신 것을 이루신다는 표징은 다음과 같습니다. 태양 시계에서 해 그림자가 지금 열째 단에 와 있는데,95) 그것이 열 단계 물러가게 할까요?" 그러자 히즈키야후*가 말하기를, "해 그림자가 열 단계 길어지는 것은 통상적인 것이니, 오히려 그림자를 열 단계 뒤로 물러가게 하십시오!"라고 했다. 그래서 여샤야후*가 야훼께 부르짖었다. 그러자 야훼께서 해 그림자를 열 단이나 뒤로 물려놓으셨다. 아하즈* 태양 시계에 의하면 태양이 열 단계나 늦게 진 것이다.

교훈

1. 히즈키야후*가 독실한 야훼 신앙을 가진 것은 여기에 나오는 그

---

95) 이는 NRSV 열왕기하 20장 9절을 따른 것이다. 개역성경에서는 "해 그림자가 십도를 나아갈 것이니이까"로 옮겼다.

의 체험 때문이었을지도 모른다. 병에 걸려서 당장에 죽을 지경에 이르러 여샤야후*를 통해서 확실한 사망선고를 받은 처지에 인지상정으로 살려달라고 눈물을 흘리면서 하나님께 매달린 것도 그의 신앙에서 나온 것이겠지만, 하나님의 은총으로 다시 회복되어 15년이나 더 살 수 있었던 산 체험을 통하여 그의 신앙은 더욱 견고해졌을 것으로 보인다. 체험 신앙은 매우 귀한 것이다. 이론보다 체험을 통해서 다져진 신앙이 참 신앙이 될 수 있다.

2. 표징을 보기 원하는 마음은 누구에게나 있다. 사람은 하나님의 약속을 받고도 그것을 보증 받고 싶어 한다. 그냥 믿으면 되는데 무언가 증거를 찾는 것은 옳지 않다. 그런데 하나님은 히즈키야후*가 조급하고 그의 신앙이 모자라는데도 그의 소원을 들어주셨다. 하나님은 우리를 사랑하셔서 우리의 약점을 아시면서도 감내하시고 그대로 약속을 이루어 주신다.

3. 하나님은 전능하셔서 죽은 자를 다시 살리시기도 하고 사람의 수명을 늘여주시기도 하신다. 필요할 때 기적을 일으키시는 하나님의 처사를 우리는 의심할 필요가 없다.

바빌론*에서 온 특사들 (왕하 20:12-19)

해설

앗시리아* 침공 이전에 히즈키야*에게 있었던 또 한 가지 사건은 바빌론* 나라에서 특사가 찾아왔던 일이다. 바빌론* 왕 발아단*의 아들 브로닥 발아단*이 히즈키야후*가 앓는다는 소식을 듣고 사신들을 시켜 그의 친서와 선물을 히즈키야후*에게 보내왔다. 이는 모름지기 앗시리아*의 야욕을 같이 막으려고 동맹을 맺을 의사가 있었기 때문이었을 수 있다. 히즈키야후*는 그 사신을 환영하고 그들에게 자기의 모든 보고(寶庫)들을 보여주었다. 즉 은, 금, 향료, 귀한 기름, 무기고 등 하나도 빼지 않고 다 그들에게 보여주었다. 그러자 예언자 여샤야후*가 히즈키야후*에게 와서 "저 사람들이 뭐라고 말했습니까? 그들이 어디서 왔습니까?"라고 말했다. "먼 나라 바빌론*에서 왔습니다."라고 히즈키야후*가 대답하자, "그들이 임금님의 집에서 본 것이 무엇입니까?"라고 여샤야후*가 물었다. "그들이 내 집에 있는 것을 다 보았고, 내 창고에 있는 것 중에 그들에게 안 보인 것이 하나도 없습니다." 라고 히즈키야후*가 대답했다. 거기서 여샤야후*가 히즈키야후*에게 말했다. "야훼의 말씀을 들어보십시오! '네 집에 있는 것 전부와 네 조상들이 그들의 때부터 쌓아온 모든 것이 하나도 남지 않고 다 바빌론*에 옮겨질 날이 오고 있다. 야훼의 말이니라. 너에게 태어난 아들 중 더러는 끌려가서 바빌론* 왕궁의 내시들이 되리라'고 하셨습니다." 그 말을 들은 히즈키야후*가 여샤야후*에게 말했다. "당신의 야훼의 말씀은 좋습니다." 이렇게 말한 것은 "내 시대에 평화가 있고 안전이 있다면, 무언들 못하겠는가?"라고 생각하였기 때문이었다.

교훈

1. 앗시리아*가 강대국으로 떠오르고 닥치는 대로 약소국들을 점령해 나갈 때, 약소국들은 살아남기 위해서 자기들끼리 동맹하기도 하고 갖은 수단을 쓸 수밖에 없었다. 그것이 과거 역사에서 약소국의 슬픈 운명이었다. 바빌론*도 초창기에는 약소국이어서 앗시리아*에게 공격받을 나라 가운데 하나였다. 바빌론*의 사신들이 히즈키야후*를 문안하러 왔을 때, 히즈키야후*가 서로의 호의를 확인하고 다짐하며 자기

의 속을 다 털어내 보여 준 것은 동맹의 의지를 가지고서 한 일일 것이다. 그러나 바빌론*이 삽시간에 강대국이 되어 이스라엘의 원수가 될 것을 히즈키야후*가 어떻게 알 수 있었겠는가? 결국은 바빌론* 나라가 흑심을 품고 유다국의 보화를 탐내어 유다를 강점하고 그런 것들을 약탈해 가리라고는 꿈에도 생각하지 못했을 것이다. 국가나 개인의 외교에서 자기 속을 쉽게 내 보이는 것이 현명하지 못함을 여기서 알 수 있다. 하나님만이 역사를 내다보시고 사람의 속을 아시므로 여샤야후*를 통하여 히즈키야후*에게 경고한 것이다.

2. 히즈키야후*는 하나님이 여샤야후*를 통해 주신 말씀을 처음에는 이해하지 못하고 웃어넘겼다. 자기는 마땅히 할 일을 했고 그 일이 나라의 평화와 안전에 도움이 된다고 생각한 듯하다. 여기에 사람과 하나님의 차이가 있다. 하나님은 시간과 공간을 초월하여 모든 것을 아시는데, 사람은 당면한 것도 잘 알지 못하는 부족한 존재이다. 히즈키야후*는 최고로 잘 한다고 생각해서 한 일이지만, 하나님이 보시기에는 어리석은 일이요 자기 무덤을 파는 일이었다.

히즈키야후*의 죽음 (왕하 20:20-21)

해설

히즈키야후*는 성군(聖君)으로 신명기 역사가들의 표준에서 볼 때 합격점을 받은 왕이었다. 그가 한 치적 중 다시 특기할만한 것은, 예루살렘(다윗성) 성곽 바깥에 있는 기혼(왕상 1:33) 샘물을 다윗 성 안으로 끌어들인 일이다. 돌산을 뚫어서 굴을 만들어 그리로 수로를 낸 것이다. 그리하여 이제 적군이 쳐들어와도 성 안에서 물을 마실 수 있고 적군에게는 물을 내주지 않을 수 있게 되었다. 그는 마침내 죽어서 선영에 묻혔고, 아들 므낫세가 대를 이었다.

교훈

히즈키야후*는 야훼 하나님을 잘 섬기고 그의 법도를 따랐으며, 그의 믿음을 통해 유다 나라도 여러 번 외국의 침략을 받았으나 위기를 모면할 수 있었다. 그뿐만 아니라 일상생활에 있어서 가장 필요한 물을, 그 지방의 유일한 물 근원인 기혼 샘으로부터 성 안으로 끌어들이는 수로를 만들었는데, 이 또한 누가 보아도 잘 한 일이다. 지금은 관광의 명소가 되어 있지만, 그 옛날에 바위를 뚫어 먼 거리를 터널로 만들어 물을 통하게 한 것은 참으로 하나님의 신비한 섭리 안에서 하나님이 주신 지혜와 용기로 이룰 수 있었던 일이라 하지 않을 수 없다. 히즈키야후*는 다른 사람들과 마찬가지로 죽었지만, 그의 믿음과 성실함과 공적은 오늘도 사람의 입에 오르내리므로, 죽었으나 산 사람이라 할 수 있다.

므낫세가 유다를 다스리다(주전 687-642년) (왕하 21:1-18)

해설

히즈키야후* 왕이 죽고 그의 아들 므낫세가 그 뒤를 이었다고 하지만, 실제로는 므낫세가 12세 때부터 병약한 부왕의 섭정 자격으로 나라를 다스리기 시작하였으므로, 단독 통치까지 합하면 므낫세는 무려 55년 동안이나 유다를 다스린 셈이다. 그의 어머니 헤프치바흐*가 이방 사람이었는지 몰라도, 므낫세는 선왕 히즈키야후*의 선정(善政)을 거슬러 유다 역사에서 가장 악한 왕으로 평가를 받을 만큼 악하게 통치했다. 그는 야훼가 몰아내신 가나안 본토인들의 혐오스러운 습관을 따르면서, 야훼 보시기에 악한 일을 자행했다.

⑴ 우선 그는 부왕 히즈키야후*가 헐어버린 산마루 예배처소들을 재건하였다. 다음으로 ⑵ 이스라엘 왕 아흐압*이 한 대로 바알 제단을 쌓고 아세라 목상을 세우고, 하늘의 별들에게 예배하고 그것들을 섬겼다. 또 ⑶ 야훼께서는 "예루살렘에다 내 이름을 두겠다."라고 하셨는데 므낫세는 야훼의 성전 안 두 마당에 별들을 섬기는 제단들을 만들었다. 그뿐만 아니라 ⑷ 그의 아들을 불살라 바치는 제사를 드리고, ⑸ 온갖 주술(呪術)을 용납하여 ⑹ 야훼의 성전 안에 아세라 목상을 세웠다. ⑺ 말할 수 없이 많이 무고(無辜)한 사람들을 죽이고 피를 흘렸다. 유다 백성도 모세를 통하여 주신 야훼의 명령을 행하지 않았다. 결국 왕 므낫세가 백성을 오도하여 가나안 본토인들보다도 더 악한 행동을 하게 만든 것이다.

야훼는 그 광경을 보시고 예언자들을 통하여 경고하셨다. 므낫세가 그런 역겨운 일들을 하여 본토인들보다도 더 악해져서 유다로 하여금 우상을 섬기게 하였으므로, 사마리아에게 하신 것처럼 예루살렘과 유다에게 벌을 내리시겠다고 말씀하신 것이다. 접시를 말끔히 닦아서 뒤집는 것처럼 하고, 남은 자(유다)를 원수들의 손에 넘겨 그 원수들의 먹이와 노획물이 되게 할 것이라 예고하셨다. 따지고 보면 이는 이스라엘 백성이 애굽에서 구출된 이후부터 그 때까지 하나님 보시기에 악을 행하여 하나님을 격분케 하였기 때문이다. 즉 참고 또 참다가 그들의 악이 극도에 달했기 때문에 취하시는 조치라는 것이다.

므낫세는 마침내 죽어서 그의 정원 곧 웃자* 정원에 매장되었다. 왕이 선영에 묻히지 않고 자기 개인 묘지에 묻힌 것은 이례적이다. 그의 아들 아몬이 그 대를 이었다.

교훈

1. 히즈키야후*라는 훌륭한 아버지에게서 태어난 므낫세가 어째서 그 나라에서 가장 악한 왕으로 판정을 받을 만큼 큰 악행을 저질렀을까? 두 가지 방향으로 생각해볼 수 있다. 한편으로는 그의 어머니가 이방 여자였을 수 있다. 그렇다면 그 어머니의 영향을 받아 악한 길로 치달았을 것이다. 이는 일부일처제가 아니고 많은 처첩을 두는 왕실의 악습이 가져다준 결과일 수 있다. 다른 한편으로는 유다가 강대국 앗시리아*의 봉신국이 되어 국운이 다해가는 시점에 있을 때, 국가 기강이 문란한 채 방치 상태에 놓여 있어서 사사 시대 말기와 같이 저마다 자기 좋을 대로 하는 상황이 벌어졌을 것이다. 그런 시점에 왕의 결단과 지도력이 필요한데 므낫세는 믿음이 없고 남의 말을 맹종하는 우유부단한 사람이었던 것으로 보인다. 한 국가의 운명은 그 지도자의 태도 여하에 달려 있다. 특히 하나님에 대한 신앙과 그의 법도를 따르려는 신념이 모자라면, 이는 망국의 결정적인 원인이 된다.

2. 므낫세는 하나님이 싫어하는 모든 것을 행했다. 하나님만 믿고 그만 섬겨야 한다는 기본 원칙을 버리고 우상을 섬겼고, 이웃을 사랑하여야 한다는 법을 버리고 무죄한 사람들을 무참히 숱하게 죽였다. 어찌 그에게 화가 임하지 않겠는가? 백성은 왕의 수족이 되어 같이 범죄하였고, 그의 명령을 따라 행했으니, 책임을 같이 질 수밖에 없는 것이다.

3. 하나님은 선민 이스라엘을 길이 참고 보살펴오셨다. 이스라엘의 반복적인 반역과 이탈과 범죄를 참고 용서하며 그들을 붙들어주셨다. 그러나 한도가 있다. 더는 그대로 둘 수 없다는 판단이 설 만큼 이스라엘이 악의 극치에 이르자 하나님은 단호히 조치하실 수밖에 없었다. 하나님의 인내를 깔보고 악을 계속 행하면 결국 자멸을 자초하게 된다.

아몬이 유다를 다스리다(주전 642-640년)(왕하 21:19-26)

해설

아몬은 22세에 유다 왕이 되어 2년 동안 통치했다. 그도 선왕 므낫세처럼 야훼 보시기에 악한 일을 행했다. 우상을 섬기고 우상에게 예배했으며, 야훼 하나님을 버리고 그의 법도를 따르지 않았다. 결국 그의 신하들이 역모를 꾸며 왕궁에서 그를 죽였다. 그러자 백성이 들고 일어나 그 역적들을 죽이고 아몬 왕의 아들 요시야를 왕으로 받들었다. 아몬은 웃자96)* 정원에 안장되었다.

교훈

1. 그 아비에 그 아들이라고나 할까, 아몬은 선왕 므낫세의 전철을 밟으며 하나님을 배반하고 그의 법도를 행하지 않았다. 그 대가로 아몬은 모반을 일으킨 신하들에게 살해되었다. 이 일로 나라가 극도로 혼란해지고 수라장이 되었다. 백성들이 들고 일어나 그 역모자들을 또 처단했다. 서로 치고 받는 그 혼란은 그 나라를 종말을 향하여 치닫게 하는 것이었다. 죄의 결과는 죽음이라는 원리가 그대로 맞아 들어간 것이다.

2. 다윗 왕가는 대대로 다윗 성 선영에 왕의 시신을 안장하였는데, 므낫세 왕부터는 왕의 사설 묘지에 시신을 안장하기 시작했다. 그것은 므낫세가 그렇게 해 달라고 유언을 했거나, 아니면 이미 유다 왕가의 전통이 맥을 잃었기 때문이었을 것이다. 야훼를 떠나고 전통적인 정신이 이완되었기 때문일 수 있다. 그것도 아니라면, 아마도 많은 돈을 들

---

96) 개역한글판 열왕기하 21장 26절에서 '웃시야'로 잘못 옮긴 것을 개역개정판에서는 '웃사'로 바로잡았다.

여서 신식으로 화려하게 정원을 꾸미고, 거기에 묘소를 더 좋게 만들었을 수 있다. 이방 애굽 사람들처럼 무덤을 잘 만들고 거기에 묻히면 좋다고 생각하여 그리했을 수 있다.

요시야가 유다를 다스리다(주전 640-609년)(왕하 22:1-2)

해설

요시야가 왕위에 오른 것은 여덟 살 때의 일이다. 그는 예루살렘에서 31년 동안 통치했다. 요시야는 이스라엘 역사에 나타난 또 한 사람의 성군으로서 야훼의 눈에 드는 일을 했고 다윗의 길을 갔으며 좌우로 치우침 없이 바른 길을 걸었다.

교훈

유다 나라가 급전직하 멸망으로 치닫고 있는 시기에 하나님은 다시한 번 성군을 일으켜 그 나라를 바로 잡으려고 하신 것이다. 하나님은 여한이 없으리만큼 선민을 사랑하여 도우시고 회생의 길을 보여주신다. 요시야 시대에 조야가 협력하고 하나님을 붙들었다면 그 나라가 망하지 않았을 것이다.

힐키야*가 율법책을 발견하다(왕하 22:3-20)

해설

요시야 왕 제18년에 그가 자기 비서관인 샤판*을 야훼의 전으로 보내며, 대제사장 힐키야*에게 말할 것을 지시했다. 요시야 왕은 성전을 수축할 결심을 하고, 왕명으로 그 일을 개시하게 하려고 한 것이다. 이미 여러 번에 걸쳐 외국의 침략을 받아 성전이 퇴락하였기 때문이었을 것이다. 대제사장더러 우선 백성이 성전에 바친 돈이 얼마나 되는지 계산하라고 하였다. 다음은 그 돈을 성전 관리 책임자들, 그 책임자들은 성전을 수리하는 일꾼들에게 주게 하라고 했다. 즉 목수와 석공들에게 주어 재목과 돌을 사게 하라는 것이었다. 그리고 그들은 정직하니까 일일이 회계검사를 하지도 않게 했다. 이미 성전 수축 공사는 진행 중이었던 것이다.

　대제사장 힐키야*가 임금의 비서관 샤판*에게 새 사실을 보고했다. 즉 성전에서 율법책을 발견했다는 것이었다. 그러면서 그 율법책을 샤판*에게 주자, 샤판*이 그것을 읽었다. 임금에게 돌아온 샤판*은 왕명대로 수행한 사실을 보고하고는, "대제사장 힐키야*가 책 한 권을 저에게 주셨습니다." 라고 하면서 그 책을 임금께 읽어드렸다. 그 율법책에 있는 말씀을 들은 임금은 자기의 옷을 찢었다. 그리고는 대제사장 힐키야*와 샤판*의 아들 아히캄*과 미카야*의 아들 아크보르*와 비서관 샤판*과 왕의 시종 아사야에게 명령을 내렸다. "어서 가서 나와 백성과 온 유다를 위하여, 지금 발견된 이 책의 말씀에 대해서 야훼의 뜻을 물어라. 이 책에는 우리가 행해야 할 것을 기록하였는데 우리의 조상들이 그 말씀을 복종하지 않았기 때문에 야훼의 진노가 매우 크시기에 하는 말이다." 그래서 그 사신들이 샬룸*의 아내 훌다라는 여선지자에게로 갔다. 그녀는 예루살렘 제2구역에 살고 있었다. 훌다가 그들에게 이렇게 선언했다. "이스라엘의 하나님 야훼께서 이렇게 말씀하십니다. 나에게 당신들을 보낸 분에게 말하시오! '야훼가 이렇게 말한다. 나는 반드시 이 고장과 이 곳 주민들에게 재난을 가져올 것이다. 유다 왕이 읽은 그 책의 모든 말을 따라서 말이다. 그들은 나를 버렸고, 다른 신들에게 예물을 드렸다. 그들이 하는 모든 일로 나를 노엽게 하였으므로, 나의 진노는 이곳에 임할 것이고, 그 진노는 꺼지지 않을 것이다. 그러나 야훼의 뜻을 물으려고 너희를 보낸 유다 왕에 대해서는 너희가 이렇게 말하여라. 이스라엘의 하나님 야훼가 이렇게 말한다. 네가 들은 말에 관해서 말한다. 내가 이 고장과 그 주민에 대하여 한 말 곧 그들은 망하고 저주를 받으리라는 말을 들었을 때, 네가 마음으로 뉘우쳐 야훼 앞에서 자신을 낮추어 옷을 찢고 내 앞에서 울었으므로, 나 역시 네 말을 들었다. 그래서 내가 너를 죽게 하되 너는 평안히 죽어 네 무덤에 안장될 것이고, 내가 이 고장에 내리려는 모든 재난은 네 눈으로 보지 않게 되리라.'" 이 말을 사신들이 요시야에게 전했다.

교훈

1. 하나님의 말씀인 율법책이 성전 어느 구석에 쳐박혀 있어서 활용되지 않은 상태가 계속됨으로써 소위 하나님의 백성과 그 임금이 유리방황하고 곤경에 빠진 것이다. 어느 시대에나 하나님의 말씀이 바로 읽혀지고 삶의 표준으로 활용된다면 문제가 없을 것 아닌가?

2. 요시야의 개혁 의지가 매우 중요하다. 잘못을 깨닫는 것도 중요하지만, 개혁하여 전진하려는 생각은 더 중요하다. 용단을 내어 힘닿는 데까지 개혁하려는 마음을 품고 그 계획을 실천에 옮긴 요시야는 그 점에서 큰 칭찬을 받을 만하다.

3. 일꾼들을 믿고 일할 수 있도록 밀어주는 것이 일을 성사시키는 관건이다. 일하는 사람들에게는 정직과 성실이 요구된다. 아무리 윗사람들이나 일부 사람들이 마음을 내어도 부하들이나 실무자들이 성실하지 못하고 협잡을 한다면, 그 일은 성공할 수 없다.

4. 성경이 하나님의 말씀이고 삶의 표준일진대, 우리는 계속 그 표준에 맞는 삶을 살려고 노력하고 그 말씀에 비추어 날마다 반성하면서 전진해야 할 것이다. 요시야는 그 말씀에 비추어 자신과 백성의 잘못을 깨닫고 참회하며 하나님의 용서를 빌었던 것이다. 거기에 하나님의 자비와 긍휼을 얻을 수 있는 여지가 있었다.

5. 과거에 쌓이고 싸인 유다의 죄를 완전히 없는 것으로 할 수는 없는 처지까지 도달했다. 이스라엘 민족은 이제 큰 벌을 받아야 하는 지경에 이르렀고, 그것이 야훼 하나님의 결정이었다. 그러나 요시야는 그런대로 그 멸망의 아픔과 쓰라림을 몸소 겪지 않을 복을 하나님께로부터 약속받았다. 이는 회개의 대가요 은총이다.

6. 힐키야*가 발견한 율법책을 신명기의 원형으로 보는 것이 학계의 일반적인 주장이다. 어쨌든 하나님이 이스라엘을 위하여 당신의 종들을 통하여 어떤 형태로든지 당신의 말씀을 모아 인간의 길잡이로 사용하게 하셨으니, 참 감사한 일이다. 하나님은 인간을 죄 가운데 방치하시지 않고 여러 가지 모양과 부분으로 말씀하시며 인간을 바른 길로 인도하려고 노력하시는 분이시다(히1:1-3). 하나님이 말씀하시므로, 우리 인간은 그 말씀을 귀담아 들어야 한다.

요시야의 종교개혁 (왕하 23:1-20)

해설

여선지자 훌다의 예언을 전해들은 요시야는 개혁을 단행하기로 결심하고, 우선 전 유다와 예루살렘의 원로들을 불러 모았다. 왕은 대소

를 막론하고 온 백성과 예루살렘 주민과 제사장들과 예언자들과 함께
야훼의 성전에 올라가 그들이 듣는 가운데, 성전에서 발견된 언약책의
말씀을 읽었다. 그리고 임금이 기둥 옆에 서서[97] 백성과 함께 야훼께
언약을 체결했다. 야훼의 계명들과 율례와 법들을 마음과 영을 다하여
지키어 야훼를 따르고 그 율법책에 기록된 언약의 말씀을 수행할 것을
약속했다. 그런 다음에 요시야는 여러 가지 조치를 취했다. (1) 대제사
장 힐키야*와 그 다음 단계의 제사장들과 성전 입구 경호원들에게 바
알과 아세라와 천체(天體) 신들을 위하여 만들었던 모든 기물을 야훼
의 전에서 끌어내라고 명령했다. 그리고는 임금이 그것들을 예루살렘
성 밖 키드론*의 여러 마당에서 불사르고 그 재를 벧엘로 옮겼다. 벧엘
은 금송아지 우상을 섬기는 곳이고, 거기서도 개혁이 일어나야 할 것을
암시하는 것으로 보인다. (2) 유다 여러 도시와 예루살렘 주변의 산마
루에서 바알과 태양과 달과 성좌들과 하늘의 모든 별들에게 예물을 바
치도록 과거의 유다 임금들이 임명한 우상숭배 제사장들을 파면했다.
(3) 야훼의 성전에서 아세라 신상을 끌어내어 예루살렘 성 밖 키드론
건천[98]에서 불살라 가루를 만들어 일반인들의 무덤 위에 뿌리게 했다.
(4) 야훼의 전 안에 소위 거룩한 남창들의 집이 있었고, 거기서 여인들
이 아세라를 위하여 직물을 만들고 있었는데, 그 남창의 집을 부수어버
리게 했다. (5) 게바에서 브엘세바*까지 전국의 산당에서 제사장 노릇
하는 사람들을 다 불러내고 그 산당들을 부정한 곳으로 만들었다. (6)
특히 예루살렘 성문 왼편, 시장(市長) 여호수아의 집 대문 어구에 있
는 산당을 부수어버리게 했다. (7) 산당을 맡았던 제사장들은 예루살렘

---

97) 열왕기하 23장 3절 개역한글판에서는 '대 위에 서서'로, 개역개정판에서
　　는 '단 위에 서서'로 옮겼다.

98) 개역성경 열왕기하 23장 6절에서는 '기드론 시내'로 옮겼다. 74쪽의 각주
　　19와 110쪽의 각주 39와 124쪽의 각주 40과 183쪽의 각주 61도 참고하라.

에 있는 야훼의 제단에는 가까이 올 수 없고, 그들의 친척들과 함께 유월절을 지키게 했다. (8) 벤힌놈 골짜기[99])에 있는 토펫*을 뭉개버림으로써, 아무도 자기 아들이나 딸을 몰렉* 신에게 불살라 바치는 일을 하지 못하게 했다. (9) 야훼 성전 입구와 왕궁 경내 나탄멜렉* 내시 공관 옆에 있는 말[馬] 형상들, 곧 과거의 임금들이 태양신에게 봉헌한 것들을 제거하고 태양신을 상징하는 마차들을 불사르게 했다. (10) 아하즈*의 전(殿) 상층 지붕[100])에 임금들이 만들어 놓은 제단들과 야훼 성전의 두 마당에 므낫세 왕이 만든 제단들을 헐고 부수어 그 쓰레기를 키드론* 건천에 던져버리게 했다. (11) 예루살렘 동쪽에 있는 파멸의 산 남쪽에 솔로몬 왕이 시돈의 더러운 아스타렛* 신을 위해서 세운 제단과 모압의 더러운 신 크모스* 신을 위한 제단과 암몬의 더러운 신 밀콤*을 위한 제단을 뭉개버리게 했다. (12) 이방 신들을 상징하는 기둥과 성주(聖柱)들[101])을 베어버리고 그 자리를 사람의 뼈로 덮어버리게 했다.

요시야는 자기 나라 유다의 경계선을 넘어 북쪽 땅 이스라엘 경내에 있는 벧엘의 제단과 산당들 곧 이스라엘 왕 야롭암*이 세워 백성으로 하여금 죄를 짓게 한 그것들을 다 헐어버렸다. 즉 산당들을 불살라 가루로 만들고, 벧엘에 있는 소위 그 거룩한 기둥[102])을 태워버렸다. 그리고 나서 요시야가 돌아섰을 때, 그 산에 있는 무덤 하나가 보였다. 사람을 보내어 그 무덤에서 뼈들을 꺼내어 제단에서 태우고, 그곳을 부정한 곳으로 선언했다. 그 옛날 야롭암*이 명절에 그 제단 옆에 섰을 때, 유다

---

99) 개역성경 열왕기하 23장 10절에서는 '힌놈의 아들 골짜기'로 옮겼다.

100) 개역성경 열왕기하 23장 12절에는 '다락 지붕'으로 옮겼다.

101) 이는 NRSV 열왕기하 23장 14절에 들어 있는 the sacred pillars의 번역이다. 개역성경에서는 그 부분을 '아세라 목상들'로 옮겼다. 위 269쪽의 각주 85도 참고하라.

102) 바로 앞 각주를 보라.

에서 온 하나님의 사람이 그 제단을 향하여 예언한 대로 된 것이다(왕상 13:1-2). 요시야가 돌아섰을 때, 그렇게 예언한 하나님의 사람의 무덤을 보게 되었다.[103] 그래서 "내가 보는 이 기념물은 도대체 무엇입니까?" 하고 묻자, 그 성읍 사람들이 그에게 대답했다. "이것은 바로 유다에서 와서, 벧엘 제단에 임금께서 행하신 일들을 예고한 하나님의 사람의 무덤입니다." 요시야가 "그냥 그가 쉬게 하시오! 그의 뼈는 옮기지 마시오!"라고 했으므로, 사람들은 그의 뼈를 사마리아 출신 예언자의 뼈와 함께 그대로 두었다. 또 요시야는 벧엘에서 한 것처럼, 이스라엘 왕들이 하나님을 노엽게 하여 사마리아 여러 마을에다 만든 산당들도 다 없애고 거기에 있는 산당 제사장들을 다 그 제단에서 죽이고, 그 제단들 위에다 사람의 뼈들을 태운 후에 예루살렘으로 돌아왔다.

교훈

1. 요시야는 어마어마한 종교개혁을 감행했다. 그야말로 하나님에게 미친 사람처럼 행동했다. 수백 년 동안 묵고 쌓인 모든 때를 말끔히 씻어낸 것이다. 이는 사람의 힘으로 할 수 있는 일이 아니었다. 하나님이 그에게 그리할 뜻과 힘을 주셔서 그가 하나님의 힘으로 해낸 혁명이었다. 아무도 맞서거나 이의를 달지 않고 그 개혁에 동참했다. 이리하여 요시야 시대는 그야말로 선민에게 희망이 보이는 시점이었고, 하나님이 주신 은혜의 시간이었다.

그 개혁이 계속되고 그 새로움이 지속되고 더 발전했으면 얼마나 좋았을까? 그런데 하나님이 주신 이 절호의 기회를 선용하고 베푸신 은혜를 누릴 줄 아는 슬기가 있어야 했는데, 그 희망이 곧 사라지고 말았으니 아쉽기 짝이 없다.

103) 이 문장은 헬라어 구약성경 칠십인 역을 받아들인 NRSV를 따른 것이다. 히브리 마소라 본문을 따르는 개역성경 열왕기하 23장 16절에는 없다.

2. 요시야는 담대히 자기의 영토 바깥, 즉 앗시리아* 점령 지대에 있는 동포들이 사는 이스라엘 지역에까지 손을 뻗쳐서 개혁을 시도했다. 비록 북쪽 이스라엘 백성이 정치적으로 원수의 수중에 들어있을지라도 엄연히 하나님의 선민이고 같은 핏줄이기에, 힘닿는 데까지 혁명의 혜택을 그들에게도 주려고 노력한 것이다. 그의 애족충정을 여기서 엿볼 수 있다. 영으로는 만인이 다 한 식구이기에 참된 종교의 행복을 같이 나누려고 하는 것이 당연한 것이 아니겠는가? 그래서 우리는 세계 선교를 지상 명령으로 알고 감행하는 것이다.

3. 요시야 왕의 종교개혁 내용은 한 마디로 야훼 종교의 순수성으로 되돌아가자는 것이다. 다시 말해서 야훼 하나님만 섬기고 하나님의 법도대로 믿고 살고 그렇지 않은 것을 말끔히 제거하자는 것이다. 혼합종교와 우상 숭배와 미신을 버리고 순수하게 하나님만 섬기며 하나님의 계명대로 살자는 것이다.

유월절을 지키다 (왕하 23:21-27)

해설

요시야 왕은 종교개혁의 일환으로 온 백성에게 유월절을 지키라는 명령을 내렸다. "언약의 책에 명시된 대로 너희 하나님 야훼께 유월절을 지키라!"는 칙령을 내린 것이다. 사사 시대와 남북 왕정 시대를 걸쳐서 그 때까지 그 언약의 책에 명시된 대로 유월절을 지켜본 적이 없었던 것이다. 요시야 왕 제18년에 이르러서야 비로소 예루살렘에서 유월절을 본격적으로 지키게 되었다.

요시야 왕이 개혁한 것 중의 또 하나로 신명기 역사가들이 부각시킨

것은, 유다 온 땅과 예루살렘에서 모든 미신을 제거한 것이다. 요시야
는 죽은 자들과 통한다는 무당과 박수와 수호신상 트라핌*과 기타 우
상들과 모든 혐오스러운 것들을 없앴다. 요시야 왕은 그 철저한 개혁을
통해서 그 율법책에 있는 말씀을 이루어 놓은 셈이다. 이전에는 어떤
왕도 요시야처럼 마음과 혼과 힘을 다해서 모세의 법대로 야훼께로 향
하고 따른 사람이 없었던 것이다. 그러나 야훼 하나님은 므낫세 왕이
저지른 죄와 그것으로 인한 큰 분노를 삭이실 수 없어서 "내가 이스라
엘을 내 눈 앞에서 사라지게 한 것처럼 유다 역시 사라지게 할 것이다.
그리고 내가 택한 도성 예루살렘과 내 이름을 두겠다고 한 그 집을 버
리겠다."라고 말씀하셨다.

교훈

1. 유월절을 그 때까지는 가정 단위로 지켰지만, 이제는 신명기 16장
1-8절에서 명한 대로 예루살렘에서 거국적인 행사로 지키게 되었다. 하
나님의 구속(救贖)은 개인을 위한 것인 동시에 민족을 위한 것이었다.
먼저 개인이 구원받아야 하지만, 마침내는 하나님의 백성이 다 함께 하
나님 앞에서 그 구원을 찬양하며 즐겨야 한다. 바로 이 때문에 교회가
있다. 하나님의 종국적 목적은 만민이 하나님을 왕으로 모시고 다 같이
평화와 기쁨을 누리며 잔치하듯이 사는 것이다.

2. 하나님은 요시야 왕처럼 마음과 혼과 힘을 다하여 하나님을 섬기
고 따르기를 우리에게 요구하신다. 요시야는 우리에게 모범이 된다. 특
히 항상 개혁하는 인간으로서, 언제나 오늘보다 내일이 더 나아지도록
개혁해가는 자가 되어야 함을 그에게서 배울 수 있다.

3. 요시야 자신은 의롭고, 하나님 마음에 드는 자 였지만, 하나님은

그 하나만의 하나님이 아니라, 역사 전체를 경영하시는 분이시기에, 유다 민족 전체를 위하여 세우신 계획을 중단할 수는 없었다. 의로운 왕 요시야가 전사하는 것은 아쉬운 일이지만, 하나님의 계획은 이루어져야 하는 것이다. 인간은 세상에서 영생하는 것이 아니기에, 자기 몫을 다하고 죽으면 그것으로 만족해야 한다. 하나님의 계획에 맡겨야 하는 것이다.

요시야가 전사(戰死)하다(왕하 23:28-30)

해설

애굽과 바빌론*과 앗시리아*가 각축을 벌이고 있던 그 당시의 국제 정세는 복잡했다. 고래 싸움에 새우 등 터진다는 격으로 그 강대국들의 각축 속에서 약소국들은 큰 어려움을 겪고 있었다. 애굽 왕 느코*는 앗시리아*와 동맹하여 신흥국 바빌론*과 전쟁을 하려고 유브라데 강까지 올라갔다. 요시야 왕은 바빌론*의 사주를 받았는지 몰라도, 애굽 왕 느코*를 만나러 갔다가 므깃도에서 느코*에게 살해되고 말았다. 그것이 주전 609년의 일이다. 그러자 부하들이 그 시신을 예루살렘으로 모시고, 그의 무덤에 안장하였다. 그리고 그 땅 백성들은 요시야의 막내아들 샬룸*(렘 22:11; 대상 3:15 참고)이 부왕과 같은 생각으로 애굽을 배척하였으므로, 그를 왕으로 추대했다. 샬룸*은 왕이 된 후에 스스로 이름을 여호아하즈*로 바꾸었다

교훈

1. 요시야는 하나님 보시기에 옳은 왕으로 백성들도 그를 존경했지만, 그가 이룬 개혁의 결과를 누리지 못하고 아깝게도 전사하고 말았

다. 사람은 자기가 할 일을 다 하고 가면 된다. 세상에서 오래 사는 것이 반드시 복된 것은 아니다. 요시야에게는 오히려 영원한 나라의 축복을 빨리 주시려고, 하나님이 빨리 데려가셨는지도 모른다.

2. 한 사람의 일시적인 개혁이 나라의 운명을 좌우할 수는 없는 모양이다. 요시야의 개혁은 결국 한순간 반짝하는 것이었다. 그렇지만 개혁의 가능성과 내용을 후대에 표본으로 보여주었다. 그 개혁이 비록 단명하였지만, 오고 오는 사람들에게 길잡이가 되고 표본이 된 것이다. 그 사건과 역사는 그만큼 가치가 있는 것이다. 역사는 여전히 하나님의 계획대로 흘러야 하므로, 요시야는 떠나고 하나님의 심판은 계속되었다. 역사는 원칙대로 굴러가야 하는 것이다. 죄의 값은 사망이라는 원칙, 곧 하나님의 공의는 살아 있어야 한다는 말이다. 하나님의 사랑과 은총의 원리도 그 배후에 살아 있는 것이다. 언젠가는 하나님의 남은 백성이 돌아올 것이다.

여호아하즈*의 통치와 포로(주전 609년)(왕하 23:31-35)

해설

요시야 왕의 막내 아들 여호아하즈*가 부왕 요시야의 대를 이어 왕이 된 것은, 그가 23세 때의 일이다. 그는 본래 부왕의 정신과 정책을 따랐으므로, 백성이 그를 왕으로 추대하였다. 그러나 그의 성분을 아는 애굽 왕 느코*는 그를 하맛 땅에 있는 리브나*에 감금해 놓았다. 그래서 그는 예루살렘에서 왕 노릇할 수 없었다. 느코*는 또한 그에게 은 백 탈란트*와 금 한 탈란트를 내게 했다. 그리고는 그 대신으로 요시야의 맏아들 엘야킴*을 왕으로 세우고 그의 이름을 여호야킴*으로 바꾸었다. 그리고 여호아하즈*는 애굽으로 끌려갔다. 여호아하즈*는 애굽에서 죽었다. 여호야킴*은 바로가 요구하는 은과 금을 바쳤고, 계속 요구하는 돈을 걷기 위해 온 백성에게서 무거운 세금을 징수해야만 했다. 그리고도 느코*가 계속 요구하기 때문에 은과 금을 닥치는 대로 징수했다. 여호아하즈*는 제대로 왕 노릇하지 못한 셈이고, 결과적으로는 선조들처럼 야훼 보시기에 합당치 않은 일들을 한 왕이 되었다.

교훈

1. 강대국 애굽과 바빌론*과 앗시리아* 사이에 끼어 있는 유다 국의 운명은 가련하기 짝이 없었다. 바람 부는 대로 이랬다저랬다 할 수밖에 없었다. 애굽의 세력 아래 있을 때 결국 유다 왕 여호아하즈*는 바로의 꼭두각시에 지나지 않아 그의 요구를 들어주어야만 했다. 힘없는 자의 서러움을 톡톡히 맛본 것이다. 그런 상황 속에 있는 유다 백성은 얼마나 큰 고통을 당했겠는가! 야훼께서 예고하신 고난은 이미 시작된 것이다. 이는 또한 20세기 초 대한민국의 역사를 연상시킨다. 애굽이 자기들 마음대로 유다 왕을 갈아치우고 잡아가 유배지에서 죽게 하고, 제멋대로 은과 금과 돈을 거두어가니, 참으로 죽지 못해 사는 형편이었을 것이다.

2. 그런 상황에서 유다 백성의 종교와 야훼 신앙은 어떤 상태였을까? 열왕기상하의 저자들은 이 대목에서 무엇을 생각했을까? 야훼께서 계시지 않는 것 같은 상황, 야훼께서 안 보이시는 상황, 아주 캄캄한 상황의 의미는 무엇일까? 이 상황이 독자들에게 무엇을 말하고 있는가? 공허와 혼돈이 난무하는 태초에 하나님은 창조 작업을 하고 계시지 않았는가? 이스라엘의 이 암흑도 무언가 하나님의 뜻 가운데 있음이 분명하다.

여호야킴*이 유다 왕이 되다(주전 609-598년)(왕하 23:36-37)

해설

여호야킴*이 유다 왕이 된 것은 그의 나이 25세 때의 일이다. 그는 예루살렘에서 11년 동안 왕 노릇했다. 여호야킴* 역시 선조들처럼 야훼의 눈 밖에 난 왕이었다.

교훈

여호야킴*은 애굽 왕의 꼭두각시로서 우유부단하여 대세에 영합하는 사람이었던 것 같다. 애굽 세력이 우세하니까 애굽에 붙어야 산다고 생각했던 모양이다. 그러나 요시야 왕의 막내아들, 곧 여호야킴*의 동생 샬룸*에게는 부왕의 노선을 따라 물살을 가르며 올라가려는 용기가 있었으므로, 그는 애국지사들에게 인기가 있어 왕의 맏아들이 있는데도 왕으로 추대 받았던 것이다. 나중에 애굽 왕이 여호야킴*을 유다 국왕으로 세웠으나, 여호야킴*은 유명무실하여 실권이 없는 왕이었다. 결국 애굽의 요구를 다 들어주고, 하라는 대로 애굽의 문물을 다 받아들여 온 백성이 정신적으로나 종교적으로나 다시 타락하는 상태로 곤두박질했을 것이다. 그러기에 열왕기상하의 저자는 여호야킴*을 야훼 보시기에 악하였다고 평가한 것이 아닐까? 여호야킴*에게는 목숨을 내걸고 야훼를 의지하고 따르려는 생각이 없었다. 그는 하나님께 대한 신의와 믿음이 없는 사람이었던 것으로 보인다. 그는 결국 망해가는 조국에 아무런 보탬을 주지 못한 유야무야한 존재로 살다가 가치 없는 죽음을 죽고 말았다. 사람이 그렇게 살다 죽어야 하는가?

유다가 원수들에게 유린당하다(왕하 24:1-7)

해설

애굽 왕 느코*의 책략으로 유다의 왕이 된 여호야킴*은 우선 애굽의 봉신으로 느코*를 섬길 수밖에 없었다. 4년 동안(주전 609-605년) 그런 상황이 유지되었다. 그러다가 신흥국 바빌론*에 느부카드넷찰*이 주전 605년에 등극하면서부터 상황이 달라졌다. 느부카드넷찰*은 여호야킴*이 애굽에 붙어서 바빌론*에 맞서는 것을 용납할 수 없었다. 여호야킴 제4년(주전 605년)에 느부카드넷찰*이 애굽 왕 느코*와 전쟁하여 그를 이기자, 그 다음 해인 주전 604년에 여호야킴*은 바빌론*의 봉신이 되었다. 그런데 바빌론*과 애굽이 주전 601년에 다시 전쟁을 벌이자, 여호야킴*은 느부카드넷찰*에게서 등을 돌렸다. 그래서 결국 느부카드넷찰*은 유다를 정면으로 공격하기에 이르렀다. 열왕기상하의 저자들은 그 배후에 야훼가 계셔서 유다를 벌하시는 것으로 묘사하고 있다. 즉 야훼께서 갈대아 군과 아람 군과 모압 군과 암몬 군을 보내어 유다를 파멸하게 하셨다는 것이다. 즉 바빌론*은 유다 국 주변에 있는 원수들을 다 부추겨 가지고 유다를 공격하게 한 것이다. 이는 야훼께서 당신의 종들인 예언자들을 통해서 말씀하신 그대로 된 것이고, 그 군대들은 야훼께서 보내신 군인들이었다. 이 침공은 유다를 없애려고 하신 하나님의 계획에서 나온 사건으로, 특히 유다 왕 므낫세가 저지른 죄, 곧 무고한 사람들을 숱하게 죽인 죄, 그 용서받을 수 없는 죄 때문이었다. 이제는 바빌론* 나라에게 세계의 패권이 돌아가 애굽은 힘을 쓸 수 없는 처지가 되었다. 그 난세에 여호야킴*은 죽고 그의 아들 여호야킨이 대를 이었다. 그러나 그도 여전히 바빌론* 왕의 봉신(封臣)에 불과했다. 바빌론* 나라는 중동 지방 전체를 호령하는 대국이 되었다. 하나님이 선민을 징계하실 때 쓰실 큰 채찍이 된 것이다.

교훈

1. 여호야킴*은 애굽과 바빌론* 사이에서 갈팡질팡하였다. 두 나라의 세력을 견주어 보면서 한 때는 바빌론*에, 한 때는 애굽에 붙었다. 하나님께 범죄한 개인이나 나라가 그 어떤 사람에게 붙은들 하나님의 심판을 면할 수 있겠는가? 하나님은 계획하신 대로 유다를 징계하시기로 하고 유다의 원수들을 채찍으로 들어 쓰셨다. 하나님의 채찍 노릇을 한 나라들은 그 사실을 의식조차 하지 못했지만, 역사의 주인이신 하나님은 그들을 통해서 당신의 뜻을 이루셔서 선민을 징계하고 연단하시고, 자신이 역사의 주인이라는 사실을 입증하신 것이다.

2. 죄에는 많은 종류와 여러 등급이 있는 만큼 죄에 대한 벌도 그 도수가 다르다. 죄에는 구류에 해당하는 죄와 징역에 해당하는 죄와 금고(禁錮)에 해당하는 죄와 사형에 해당하는 죄 등이 있다. 참을성 있게 참으시던 하나님은 이제 도저히 참을 수 없는 죄 때문에 마침내 유다민족 전부를 멸하는 벌을 내리기로 결심하셨다. 하나님을 배반하는 죄가 물론 큰 죄이지만, 어떤 사람이 하나님을 모독했다고 해서 하나님 자신이 사라지거나 치명상을 입으시지는 않는다. 그러나 사람을 죽인다는 것은 단 한번 사는 삶, 하나밖에 없는 생명을 없애는 것이므로, 가장 큰 죄일 수밖에 없다. 유다의 백성과 다른 왕들의 많은 죄를 참으시던 하나님이 므낫세 왕과 그 시대의 무고한 인간 살상의 죄는 간과하실 수 없었다. 사람의 생명을 존중하지 않는 사회는 존재할 가치가 없다는 뜻이 아닐까? 더우기 임금이 잔인하여 사람의 생명을 경시한다면, 그 나라는 마땅히 벌을 받아야 하지 않겠는가?

여호야킨*의 통치와 유배(주전 598-597년)(왕하 24:8-18)

해설

여호야킨*이 등극한 것은 그가 열여덟 살 때이다. 예레미야 24장 1절과 27장 20절에서는 그를 여콘야*라 불렀고, 예레미야 22장 24-28절과 37장 1절에서는 콘야*라고 불렀다. 그는 예루살렘에서 3개월 간 통치했다. 그는 부왕 여호야킴*의 전철을 밟아 야훼 보시기에 악한 일을 하였다. 여호야킨*은 예루살렘이 바빌론*에게 포위되어 있는 상태에서 왕이 되었다. 즉 느부카드넷찰*의 부하들이 그 도성을 포위하고 있는 때였다. 마침내 느부카드넷찰*도 예루살렘으로 왔다. 여호야킨*은 자신과 그의 모친과 신하들과 장교들과 왕궁 관리들과 함께 스스로 느부카드넷찰*에게 투항하였다. 그래서 예루살렘 성 전체의 파멸은 면했다. 느부카드넷찰*은 그들을 바빌론*으로 끌어갔다. 느부카드넷찰* 제8년, 그러니까 주전 597년의 일이다.

느부카드넷찰*은 예루살렘 성전과 왕궁에 있는 모든 보화를 가져갔다. 성전에서 쓰는 모든 금 기물 곧 솔로몬이 야훼의 지시대로 만든 모든 금 그릇들을 조각내어 가져갔다. 그는 예루살렘에서 극빈자들을 제외한 모든 사람을 포로로 잡아갔다. 관리와 군인 전원 만 명, 기술자와 장인(匠人)들 전부를 데려갔다. 왕 여호야킨*과 그의 모친과 왕비들과 관원들과 엘리트를 다 잡아갔다. 힘센 장정 7천 명, 기술자와 장인 천 명, 또 전투할 수 있는 사람 전부를 데려갔다. 이는 유다가 다시 군대를 조직할 수 없게 하기 위함이었다. 그리고 느부카드넷찰*은 여호야킨*의 숙부이자 요시야 왕의 셋째 아들인 맛탄야*를 유다의 왕으로 세웠다. 그리고 후에 그를 치드키야*라고 불렀다. 그러니까 유다를 완전히 바빌론*의 괴뢰(傀儡)로 만들어놓은 것이다.

교훈

여호야킴*은 25세에 왕이 되어 11년 통치하고 죽었으니 겨우 35,6세에 죽었고, 여호야킨*은 18세에 왕이 되어 겨우 3개월 왕위에 있다가 난세를 당하여 고생만 하고 생포되어 인질로 바빌론*에 끌려갔다. 야훼 하나님이 이미 나라를 멸망시키려고 작정하신 판국에 한 나라의 왕이면 뭘 하나? 특히 여호야킨*은 황후들과 자식들과 대신들과 장인들과 엘리트들과 함께 그 먼 나라로 포로가 되어 끌려가는 고생을 당했으니, 어려움을 모르고 왕궁에서 고이 자라난 사람으로서 그 고통이 얼마나 심했을까? 그 고난은 결국 선조들의 죄 값이요, 또 자신의 죄 값이었다. 잘못이 자기에게 있다는 것, 자기 왕가에 있다는 것을 깨달았으면 좋았을 것인데! 어쨌든 하나님의 심판은 무섭고 하나님은 엄위하심을 알고 우리 후손들은 하나님께 범죄하지 않는 생활을 하려고 노력해야 할 것이다.

치드키야*가 유다를 다스리다(주전 597-587년)(왕하 24: 18-20)

해설

치드키야*는 21세 때에 유다 왕이 되어 11년 동안 예루살렘에서 다스렸다. 그 역시 부왕의 전철을 밟아 야훼 하나님 보시기에 악한 일을 행했다. 결국 예루살렘과 유다는 야훼의 진노를 피할 수 없는 상태가 되었다. 하나님은 그들을 당신 앞에서 사라지게 하시기로 결심하셨다.

교훈

치드키야*는 요시야 왕의 셋째 아들로서 부왕의 거룩한 정치를 보고 자랐을 것이다. 그러나 그가 처한 국가의 정치적 대세는 이미 기울었고, 제 정신을 차릴 수가 없는 상황에서 바빌론* 왕의 괴뢰 역할을 해야 하는 처지가 되었으니, 어찌 정도를 걸을 수 있었겠는가? 시대를 잘못 타고 났다고나 할까? 하나님이 이미 그 나라를 멸망시키기로 확정하셨으니, 진퇴양난이었을 것이다. 그리고 친 애굽 파와 친 바빌론* 파 사이에 끼어서 제대로 운신할 수 없는 어려움까지 있었으니, 사정이 참으로 딱하다고 하지 않을 수 없다. 어쨌든 그 누구도 하나님의 신비한 계획과 섭리를 막거나 개변할 도리가 없으니, 역사의 귀추를 바라보는 수밖에 없다.

유다 국의 패망과 포로(왕하 25:1-21)

해설

바빌론* 나라의 괴뢰로 여러 해 동안 적국을 섬기던 치드키야*는 애굽이 돕겠다고 하는 약속에 마음이 움직여, 아니 바빌론*에게 당하는 억울함과 고통스러움에 대한 울분에서 바빌론* 왕에게 반기를 들었다. 그 소식을 들은 느부카드넷찰*은 치드키야* 왕의 통치 제9년 10월 10일에 그의 군대를 총동원하여 예루살렘을 공격하기 시작하여 포위하였다. 치드키야*와 온 시민은 전력으로 적군에게 대항하며 18개월 동안 버티었다. 기근으로 인해서 제11년 4월 9일에는 성안에 식량이 완전히 떨어져 더는 견딜 수가 없었다. 성벽 일부가 헐리자, 치드키야*는 군인들을 따라 적군의 포위망을 뚫고 아라바 방향 곧 요단 계곡 쪽으로 달아나려고 했다. 그러나 추격에 나선 적군이 여리고 평원에서 치드키야* 일행을 체포하였고, 왕을 따르던 군인들은 모두 달아나버렸다. 적군은 치드키야*를 리브나* 본영에 있는 느부카드네찰*에게 데리고 갔다. 거기서 적군은 치드키야*의 눈 앞에서 왕자들을 죽였다. 치드키야*의 두 눈을 뽑고 그를 차꼬를 채워서 바빌론*으로 이송하였다.

느부카드네찰* 왕 치세 제 19년 5월 7일에 느부카드네찰*의 경호대장인 느부잘아단*이 예루살렘에 와서 성전과 왕궁과 기타 큰 집들을 다 불태워버렸다. 그가 데리고 온 군인들은 예루살렘 성벽을 헐어버리고 제 1차 포로 때(주전 597년) 남겨 두었던 유대인들과 느부카드네찰* 군에서 이탈했던 사람들을 다 사로잡아 바빌론*으로 끌어갔다. 포도원과 기타 밭을 갈기 위하여 극빈자 얼마만을 남겨 두었을 뿐이다. 성전에 남아 있는 18큐빗* 높이의 큰 놋 기둥 두 개, 놋 물두멍104)과 그 받침은 다 부수어 놋쇠 덩이로 운반해 갔다. 성전에서 사용되던 모든 기물과 금과 은으로 만든 것 들을 부수어 금과 은덩이를 만들어 가져갔다. 게다가 대제사장 스라야와 부대제사장 츠판야*와 성전 문지기 세 사람과 유다군 사령관과 왕의 고문관 다섯 명과 군대 사령관의 비서와 기타 60명의 시민을 색출하여 느부카드네찰*에게 데려갔다. 거기서 바빌론* 왕은 그들을 모두 죽여버렸다. 이렇게 해서 유다 국은 바빌론 나라의 포로가 되었다.

교훈

1. 치드키야*는 힘이 모자라 바빌론* 나라의 괴뢰가 되어 적국의 봉신노릇을 하고 있었지만, 그의 마음은 끓고 있었을 것이다. 이를 갈면서 그 굴레에서 벗어날 길을 백방으로 찾고 있었을 것이다. 그러다가 친 애굽 파를 통해 애굽이 도우리라는 소식에 접하자 바빌론*에게 조공도 바치지 않고 반기를 들었던 모양이다. 예레미야는 이를 말렸건만 치드키야*는 예언자의 말을 듣지 않고 만용을 부렸다. 하나님의 사자의 말을 듣고 따라야 하는데, 사람의 말과 자기 판단을 믿고 섣불리 행

---

104) 개역성경 열왕기하 25장 13절에서는 '바다'로 옮겼다. 위 64쪽의 각주 14도 참고하라.

동한 탓에 큰 코 다치게 된 것이다.

2. 치드키야*와 그의 군인들과 백성이 예루살렘 성을 지키려고 바빌론* 군대의 포위와 공격을 막으며 18개월이나 버티며 싸웠다는 것은 참으로 놀라운 일이다. 반면에 이는 적군의 체면을 크게 상하게 하는 일이었을 것이다. 대군을 가지고도 그 작은 성 하나를 쉽게 점령하지 못하는구나 하는 치욕감을 바빌론*에게 주었을 것이다. 그것은 결국 적군에게 더 큰 반발심을 일으키고 독을 올림으로 더 처참한 응징을 하게 만들었을 것이다. 주후 70년에 로마 장군 티투스가 예루살렘을 6개월이나 걸려 겨우 점령함으로 독이 올랐던 것에 견줄 만 했을 것이다. 이 사건에서도 치드키야*가 잘하노라고 했지만 결국 더 큰 손해를 입은 것이다. 사람이 하는 일은 어리석어서, 잘한다는 것이 오히려 자기에게 손해를 가져오는 수가 있다.

3. 유다가 멸망하고 예루살렘 성전이 완전히 파괴된 것은 야훼 하나님의 힘이 모자라서 일어난 일인가? 하나님이 당신의 지시로 짓고 만든 것들을 고스란히 적군에게 파멸되고 빼앗기도록 버려두신 것은, 하나님께 힘이 없어서가 아니었다. 선민이라 하더라도 하나님을 배반하면 망한다는 교훈을 주시기 위한 것이다. 하나님은 법의 하나님이시며 공의의 하나님이시며, 인간 역사 아니 만사가 하나님의 장중에서 진행되고 판결된다는 것을 보여주시려 한 것이다. 이스라엘도 바빌론*도 성전도 그 안에 있는 은과 금과 모든 보물도 다 하나님 앞에는 무(無)와 같고, 하나님의 뜻을 따라 생기기도 하고 없어지기도 한다는 사실을 깨우쳐주시려 한 것이다.

그달야*가 유다 총독이 되다(왕하 25:22-26)

해설

느부카드네찰* 왕은 파멸된 유다 땅에 그대로 남아 있는 사람들을 다스리도록 그달야*를 총독으로 세웠다. 예루살렘은 완전히 파괴되었기 때문에 총독 본부를 미츠파*에 두었다. 이렇게 어느 정도 안정이 되자, 이쉬마엘*과 요하난과 스라야와 야아잔야* 등 숨어 있던 유다 군의 장교들이 군인들과 함께 그달야*를 찾아왔다. 그달야*는 그들에게 바빌론* 관리들을 두려워하지 말고 그냥 살면서 바빌론*을 섬기면 별일 없을 것이라고 맹세하면서 장담하였다. 그러나 유다 왕족인 이쉬마엘*은 그 해 7월 어느 날, 그러니까 예루살렘이 파괴된 지 약 두 달 후에 열 명의 자객과 함께 그달야*를 습격하여 그달야*와 거기 같이 있던 유다인과 바빌론* 사람들을 죽였다. 그리고는 고하를 막론하고 모든 백성과 군대 장교들이 애굽으로 달아났다.

교훈

1. 유다는 아주 망했다. 대다수가 바빌론*으로 잡혀가고, 총독 그달야*도 암살당하고, 남은 지성인과 장교들과 국민도 대거 애굽으로 망명했으니, 그야말로 노약자들과 장애인들이나 남았을 것이다. 하나님은 이렇게 철저하게 이스라엘 선민을 심판하셨다. 누가 그렇게까지 철저히 패망하리라고 상상인들 했겠는가! 하나님은 무서운 분이시다. 그에게 잘못 보인다는 것이 얼마나 무서운 일인가? 즉 그에게 죄를 짓는 것이 얼마나 무서운 일인지 알아야 할 것이다.

2. 그달야*는 바빌론* 나라가 임명한 총독으로 그 큰 나라의 비호를 받고 있으니 안전하리라고 생각했을 것이다. 그러나 하나님의 심판의

손을 막을 길은 없다. 그리고 그달야*를 죽인 잔당들은 애굽으로 피난하여 자화자찬하면서 희희낙락했을지 모른다. 그러나 그들의 인간적인 획책과 단행이 과연 유다를 건질 수 있을 것인가? 하나님이 허락하신 시간이 되어야만, 그의 뜻대로 조금이나마 풀리게 되어 있는 것이니, 사람의 계획과 행동을 기뻐해도 소용이 없다.

여호야킨의 해방 (왕하 25:27-30)

해설

느부카드네찰*이 처음으로 예루살렘에 쳐들어와서 사로잡아간 여호야킨* 왕은 37년이라는 긴 세월 동안 바빌론*에서 인질로 갇혀서 살았다. 그러다가 느부카드네찰* 왕의 아들 에윌므로닥 원년(주전 560년)에 즉 그가 등극하면서 여호야킨*을 감옥에서 풀어주었고, 그에게 친절을 베풀어 조정의 어떤 자리보다도 높은 자리를 주었다. 그때부터 여호야킨*은 죄수복을 벗고 날마다 바빌론 왕 앞에서 식사를 하였으며, 그가 사는 날 동안 규칙적으로 생활비도 받았다.

교훈

하나님은 느부카드넷찰*을 통하여 유다를 여지없이 벌하시고 철저히 파멸하셨으므로, 이스라엘 사람들은 자기들에게는 이제 희망이 없다고 단념하고 포기하는 상태에 있었을 것이다. 10년이면 강산이 변한다고 하는데 그 바빌론* 대국에서 포로 생활을 한 지가 30여년이나 되었으니, 이제는 자기 민족은 끝장이 났다고 생각하는 사람들이 많았을 것이다. 그러나 야훼 신앙이 있는 사람들, 예레미야의 예언을 기억하는

사람들은 막연하나마 어떤 희망을 품었을 수 있다. 그러나 어떤 물증이
보이지는 않았을 것이다. 그런 때에 이상한 일이 생긴 것이다. 바빌론*
에 새 왕이 등극하여 여호야킨*을 해방하여 극상으로 대우해 주기 시
작한 것이다. 이 소식을 들은 유대인들의 생각은 변하기 시작했을 것이
다. 희망이 품게 되었을 것이다. 에윌므로닥이 여호야킨*을 풀어주고
극진히 우대한 것은 그들로서는 상상할 수 없는 일이고, 예사로운 일이
아니었다. 그 배후에는 포로로 잡혀 있는 유대인들의 비상한 공헌과 업
적들이 작용했을 수도 있다. 어쨌든 살아계시는 하나님께서 선민 이스
라엘을 향한 계획의 일환으로 그런 놀라운 일을 일으키셨다고 보아야
할 것이다. 절망 속에 있는 그들에게 희망을 주시려는 계획 속에서 하
나님이 일으키신 사건이 아닐 수 없다.

구약에서 듣는 하나님의 말씀 6
열왕기상하

2010. 7. 15. 초판 1쇄 발행
저 자 박 창 환
발행인 이 두 경
발행처 비블리카 아카데미아
　　　　등록 1997년 8월 8일, 제10-1477호
　　　　주소 서울시 광진구 광장동 114번지
　　　　　　　크레스코 빌딩 102호
　　　　전화 (02) 456-3123
　　　　팩스 (02) 456-3174
　　　　홈페이지 www.biblica.net
　　　　전자우편 biblica@biblica.net

값은 표지에 기재되어 있음
ISBN : 978-89-88015-12-4 94230 세트
ISBN : 978-89-88015-22-3 94230